青少年想知道的军史知识丛书

QINGSHAONIAN XIANG ZHIDAO DE JUNSHI ZHISHI

飞舞的飘带：

海军的历史

中国出版 | 集团
WPC 世界图书出版公司

NEW 版新版

图书在版编目（CIP）数据

飞舞的飘带：海军的历史／《飞舞的飘带：海军的历史》编写组编. —广州：广东世界图书出版公司，2010.7（2021.11 重印）

ISBN 978 - 7 -5100 -2499 - 3

Ⅰ. ①飞… Ⅱ. ①飞… Ⅲ. ①海军 - 军事史 - 世界 - 青少年读物 Ⅳ. ①E19 - 49

中国版本图书馆 CIP 数据核字（2010）第 148395 号

书　　名	飞舞的飘带：海军的历史
	FEI WU DE PIAO DAI HAI JUN DE LI SHI
编　　者	《飞舞的飘带：海军的历史》编写组
责任编辑	冯彦庄
装帧设计	三棵树设计工作组
责任技编	刘上锦　余坤泽
出版发行	世界图书出版有限公司　世界图书出版广东有限公司
地　　址	广州市海珠区新港西路大江冲 25 号
邮　　编	510300
电　　话	020-84451969　84453623
网　　址	http://www.gdst.com.cn
邮　　箱	wpc_gdst@163.com
经　　销	新华书店
印　　刷	三河市人民印务有限公司
开　　本	787mm × 1092mm　1/16
印　　张	13
字　　数	160 千字
版　　次	2010 年 7 月第 1 版　2021 年 11 月第 9 次印刷
国际书号	ISBN　978-7-5100-2499-3
定　　价	38.80 元

前　言

　　碧蓝的海洋，一望无垠。它有时温柔得像一位恬静的少女，有时又暴躁得似一匹难以驾驭的野马；它既可以托载着百舸千帆航行，也可以顷刻间将它们葬于腹底。海洋是孕育生命的摇篮，是人类社会实现可持续发展的巨大支撑。她蕴含着无尽的资源和宝藏，演绎着无数悲壮的故事，伴随着人类生生不息的成长。自古以来，海洋就是人们争夺的焦点。无论是欧洲还是中东的海战都说明了这一点。

　　正因为海洋有如此巨大的利用价值和如此重大的作用，所以各个国家为争夺海权，从古代至今挑起了无数大大小小的战争。与此同时，海军就在这场盛大的争夺中应运而生。

　　海军是一个古老的军种。它发源于东地中海沿岸国家。早期的海军，平时只编配少量操纵舰船的专业人员，主要兵力于战时才编配；主要任务是配合陆军作战，输送军队渡海、登陆。海上交战的方式，主要是使用冷兵器，如格斗兵器和发射兵器等进行格斗，以撞击战和接舷战战法进行决战。

　　到 17 世纪中叶，帆船舰队逐渐取代了桨船舰队，规模也不断扩大，并发展成军种。18 世纪后期，随着冶金技术的发展，舰体结构、帆缆设备和火炮也得到了进一步改进，海军由此壮大起来。

　　19 世纪上半叶，舰船开始采用蒸汽机作主动力装置，机动性能和舰炮威力都比风帆战船大为提高。海军内部开始了新兵种的区分，出现作为基本突击力量的装甲舰，随后又出现了巡洋舰、布雷舰、驱逐舰和潜艇等新

舰种，使参战舰船的作战任务有了明确的分工。

20世纪初，柴油机—电动机推进系统的出现，使潜艇具备了一定的实战能力，潜艇部队成为海军中的新兵种。一些大国开始制造潜艇和水上飞机，使海军不但有水面舰艇，还有水下、天空作战的兵种，使海军成为一个诸兵种合成军种。

20世纪50年代起，核动力装置先后用于潜艇、巡洋舰和航空母舰等大型军用舰船，大大提高了舰船的续航能力。战略导弹和战术导弹、作战指挥和自动化火控系统及其他新型电子设备广泛应用于舰船，海军进入了新的发展阶段。

新的海洋世纪对海洋开发、对海军都将提出更高的要求。在国际之间，既会面临有利于发展的和平、合作趋势，又必然仍是综合国力的竞争和比赛，亦必然是人们的思想解放和充分发挥人力、物力、组织力、生产力、技术力的竞争和比赛。

本书从专业性和趣味性之间寻找平衡点，力图用简洁生动的语言给广大青少年呈现出多姿多彩的海军历史画面，希望能得到广大读者的喜爱和支持。

飞舞的飘带：海军的历史

目 录

飞舞的飘带：海军的历史

桨船时代和早期的海军雏形

桨船的发明

　　桨船，又称划桨船，是用桨来推进的船舶，它是一种历史悠久、应用广泛的船舶。最初人类使用的独木舟或筏一类的简陋的水上运载工具是没有动力、顺流而行的，如果要转向或逆流而行，就要用手去划水。后来，人类发明了桨，这是人类的手臂的延长。有了桨，人就可以坐在船上划水前进。如果要增加船只的推进速度，就要增加桨的数目。于是，一种划桨船在地中海海域周围首先发展起来了。桨船有多种类型，按照桨的多少，有单桨船、双桨船、多桨船。按照桨的长短，有短桨桨船、长桨桨船，在距今5000多年前的埃及法老齐阿普斯的金字塔墓里，有作为法老殉葬品的墓葬船，它就是一种配置长桨的划桨船。

　　按照桨配置有单层桨船、双层桨船和多层桨船。在双层桨船和多层桨船上，划桨手坐在各层水平甲板的长条凳上划桨。在爱琴海区，克里特人也是最早的航海民族之一，他们的划桨船可能吸收了埃及和腓尼基的造船技术。克里特人的战船上配置

古代桨船

有 44 名划桨手，划桨手坐在上层水平甲板的长条凳上划桨。腓尼基人最早将商船与战船的建造分离开来，并且根据航行区域的不同和航程的远近，建造了用途各异的船舶。而且腓尼基战船的桨是双层设置的，后来又发展了更多层的划桨船。桨船具有以下特点：①船身细长，前部尖利，这样，前部破浪效果好；②桨船上可以装备其他推进工具，例如，桨船上可以装备风帆，成为桨帆船。一般桨帆船上装备的是三角帆，以满足在逆风时也能获得良好速度。桨船历史悠久，用途广泛。桨船可以作为运输船舶，例如在 16 世纪，地中海地区使用的威尼斯商用桨帆船，能装载约 250 吨商品，用于商业运输。桨船也可用于作战，成为军用桨帆船，在 1290～1540 年间，流行的军用桨帆船为 3 列桨船。舷侧置有 25～30 块座板，每块座板上有 3 名桨手，每名桨手各划一桨。每个"三人组"桨手的桨架在同一水平面上。

 ## 最早的海战和海军的雏形

按现代科学研究的成果，人类的历史已有 300 多万年。人类接触、利用、征服海洋的实践，显然也已有漫长的历程。但由于远古社会还没有文字，对当时人类怎样开始向海洋索取和曾发生什么样的争端，还无法作确切的说明。但从现代考古学资料推断，50 万年前已有人渡过直布罗陀海峡，从非洲移居到欧洲。这时，人们也已开始在近海捕捉鱼贝作食品。约 7 万年前，原属亚洲的人种出现在澳大利亚。约距今 5 万年前，即历史学上所说氏族产生的时代和考古学旧石器时代的晚期（中国山顶洞人文化的时期），亚洲一部分蒙古人种通过今白令海峡（当时有陆桥）和南太平洋进入了美洲；一些民族已在沿海水产丰富的地区开始过半定居的生活，除采集、狩猎外，还捕捞水产鱼贝等，后者已成为重要的生活来源。为此，人们已发明打鱼的石镖、骨制的鱼叉、鱼钩，以及简单的渔网。约 1.5 万年前，有的民族已造出了独木舟。中国考古学家在浙江河姆渡文化中所发现的船桨，可确证这里的人们在 7000 年前已会造船。此外，考古学家还在英国苏格兰地区发现了属于 7000 年前的大体完整的独木舟，在埃及发现了纸莎船（以纸草结扎而成）和陶制船俑。此后，各类木船、皮筏、纸莎船等就逐渐多了起来。

飞舞的飘带：海军的历史

在世界上最早的四大文明古国中，埃及、巴比伦、印度在古代都已有用武装保护海外贸易或发生渡海战事的记载。埃及在古王国时代（公元前27世纪~前22世纪）曾有一尊记载历史的石刻（后世称《古代埃及年代记》），其中说曾有商船到海外远征，从彭特（今索马里）运回没药、唬拍金和木料。此后，又和克里特岛、腓尼基（今黎巴嫩一带）、希腊半岛有贸易关系，贸易中就有武装保护。这种武装一般是公民义务兵，亦兵亦民，即国家调用时当兵，其他时间从事农牧生产。因此，这种武装还不是完全意义的海军，而只是海军的雏形。公元前3000年~前525年，古埃及丧失独立。古埃及曾在地中海东端、红海有一定的海上势力，但由于控制力还很薄弱，还算不上这些海域的霸主。

最早创建古巴比伦文明的苏美尔人，早在公元前3000年代中叶已在波斯湾从事捕渔业，并已与波薪湾费拉卡岛、印度半岛的印度河流域有商业往来。按苏美尔人的记载，他们已以岸上的篝火来为夜间返航的渔船指引方向。这是现知人类历史上设置引航灯塔的雏形。公元前2371年后，阿尔德王国国王萨尔贡一世曾率军远征腓尼基和小亚细亚，当时留下来的石刻铭文记载，萨尔贡"过了西方的海，在西方3年，征服并统一了那块地方，经由海路和陆路转运着俘虏"。这里的"西方"，有的学者认为是塞浦路斯岛。这是一支陆军跨海作战的战例。

印度河流域的哈剌帕文明，是由达罗毗荼人于公元前25世纪（公元前2500~前1750年）建立的，其海上活动的范围也相当广大。在波斯湾内的费拉卡岛，巴比伦南部苏美尔地区，远离印度的马尔代夫群岛、马达加斯加岛，都发现有哈剌帕文明的古物，如陶器、青铜器、衣服、印章等。费拉卡岛上有印章（刻有文字和牛、羊的图像）400多个。可以想到，这种海上贸易也是会有古埃及那样的武装保护的。

第一个海军大国腓尼基

公元前21世纪，腓尼基人在今黎巴嫩一带建立了自己的奴隶制城市国家，其中最著名的是乌伽里特、毕布勒、西顿和推罗（又称提尔）。这些小

国独立存在，没有实现过统一。腓尼基人的国家虽小，但在古代曾以从事商业、航海、殖民事业而远近闻名。

腓尼基人的船只从公元前3000年就接受埃及法老的租用把黎巴嫩山的杉木等运往埃及；到公元前2000年后期，更在整个地中海沿岸，里海西岸、北岸各地经营民间贸易，转运这些地区的铜（塞浦路斯）、锡（西班牙）、木材、皮革、陶器、麻布等等。当时腓尼基人的一部分商业是和海盗行为混杂在一起的。这类腓尼基人的船只在靠岸后即寻找集市，如看到集市上的人少，他们就公然抢劫，把商品、妇女抢上船立即开走；若见集市上人多势众，就拿出商品来交易而去。这类腓尼基人的暴力活动带有海上武装的性质，但又不能说已是一支海军。无疑，他们与被劫者是发生过无数冲突的。

腓尼基人的船只

从公元前3000年后期直到公元前6世纪，腓尼基人的造船技术和航海的知识、技能，都居于世界的领先地位。公元前15世纪，腓尼基人跨越整个地中海，到达了海流湍急的直布罗陀海峡。此后不久，他们即进入大西洋探航，北达英格兰近海，南达幸福群岛（今加那利群岛）。公元前2000年后期，腓尼基人通过赫勒斯谤（今达达尼尔）海峡和博斯普鲁斯海峡进入了黑海。

腓尼基人的殖民事业是人类历史上第一次大规模的海外殖民，是以航海业的发展为前提的。腓尼基人殖民的范围遍及地中海周围和黑海沿岸多处，少数还到达大西洋沿岸，总计有上百个。其中最著名的有高卢地区（今法国、比利时等）的马赛利亚（今马赛）、今西班牙西南的伽迭尔（今加的斯）、今突尼斯境内的迦太基、今利比亚的昔兰尼等。此后，迦太基发展为称霸西地中海的大国。腓尼基人开拓殖民地，有的是通过经商和平进

入，有的完全是拓荒的性质。母国和殖民地的频繁交往，又促进了商业和航海事业的发展。

希腊人、迦太基人和波斯人的海上角逐

公元前2000年，古希腊人中的克里特人以克里特岛为中心，建立了欧洲历史上第一个奴隶制国家，叫诺萨斯，其王宫名叫米诺斯（王宫结构复杂，以"迷宫"著称于世），因又称诺萨斯文明或米诺斯文明。从公元前16世纪起，以米诺斯为国王的诺萨斯发展为一个海上强国。这时其海上捕鱼、贸易和运输事业都较发达。诺萨斯人制造了一种桨帆兼用的柏树船——船头高翘，船尾有冲角。按照希腊历史学家修昔底德在《伯罗奔尼撒战争史》一书中所记，"米诺斯是第一个组织海军的人，他控制了希腊海（即爱琴海——引者）的大部分"。希腊历史学家希罗多德、修昔底德都称米诺斯是当时的"海上之王"。从米诺斯的事迹来看，他所建立的海上武装，已可称为人类历史上第一支海军：①这支武装常年在海上作战，大体上具备了海军的特点；②它有专门从事海战的舰船和一些装备；③它在海上征伐扩张，称霸于希腊半岛的一些地区和大批海岛，如迫使阿提卡每年向诺萨斯贡奉一名奴隶，已为文献所证实。同时，米诺斯曾长期与海盗作斗争，以海军取得了基本剿灭海盗的成果。因此，这支武装已成为了这一海上强国的支柱。诺萨斯国家强盛了1个多世纪，因遭到一次海啸加上大地震的打击而衰亡。

继克里特文明之后，迈锡尼文明（公元前1450～前1100年）兴盛起来。公元前12世纪，迈锡尼及其同盟者与小亚细亚的特洛伊发生一场战争，史称"特洛伊战争"。荷马史诗《伊利亚特》追记了这场战争。据《伊利亚特》所列船表，迈锡尼一方共派出29支舰队，派遣舰船共1116艘。其中阿提卡50艘，优卑亚40艘。船上水手数一般为50人，最多的达120人。特洛伊战争经历10年后迈锡尼取得了胜利。这支舰队的总数显然有所夸大，实数和战争实况已不可考。然而，希腊各地航海活动和海军发展较早，是自然的，合乎情理的。

公元前 8 世纪后，比克里特人较后进入希腊的多利亚人、爱奥尼亚人、伊奥尼亚人先后建立了城邦国家，海上事业迅速发展，扩大了武装舰队和商业船队。公元前 8 世纪末，已能制造三层桨的战舰，运货大船载重量已达250 吨。此后到公元前 6 世纪，东地中海、爱琴海、爱奥尼亚海、黑海的海上霸权，基本落入希腊人之手。西西里岛附近海域和第勒尼安海，则成为迎太基人、希腊人、伊达拉里亚人争夺的领域。

在希腊人居于东地中海、爱琴海上重要地位的同时，迎太基国家在西地中海发展起来。迎太基是一个以经营海上贸易为主的奴隶制国家，在北非本土有一些农业。由于西亚的亚述帝国攻击腓尼基人，原腓尼基的殖民地和商业据点逐步转到了迎太基的管辖之下，迎太基国家的首都迎太基城几乎成了所有腓尼基人的首都。公元前 6 世纪，迎太基加紧对外扩张，先后占领了西西里岛上的莫蒂阿城（公元前 550 年）、天撒丁岛上的卡拉里斯等3 个城市（公元前 535 年），并开始在科西嘉岛上殖民（公元前 540 年）。随后，又占领了直布罗陀海峡北岸（公元前 530 年），控制了整个海峡。自此时直到公元前 3 世纪，迎太基国家一直是西地中海的霸主。这时迎太基人已从大西洋岛屿上运进锡，从西班牙运进铝等。迎太基人对自己经营的商路、通商口岸严格保密，以防其他国家商人插足；同时对西地中海严加控制，凡遇未经允许而进入西地中海的外国舰船，或尾随迎太基船舶的商船，都竭力跟踪追捕，不捕获决不罢休，捕获后一律将船凿沉，将人员卖作奴隶。迎太基国家与海盗作了卓有成效的斗争，凡有海盗出现，即严厉取缔，大力剿灭。因此，迎太基人在西地中海以及东大西洋中建立起了完全的商业和海运的垄断，成为这一海域的霸主。

公元前 6 世纪中期，波斯王国兴起于伊朗高原一带。公元前 539 年，腓尼基城市国家归附波斯，腓尼基的舰队成为波斯的海军。次年，波斯消灭新巴比伦王国，成为一个大帝国，控制了波斯湾。此后不久，波斯征服了印度的西北部（公元前 518 年）。公元前 515 年，国王大流士一世出于扩张领上的军事目的派海军将领西拉克斯作第一次海洋考察。西拉克斯是一名希腊人，他率领舰船从卡斯彼洛斯（今巴基斯坦白沙瓦附近）出发，顺印度河南下入海，沿马克兰海岸进入波斯湾，又绕过阿拉伯半岛进入红海，

历时 30 个月。公元前 514 年，大流士率军越过赫勒斯谤（今达达尼尔）海峡，进攻斯基泰（又译"西徐亚"）部落失败。但从此控制了从爱琴海通向黑海的海路，妨害了希腊人的利益，希腊与波斯的矛盾较前扩大。

此后，波斯攻占小亚细亚沿海希腊人的城邦，镇压米利都人的起义（公元前 500 年），并于公元前 492 年发动了侵略希腊的战争，历史上著名的希波战争（公元前 492～前 449 年）自此开始。公元前 480 年，波斯国王薛西斯亲率大军再侵希腊半岛，从北部南下，突破斯

萨拉米海战

巴达英勇坚守的温泉关要塞后，形成了迫使希腊海军与波斯海军决战的形势。公元前 480 年 9 月 23 日，人类历史上规模空前的第一场大海战发生了，这就是著名的萨拉米战役。在希波战争爆发时，雅典著名的政治家、工商业奴隶主集团的政治代表泰米斯托克利正担任执政官。他富有政治远见，深知制海权是雅典存在和发展的命脉。他曾说过："谁控制了海洋，谁就控制了一切。"此语一出传遍世界，流传到今。在他的提议和坚持下，雅典贵族会议同意动用劳里昂银矿的收入建造 200 艘有 3 排划桨手的新型战舰以发展海军。这使雅典一跃而成为希腊各城邦中海军实力最强大的国家。这次新造的战舰转动灵活，船头铁包尖角锋利，每舰配备弓箭手 4 名，重装战士 14 名，以备在必要时投入接舷战。温泉关战役后波斯陆军急速南下，占领了科林斯地峡，占据并破坏了雅典城堡。这时，希腊联军的 366 艘舰船云集在阿提卡以东的萨拉米海湾，波斯海军 800 多艘舰船迅速向萨拉米湾的出口处集结。第二天，薛西斯把海军指挥权交给王后阿提米西娅，自己则在比里犹斯河口的山上搭起帐篷饮酒取乐。这一天正在开会的希腊联军将领得到了波斯军已全面封锁萨拉米湾出口的情报，知道逃跑已没有希望。泰米斯托克利见机立即发言，陈述早已拟订好的作战方案，取得了与会者的

赞同。

　　希腊军首先派一支大型舰船队以尖锐的冲角冲翻了一部分波斯军的小舰，使波斯军陷于被动。跟着，泰米斯托克利亲率部分雅典舰船向波斯大舰冲擦而过，就势砍断了波斯军长长的桨杆，使这部分波斯舰只在海中团团乱转，指挥失灵。这时，后续的波斯舰船因顺风而迅速北上，与原在第一线的舰只拥挤在一起，也陷入指挥失灵的境地。在此情况下希腊军舰却按原定方案加紧攻击，接舷战、冲角冲击、弓箭手射击全面展开。波斯军在混战中渐显不支，被杀得尸横甲板，海水血红。波斯王后见波斯军中央部分受到夹击，下令撤退。此战经历近 8 个小时，在夕阳西下时战斗结束，波斯军大败。希腊军击沉波斯舰船 200 余艘，俘获多艘，毙敌、伤敌无数。希腊军只损失舰船 40 艘。薛西斯见波斯惨败，竟失声痛哭。因恐被希腊军堵截，旋即退到了小亚细亚。此后，希腊军又在海战、陆战中取得几次胜利。公元前 449 年，希波双方签定卡里阿斯和约，小亚细亚沿海的希腊城邦恢复独立，希腊人重新获得了爱琴海的制海权。

　　公元前 478 年，斯巴达人退出了希腊联军。在雅典的倡议下，希腊 100 多城邦组织起了提洛同盟。雅典以 300 艘战舰参加同盟，超过其他盟邦的总数。从此，雅典取得了对同盟海军的指挥权和同盟年金的管理权。因此雅典常被称为雅典海上帝国。公元前 404 年，雅典被斯巴达战败，希腊各城邦的矛盾进入一个新的阶段。

 ## 罗马人的海上角逐和海军新武器

　　罗马人于公元前 753 年在台伯河畔建立罗马城和城市公社，于前 509 年进入共和国时代。前 30 年，罗马进入帝国时期，公元 395 年帝国分裂后，西罗马帝国存在到 476 年，东罗马（亦称拜占庭帝国）存在到 1453 年。

　　罗马共和国起初只是意大利半岛台伯河流域的一个小国，海上势力还比较小，海上活动还不多。现存罗马国家和迦太基国家于公元前 508 年签订的条约，是现知国家间关于领海主权的第一个国际公约。该条约规定："罗马人及其联盟不应航行超过美丽海角（位于迦太基城以北不远）"，如被暴

风雨或被敌人赶到那里去，除修船、奉献牺牲外，不得购买任何东西，不能在那里停留五天以上；罗马船只上因出卖货物到利比亚、撒丁的人，要有书记的介绍和国家的担保，在这个前提下，迎太基不加害罗马及拉丁城市的人；迎太基保证不占领罗马及脱离罗马的拉丁城市，不在拉丁姆修建任何工事。"公元前348年，罗马与迎太基间又一次订立条约，内容大体同前，但增加了一些新的规定。增加的主要内容是禁止罗马船只航行超过西班牙的马斯提亚（即帕洛斯角东面），停止罗马人与非洲、撒丁岛之间的贸易，迎太基承认罗马对拉丁姆的主权。由此可见，罗马人这时已有商船到达西班牙和非洲，开始冲破迎太基的海上霸权，这就引起了迎太基的注意，并以条约形式作出限制。

公元前5到前3世纪前期罗马统一了意大利半岛。从前3世纪中叶到前1世纪后期，是罗马大规模向外扩张的时代。这期间罗马经历了多次对外的战争和内战，其中经历的海战也相当多。公元前264年，爆发了第一次布匿战争（公元前264～前241年。罗马人称迎太基人为"布匿人"，故有此名称）。这时双方军事力量对比，是罗马陆军占优势。当时罗马士兵多出身农民，作战勇敢、顽强，尤其擅长近战和肉搏。在统一意大利半岛过程中，他们所向无敌，名闻海外。迎太基的陆军是雇佣兵，军心不稳。海军方面是迎太基占据优势，约有500艘战舰。其海军官兵对航海、作战都颇有经验。当时罗马没有像样的战舰，也没有富于海战经验的人员。战争爆发后，罗马陆军虽在西西里陆战中取得局部胜利，但迎太基海军北攻南意大利，罗马陆军不能从海上应战，陷于被动。由此，罗马元老院下令制造舰船，包括五帆舰100艘，三帆舰20艘。罗马从希腊请来造船匠师，征集农民学当划桨手，在长凳上练习划桨动作。罗马人为发挥陆军作战英勇的长处，在舰船前面特别安上了一具接舷小桥（俗称"乌鸦"），桥前端加上抓钩。与敌舰挨近时，放下吊桥就可牢牢钩住敌舰，刚转入海军的步兵即可冲上敌舰，以近战、肉搏取胜。公元前260年新舰队建成，每舰配备士兵120人，划桨手300人，全军近40000人。此后不久，双方在西西里岛以北东段发生了一次大海战，史称米莱战役。激战开始后，迎太基人不知小吊桥这一"新武器"的用处，见罗马士兵冲过桥来，迎太基士兵惊慌失措，结果

阿基米德设计制作军事器械

大败，舰船被摧毁 50 艘。罗马乘胜占领科西嘉岛和马耳他岛。此后双方互有胜负。公元前 241 年迎太基战败求和。公元前 218 ~ 前 202 年，爆发了第二次布匿战争。此战中值得注意的是叙拉古城邦站在迎太基一边，叙拉古的著名科学家阿基米德（公元前 287 ~ 前 212）想出绝妙的制敌之道，当罗马海军兵临叙拉古城下时，阿基米德指导叙拉古士兵以棱镜聚光于敌舰的帆布上，火起烧毁敌舰，罗马军队被迫撤退。随后，敌舰再次蜂拥来攻，阿基米德以巨型投石器助战，在大块石头打击下，敌舰狼狈逃窜。再后，一批敌舰冒进到了叙拉古城下海域，阿基米德指导士兵用他制造的大吊车将敌舰高高吊起，接着急速放松绳索，使敌舰被摔得粉碎。这样，又再一次逼退了敌军的舰队。最后，罗马军偷袭攻进了叙拉古城，一代科学伟人阿基米德为一不认识他的罗马士兵所杀。公元前 146 年，迎太基在第二次布匿战争中再次失败，被罗马所灭。此后，罗马先后战败马其顿王国和塞琉古王国，夺得了爱琴海东部的制海权。

公元前 1 世纪前期，地中海中的西西里岛、克里特岛、小亚细亚沿岸常有海盗出没，阻碍罗马的海上运输和私人贸易，甚至阻断从非洲运往意大利的粮道。公元前 67 年，庞培授命率战舰 500 艘、士兵 12 万剿灭海盗。庞培剿抚并用，在 3 个月内取得了重大成果。公元前 60 年，庞培、恺撒、克拉苏形成三头政治，左右了罗马的政局。公元前 55、前 53 年，三巨头中的恺撒两次进兵不列颠群岛。这既是一次军事扩张，又是一次海洋考察。从此，罗马占据了英格兰的一部分，扩张了它对大西洋的海洋霸权。公元前 44 年，罗马政权落在握大维、安东尼的手中。公元前 37 年，老庞培的儿子绥·庞培在南意大利海域战败握大维的舰队，握大维起用少年时的好友阿

格里帕为海军统帅以挽回局势。阿格里帕是古代最优秀的海军统帅之一，他英勇善战，指挥若定，同时富于创造性和工于技巧。接任统帅后，阿格里帕对海军官兵组织了新的训练，加强了海军基地建设，将战舰的吃水线用铁扎木块予以加固，以防敌舰冲角冲损舰壳。这在海战史上被称为第一批"装甲"舰。次年，在米莱以北，阿格里帕与绥·庞培的海军作战，敌舰几次猛冲阿格里帕舰队，上述"装甲"发挥巨大作用，虽遭猛冲而坚固无损，最后敌军战败。同年，阿格里帕又为自己的舰队准备了两种新武器，一种是火箭，另一种是弩抛铁爪钩。这种铁爪钩抛出的前段是一块长板，以铁皮包裹，板身下装有多爪铁钩，后段装有绳索。铁爪钩用人力弩机发射出去，通常以敌舰尾部为抛打目标，可以打中较远的敌舰。打中后把敌舰拉过来打接舷战，敌军在急切中无法砍断铁皮。这是第一次布匿战争中接舷小吊桥的发展，是海军武器的又一进步。此后，握大维与安东尼从对立发展为战争。公元前31年9月，双方发生著名的阿克兴大海战（阿克兴位于伯罗奔尼撒半岛西北），阿格里帕发明的抓钩发挥了巨大的作用。安东尼及其新婚妻子埃及女王克娄巴特拉七世败退到埃及。公元前30年夏，安东尼与其妻先后自杀，埃及划入了罗马的版图。至此，整个地中海成为罗马的内湖。

公元前30年，握大维建立了罗马帝国。在军队方面，握大维将陆军编为28个军团，海军分设东、西两个舰队，另设一个小舰队。西部舰队以米圣诺姆（那不勒斯附近）为基地，东部舰队以那温拉（意大利东北）为基地。东、西两舰队分别在东、西地中海服役，小舰队为地方服役。在帝国前期，罗马对内对外都没有发动过大的海战。

公元3世纪，罗马发生全面的奴隶制危机，395年东、西罗马分裂。5世纪初，日耳曼族的一支汪达尔人从奥得河上游南迁，428年在西班牙建立海军舰队，429年渡海到达北非，439年以迦太基为首都建立汪达尔王国。经过汪达尔与西罗马的几场海战，476年西罗马被迫承认将科西嘉、撒丁及西地中海中的岛屿割让给汪达尔王国，西罗马的制海权丧失。同年秋，西罗马皇帝罗慕路被废黜，西罗马帝国灭亡。

中古海军的初步发展

 拜占庭帝国海上称霸

公元 395 年罗马帝国分裂为东、西两部分。此前，君士坦丁皇帝于公元 330 年将罗马帝国首都迁往拜占庭，改名为君士坦丁堡（今土耳其共和国的伊斯坦布尔）。

君士坦丁堡

后来，历史上常称东罗马帝国为拜占庭帝国（395～1453 年）。5 世纪帝国因蛮族入侵，内乱频繁，曾呈现衰弱趋势。6 世纪初，皇帝利奥一世利用国内大体安定、周围暂无强敌的有利条件，决定建立一支强大的海军，把舰船增加到 1113 艘，以争夺海上霸权。527 年查士丁尼继承帝位（527～565 年），为收复失地而继续扩大海军势力。533 年，查士丁尼派大将贝利撒留（505～565 年）率军西征。贝利撒留是当时欧洲的一位名将，指挥海、陆军征战 30 余年，屡战屡胜，堪称"常胜将军"。这次贝利撒留率巡航战舰 92 艘、运输舰 500 艘，载步兵万余、骑兵 5000 远征汪达尔王国。汪达尔本也有一支强大的舰队，但这时主力正在撒丁岛，国

内又疏于防备，对拜占庭来犯竟一无所知。贝利撒留在海、陆两方面都只遇到微弱的抵抗，不久即消灭了汪达尔王国。此后，贝利撒留于535年进占东哥特王国的西西里岛，536年攻进罗马城。550年，东哥特国王托提斯曾顽强抗敌，收复罗马、西西里岛，进占撒丁和科西嘉岛。几经激战，东哥特战败。6世纪末叶，拜占庭"收复"了原西罗马的大部分地区，地中海大体又成了帝国的内湖。这种状况延续了半个多世纪。

从7世纪40年代后期起，拜占庭在地中海上的垄断权受到了阿拉伯人的挑战。655年，拜占庭皇帝君士坦丁二世亲自指挥的500艘战舰，在吕底亚海（爱琴海东部）为阿拉伯人的舰队（舰船200艘）所败，损失惨重，君士坦丁二世幸免于难。674年夏，阿拉伯海军在哈里发儿子亚齐德率领下，第一次大举进攻君士坦丁堡，并封锁了君士坦丁堡对外的海上通路。但到了冬季，阿拉伯人立即撤围南去。这样封锁和撤走交替，一直持续到678年。这年，拜占庭舰队开始使用一种称为"希腊火"的新式武器，才打败阿拉伯人，解了首都之围。希腊火是拜占庭军队中一名叙利亚人卡里尼克斯发明的。此火器由硝石、沥青、硫磺和石油混合而成，用虹吸管向外喷射。这种初级的火焰喷射器颇为有效，投射到敌船上立刻燃烧，用水不能扑灭。亚齐德的舰队因此受到严重损失，不得不下令退兵。此后，双方又在今突尼斯近海作战数次。717～718年，阿拉伯人第二次进攻君士坦丁堡，互有小的胜负，最后阿拉伯舰队在马尔马拉海遇风暴覆没。此后200多年，双方又在争夺塞浦路斯、克里特岛、西西里岛的战斗中交锋多次，至964年，拜占庭牢牢控制了克里特岛，阿拉伯则完全占领西西里岛，双方对峙了一段较长的时间。

在拜占庭东北方的俄罗斯人从9世纪起开始进攻君士坦丁堡。882年，罗斯公国在基辅建成。907年，大公奥列格率军8.8万人和战船2000艘（当时文献所记，略有夸大）进攻君士坦丁堡，不克。大公因博斯普鲁斯海峡为拜占庭军把守，无法通过，立即令将船只从陆地通过而放入马尔马拉海，同时蹂躏拜占庭农村达4年之久，拜占庭被迫纳贡求和。941年，罗斯大公伊戈尔（912～945）再攻君士坦丁堡。拜占庭舰队将"希腊火"改放在管道内，再将管道安装在旧的大船上，临战时放这些船冲入敌阵，俄舰被熊熊大火烧得乱了阵脚，最后全军覆没。后来俄罗斯人对拜占庭的进攻

也遭到失败。11 至 13 世纪拜占庭海上势力和国家力量均渐衰弱，最后于 1453 年为奥斯曼土耳其帝国所灭。

中古优秀航海民族阿拉伯人的海上霸业

7 世纪前，阿拉伯人祖居在阿拉伯半岛，部分迁徙到东非。穆罕默德于 610 年创立伊斯兰教，622 年创建政教一体的国家，630 年阿拉伯半岛基本统一。以后，642 年阿拉伯国家东灭萨珊波斯，西进埃及，初步建立成一个大帝国；到 714 年占据今西班牙大部分地区，更发展成了一个横跨亚、非、欧三洲的大帝国。阿拉伯人早就会造船，原已在红海和印度洋上航行。后来，在其国家发展为中古时代的繁荣帝国的条件下，阿拉伯人也发展为一个优秀的航海民族。在中古，阿拉伯人为东西方的文化交流作出了卓越贡献。

阿拉伯国家的海军始建于 649 年。当时阿拉伯帝国的埃及总督伊本·萨德下令在亚历山大港建立了第一支舰队。同年，帝国的叙利亚总督摩阿维亚（后来楼马亚王朝的哈里发）率领这支舰队攻占拜占庭的塞浦路斯岛，取得阿拉伯海战史上的第一个胜利。652 年拜占庭以海军优势试图收回亚历山大港，却为伊本·萨德所败。654 年，阿拉伯海军又夺占了拜占庭的罗德岛。655 年，阿拉伯海军在著名的船桅之战（亦称马思特战役）中取得了巨大胜利。这年春天，伊本·萨德与摩阿维亚的两支海军联合进攻拜占庭，在吕底亚海附近与拜占庭海军遭遇。拜占庭的 500 艘战舰在皇帝君士坦丁二世指挥下猛烈进攻阿拉伯军，阿拉伯军的 200 艘战舰在伊本·萨德指挥下，渐渐陷于被动。这时，阿拉伯旗舰用强大的抓钩勾住了敌方一条大帆船，接着采取集中己方战舰形成堡垒、登上对方舰只进行突击战的战术，结果一个一个地摧毁了许多敌舰。君士坦丁二世见势不好，丢下舰队慌忙逃跑。拜占庭人群龙无首，在混乱中几乎全军覆没。这是阿拉伯与拜占庭海上力量的一次大较量，也是阿拉伯海军史上的第一次大胜利。这场胜利使阿拉伯军方感到在地中海争夺海上霸权是可能的，因此大大加强了海上扩张的信心和活动。

阿拉伯人加紧在地中海的扩张，大体沿着向北、向西两个方向。向北的目标是力图夺占君士坦丁堡。670 年，阿拉伯海军控制了达达尼尔海峡，

此后，又相继占领了纳斯岛和科斯岛。这样已具备了进攻君士坦丁堡的海上后方条件。674~678年、717~718年，阿拉伯海军两次大规模进攻君士坦丁堡，均因拜占庭使用"希腊火"而失败。其中718年春，拜占庭皇帝利奥三世下令用铁链封锁君士坦丁堡北面的金角湾，以防首都受到南北两面的夹击。此后100多年，双方在东地中海域犬牙交错，战争互有胜负。在西方，双方为争夺突尼斯于693~698年间作过反复较量，结果拜占庭败退；711年阿拉伯人渡海进入西班牙，但732年在今法国南部的普瓦提埃为法兰克王国的宫相查理·马特所败，阿拉伯从陆路向西欧的进军从此被遏止。在海上，阿拉伯先后占领了西西里岛上的几个城市，完全占领了撒丁岛（827年）、科西嘉岛（850年）、西西里岛（964年）和西地中海的一些岛屿，建立了对地中海西部的霸权。在印度洋上，西亚南侧海域波斯湾和印度半岛近海都是阿拉伯人或穆斯林国家的势力范围。在东非，阿拉伯人成批迁居到沿海一线，从北到南大体到基尔瓦附近，逐步形成了阿拉伯人和东苏丹人（居非洲东岸北段）、班图人（居非洲东岸中段）的混居地，融合成斯瓦希里人，讲斯瓦希里语。由于这一带没有海上强敌，阿拉伯人在印度洋沿岸各地、西南太平洋上的商业活动相当活跃，向东直达中国、日本。在印度洋上，阿拉伯人是巧妙运用季风航行的能手。这种情况一直延续到15世纪。

诺曼人的海上扩张及其历史意义

诺曼（意为北方）人是日耳曼人的一支，也称维京人，指居住在斯堪的那维亚半岛和日德兰半岛的挪威人、瑞典人和丹麦人。诺曼人生活在森林茂密、耕地较少的土地上，半岛濒临的海域广阔，港湾优良，水产丰富。自古以来，诺曼人就善于造船、航海、捕鱼。长期从事这些事业，又把他们培养成了富于进取、冒险和勇敢精神的民族。到7世纪，由于铁器广泛使用，造船、渔猎、耕作都有发展，因而贫富分化加快，部落力量加强，出现了国家的雏型。到8~9世纪，诺曼人向外扩张的浪潮形成了。同时，在他们制造的多种船只（大龙船、中部宽大的货船、独桅小快船等）中，又发展出一种吃水浅、船身长、能快速远航的长船。1880年出土的一艘典型

长船身长 23 米，宽 5.25 米，龙骨为一根 17 米长的巨木，船身的骨、勒、板结构严密，全船可容 100 人，张帆顺风每小时可行 10 海里（航海称此时速为 10 节），可在海上连续活动 1 个月以上。这种船吃水只有 1 米，因此，既可在浅海中航行，也可深入内河逆流而上。此外，他们富于海上航行的经验，且逐步形成了从事海上航行和军事活动的严格纪律。这些纪律包括：出海与作战期间谁也不许心怀旧怨；船上不得携带女人；发现问题、情况只向船长一人报告；所有战利品都集中到火刑柱前就地出售或按规定分配。凡此种种条件，使诺曼人在 8 世纪开始向外扩张，9～11 世纪形成了一个高潮，以后直到 13～14 世纪还有较长的尾声。

大体来说，9～11 世纪可分两大阶段，前一阶段是以袭击沿海、沿河城镇为主，掠夺一番即退去，一般是夏出冬归；后一阶段发生进步性转变，即从纯粹掠夺向大批殖民、永久居住转变。在欧洲史学上，常称这个时期的诺曼人是"海盗时代的诺曼人"。这一时期诺曼人的扩张基本上可分中、西、东三条路线。

首先说中线的丹麦人。789 年，丹麦人驾 3 艘长船突然出现在英伦海峡多尔斯特海岸，这些四肢优美、性格爽朗、骁勇善战的北国先生们，上岸抢劫的收获之巨使他们的乡亲都跃跃欲试，以后差不多每年都来。851 年，丹麦人第一次在英格兰过冬，随后在英格兰东北部形成了"丹麦统治区"。879 年，丹麦人与英格兰的阿尔弗雷德大叙（871～899）订立和约，大体以伦敦向西北延伸到彻斯一线为界，北部、东北部为丹麦人统治区，南部属英格兰。丹麦统治者向当地人收取丹麦金。

丹麦人入侵法兰西的规模较大。9 世纪初，丹麦人先后多次抢劫了亚眠、巴黎、波尔多、马赛等 90 个城市。845 年攻占巴黎，火烧卢昂，随后数年又抢劫波尔多，入居法里斯兰，强占南特、都尔。911 年，罗洛率军占据法兰西西北部一大片地区，称其为"诺曼底"（意为"北方人的土地"），罗洛自称"诺曼底公爵"。1066 年，诺曼底公爵威廉在英王去世之际宣称自己有权继承英国王位，率军征服了英国，在英国建立起诺曼底王朝。丹麦人于 9 世纪中叶侵扰意大利，851、860 年两次袭击比萨城。1090 年，自称国王的罗哲尔征服了西西里岛；后来丹麦人建立了西西里王国（1130～

1189)。此外，他们还曾入侵东地中海的一些海域。

其次说西线。这一方向主要为挪威人，但9世纪初丹麦人曾与挪威人共同行动。约823年，挪威人把扩张矛头指向爱尔兰，在爱尔兰建立了都柏林、瓦特福特、韦克斯福德、威克洛等一大批贸易据点。9世纪中叶，挪威人在向西探索中先后发现了赫布里底群岛和詹梅恩岛、法罗群岛、北设得兰群岛、斯匹次卑尔根群岛。874年发现冰岛，并在这里建立了欧洲第一个议会制共和国，且把登陆地命名为雷克雅未克（意为冒烟的海湾）。982年发现格陵兰（意为"绿色的土地"）。1003～1004年，莱夫·埃里克从格陵兰出发经拉布拉多半岛到达了由他命名的"石头地"（即今纽芬兰的"马尔克兰地"、"森林地"）和芬兰德（"酒地"——因当地野葡萄很多），即已到北美大陆东北沿岸地区。他们计划在这里定居但未成。由于他们并未认识到已到达一个新大陆，并且未做公开报告，所以不具有发现新大陆的性质。

最后说东线瑞典人。在俄国历史上，常称这批诺曼人为"瓦伦基亚人"（或译"瓦良格人"），意为"北欧漂泊者"。早在7～8世纪，瑞典人已在波罗的海一带从事贸易。9世纪初，他们通过芬兰湾进入斯拉夫人的土地。9世纪中叶，瑞典人在第聂伯河及其支流建立起一批武装贸易据点，因人口集聚而形成殖民地及其管理机构。不久，瑞典人又扩展活动，弄清了通过第聂伯河、黑海到达君士坦丁堡，通过伏尔加河、黑海到达巴格达的通路。沿途武装既保护贸易据点，又保护贸易通道，以至和拜占庭人、阿拉伯人、犹太人发展了贸易。862年，瑞典人在诺夫哥罗德建立了政权机构。582年，更在基辅建立了基辅罗斯公国的统治机构。经过几代人，他们就被东斯拉夫人同化。起初这些瑞典人也是商人、海盗两位一体。到了9世纪后期，他们经商的资金、据点、道路、武装保护都有发展，许多人变成了专业商人。但是，说不定由于什么机缘，他们又会重操旧业，干起海盗的勾当。然而，他们毕竟是在发展商业的道路上向前迈进了。9～11世纪诺曼人的海外扩张对欧洲产生了巨大而深远的影响：①它部分地改变了欧洲的地图。它发现了一些前人未到的地方；新弄清了一些河流、海域以及国家间的联系道路，从而将欧洲连成了一体。②它促进了欧洲贸易的振兴和发展。③诺曼人的

扩张也造成了大批人员的死伤和财富的破坏。然而，更令人钦佩的是诺曼人那种勇往直前、敢于冒险探索和开拓的伟大精神：他们走遍了半个世界把人类对世界的认识向前推进了一步！

威尼斯、热那亚海军争霸地中海

11 世纪时，一度衰落的手工业、商业在西欧复兴，意大利、英国、法国、德国等出现了一些以手工业和商业为基础的新城市。意大利出现了一批城市共和国，其中威尼斯、热那亚、比萨等发展成为以海军保护商业的较强国家。当时拜占庭、阿拉伯两帝国都因内争外患，对地中海的控制有所削弱，更造成了威尼斯、热那亚迅速发展并相互激烈争夺的机会。

威尼斯位于亚得里亚北端海滨，1 世纪时是罗马的一个渔村，后从事贸易而发展较快，8 世纪时已拥有 1 支海军。这时，威尼斯为避免查理大帝的统治，与正在受到阿拉伯人进攻的拜占庭建立了近似同盟而又带有从属地位的关系。威尼斯基本上是一个独立的城市共和国，但在名义上，它又是拜占庭的一个总督区，国家首脑称总督。这种关系的建立使威尼斯得到了很大利益，其中最突出的，是它从此几乎控制了从小亚细亚、君士坦丁堡港口向西地中海、大西洋沿岸甚至到英国的海上运输和贸易。商业营利巨大，有时一个航次所得即为成本的 12 倍。威尼斯商人利欲强烈，他们只要有利可图，便即几乎不顾一切去争取，甚至不分敌我。基督教禁止把基督徒拐卖为奴隶，拜占庭皇帝禁止把铁、木材等军事物资卖给阿拉伯人，威尼斯商人为图厚利，往往违禁大干。这样，威尼斯商船队伍迅速发展，到 12 世纪已拥有商船 2000 多艘。同时，威尼斯商船的管理带有封建的、半军事的性质。平时船队航行，自身即有武装保护；战时需要，政府会下令将运输船、商船改为战舰；凡熟悉航海技术、商路和其他机密的年老船长、船工，退休后不准离开威尼斯。坚持离开者即被暗杀于旅途之中，并将退休金发予其亲人。11 世纪初，威尼斯肃清了亚得里亚海的海盗。1082 年，威尼斯打败一支向巴尔干半岛进攻的诺曼人，拜占庭因此给予威尼斯在帝国全境免缴商业税的特权，这使威尼斯在整个东地中海上都处于优越的地

飞舞的飘带：海军的历史

位。在 11 世纪，位于利古里亚海岸的热那亚、比萨的海上力量也发展起来。11 世纪前，这两个城市共和国先后受到过阿拉伯人和诺曼人的袭击。1016年，两国联合夺占了阿拉伯人手中的撒丁岛和科西嘉岛。11 世纪中叶，两国已基本控制了西地中海，阿拉伯人近 250 年的霸权至此丧失了。但这时阿拉伯人还掌握着西西里岛，控制着地中海的"海腰"。1090 年诺曼人攻占西西里，阿拉伯人在地中海上的势力就全然溃灭了。

1096 年，欧洲十字军东侵形成了一股浪潮。热那亚、比萨奉教皇之命派供应舰只进入东地中海，先后进入安条克、耶路撒冷，并在一批港口取得了居住、经商的权力，进而逐步成为连接东方陆路商队与欧洲之间的贸易桥梁。威尼斯也担负海上供应的使命，但它不愿容忍热那亚、比萨的发展，旋即从与对方展开激烈的竞争并发展为海战。从 1110 年首战开始到1381 年的 270 多年间，双方经历了大小数十战，其中比较重要及与形势发生较大变化有关的几次海战如下：

1110 年，威尼斯舰队在罗德岛附近袭击比萨船队，后者被击沉一大批船只。跟着，也与热那亚的舰队发生冲突。1119 年，为争夺西地中海霸主地位，热那亚与比萨开战，比萨战败。

1149 年，拜占庭、威尼斯舰队联合击败诺曼人，拜占庭给威尼斯商人更大的特权：货物进出不受检查，不交任何关税，商人可在君士坦丁堡长期居住。拜占庭商人对此深为不满，政府受商人影响采取措施削弱威尼斯力量，双方矛盾渐趋激化。

1202～1204 年，威尼斯总督玩弄阴谋，把原定征伐埃及的第 4 次十字军运去攻打君士坦丁堡。君士坦丁堡陷落并遭到洗劫。拜占庭的统治力量在小亚细亚成立拉丁帝国（1204～1261）。威尼斯获得了拜占庭 3/8 的土地，并获得从爱琴海到里海商道的霸权。自此比萨站到了威尼斯一边。

1261 年，热那亚趁威尼斯主力舰队在里海作战，帮助拉丁帝国统治者收复君士坦丁堡。热那亚代替了威尼斯在拜占庭的地位，占领了金角湾北岸的加拉太地区。1298 年，双方在离达尔玛提亚不远的库佐拉岛附近发生了一次大海战，威尼斯投入战舰 98 艘，热那亚投入战舰 78 艘，结果威尼斯大败，被俘 7000 人，包括世界著名旅行家马可·波罗。这次马可·波罗自

己出资装备一艘战舰，自任舰长，战败被俘后关进热那亚监狱。在狱中，马可·波罗向难友讲述了东方之行，由难友、作家鲁斯梯谦作了记录，这就是著名的《马可·波罗游记》。

1353年，威尼斯在撒丁岛重创热那亚舰队。1354年，在爱奥尼亚海，热那亚重创威尼斯舰队。

1380年，在威尼斯以南基奥加港附近，双方海、陆军激战6个月，热那亚大败。1381年，双方签订《都灵和约》，热那亚承认威尼斯在东地中海的霸主地位。

从上古到14世纪的3000多年中，地中海是一个周边国家密集、海上势力多次相互碰撞的主要海域。然而，人类并没有在这个阶段停止斗争。从15世纪起，世界历史上的大航海时代开始了，海上强国相互争霸的海域，也空前地扩大了。

汉萨同盟的海上霸权

汉萨同盟是中古北海和波罗的海沿岸城市结成的商业同盟，有自己的常设中心、商站、船队、武装，因此具有半武装政治经济集团的性质。"汉萨"意为"同盟公会"，汉名惯译为"汉萨同盟"。1241年，德国境内的汉堡、律贝克为保护双方连接起来的陆上和海上通道，最先结成了城市同盟。其目的就是为维护双方的贸易，和土匪、海盗作斗争。当时在今德国、荷兰一带有好几个类似的城市同盟。当时的"土匪"情况复杂，有真的小股土匪，也有的是地方封建领主令其属下的武装化妆的。当时西欧一些领主对过往商队实行所谓"落地法"，理由是商队车载货物已交过境税，而如车坏货物落地，占用了领地，就要再加税甚至没收货物，因此以"土匪"故意造成货物落地。当时的海盗情况更加复杂，既有大小窝盗，也有过路船商和海盗一身二任，还有近海领主武装化妆的海盗。这些领主实行所谓"船难法"、"搁浅法"等等，凡过往商船在其领地近海内（当时还没有国际法公认的领海概念）失事、搁浅，领主就有权没收全部或一部分货物，以至有的领主派"海盗"凿沉商船，有的在夜间以灯光冒充灯塔引诱船只触

飞舞的飘带：海军的历史

礁。13～15世纪一些商业较发达的国家向这些领主作了许多斗争，制定了一些法令，进行过频繁的交涉、报复活动。建立城市同盟就是同这种野蛮、落后、封建割据的破坏方式作斗争的形式之一。汉萨同盟形成后，除与土匪、海盗作斗争外，还从事建造灯塔、训练领航员、筹训武装等活动。1260年，同盟条例第一条即规定加盟的"各个城市应全力以赴地保卫海洋，反对海盗和其他为非作歹之徒，使海上商人能够自由地进行贸易"。此后，加入同盟的城市不断增加，到14世纪中叶，参加同盟的城市共77个。汉萨同盟在发展中建造了自己的船只和舰队。船的头、尾都有坚堡，以便必需时改为战舰；一些城市或几个城市制定了商业法、航海法，加强了所属商人、商船的组织性、纪律性。

同盟在海外有5个商站：伦敦商站，垄断英国与欧洲大陆之间的贸易；布鲁日商站，这里是附近海路、内河商路和南北陆上商路的一个活跃的中心，但没有明确的垄断范围；万特商站（即地中海东岸一带的商站），与东方国家有贸易关系，但不甚发达；诺夫哥罗德商站，垄断俄罗斯与波罗的海的贸易，不许俄与波罗的海本地及西欧到此的商人直接贸易；卑尔根商站，垄断挪威、法罗群岛、冰岛等与大陆的贸易，并以不受挪威法律限制的特权从事活动。这是1284年同盟与挪威交战、挪威战败造成的。

1367、1370年，同盟与丹麦交战，丹麦战败而与同盟签订《斯特拉松和约》，承认同盟在波罗的海、北海的贸易特权。此后100多年，同盟在波罗的海、北海实际拥有海上霸权。同盟的商业、航海活动，既促进了经济的发展，也对所到地区冲破封建割据起了一些积极作用。

从15世纪末到16世纪，汉萨同盟渐趋衰落，1669年同盟会议只有6个城市参加，随后同盟就瓦解了。同盟逐渐衰落的主要原因是：随着15世纪末开始的新航路发展和商路、商业中心的转移，大西洋沿岸的发展代替了波罗的海、北海的地位；随之荷兰、英国在这两个海域中冲破了同盟的霸权，英国还直接取消了同盟在伦敦的贸易特权；德国的政治分裂妨碍国内形成统一市场，使同盟不但没有奉行重商主义王权的支持，而且受到压制、削弱；同盟内部一些城市争夺领导权的斗争和其他矛盾也促使一些城市退出同盟，终至解体。

大航海时代的到来

大航海时代的序幕

　　15～18世纪是人类的大航海时代。以1492年哥伦布第一次从西班牙出发经大西洋远航到美洲作为大航海时代正式开始，这之前的整个15世纪，可说是大航海时代的序幕阶段。大航海时代的到来有着深刻的经济、社会的原因和文化条件。这些条件、原因主要是：欧洲在14～15世纪出现资本主义萌芽，工商业发展要求扩大贸易，原有的地中海、北海、波罗的海一带已不能满足需要。欧洲黄金存量很少，又大量外流，远不能满足商业及各方面的需要。《马可·波罗游记》一书盛赞中国、印度"黄金遍野"，促使许多人渴求渡过大西洋到东方来得到黄金；欧洲经过西亚、埃及由陆路、海路到中国、印度等东方来的商路，15世纪～16世纪初为奥斯曼土耳其帝国所占据而隔断（土耳其占领西亚并于1517年占领埃及），要到东方来，必须另寻道路。欧洲的西班牙、葡萄牙、英、法等国在15世纪后期先后形成了专制王权统治的统一国家。这为组织大规模航海活动提供了政治条件和物质力量；欧洲人基本

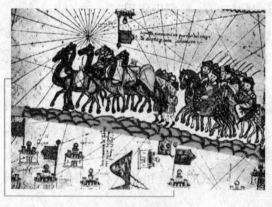

马可·波罗游记

具备了造船、航海等物质技术的条件和地理、天文等文化知识的条件。大航海时代的主角——西欧国家已能制造载重量 1 吨以上的海船，新式多桅、多帆的船不但顺风可以前进，而且在逆风的情况下也可挂斜帆向前。15 世纪初，佛罗伦萨地理学家绘制了《世界全图》，"地圆说"和从大西洋向西可以到达东方的学说已经深入人心。此外，指南针（罗盘）、海图的应用，海员天文知识和航海经验的积累等，这一切综合起来发生作用，开启了大航海的时代。

　　15 世纪葡萄牙王室组织的对西非海岸的探航，是大航海序幕的重要内容。1415 年葡王约翰一世（1385～1433）及其子唐·恩里克（亨利亲王，1394～1460）率一支舰队进抵北非，经激战从摩尔人手中夺占了直布罗陀海峡南岸的休达城，这是葡萄牙人在本国国土以外的第一块殖民地，亨利被任命为总督。从此，葡萄牙所组织的沿非洲西海岸向南的探航，就成为探航、开拓和侵占殖民地三位一体的事情。探航、开拓是一种推动历史前进的进步事业，而侵占殖民地则是非正义的。历史辩证法的矛盾对立统一本来如此，不应只强调一面作片面的评断。此后，亨利回国在萨克列斯创办航海学校，自任校长。学校讲授地理、天文、航海等课程，培养了一批航海人才。亨利孜孜不倦地组织上述向南探航活动，1434 年，亨利派遣的探航船越过巨浪滔天、难于逾越的博哈多尔角，1445 年到达塞内加尔河河口，1460 年到达塞拉利昂。同年亨利逝世，人们尊称他为"航海家亨利"。1482 年探航船到达刚果河口，发现了一个早期的奴隶制国家。1487 年，葡王约翰二世派遣的巴·迪亚士到达非洲西南的卢得立次湾。驶离此湾时，迪亚士所率 3 只小船被暴风吹向南方，连续吹了 13 个昼夜。暴风停息后，迪亚士的船只北行，见到了南非莫塞尔湾的牧人，再向东行，实际已向印度洋驶去。因船队粮食不足，迪亚士决定返航。在回航途中，他见到了非洲最南端的海角。因迪亚士经过这里遇到的是猛烈的狂风，汹涌的波浪，所以他称此角为"风暴角"。迪亚士回到葡萄牙向约翰二世叙述了"风暴角"的情景。葡王认为绕过此角，通达印度、中国的航路已经在望，故立即将此角改名为"好望角"，这一名称一直沿用至今。迪亚士的发现为以后达·伽马航达印度打下了基础。

fēiwù de piāodài:hǎijūn de lìshǐ

· 29 ·

 ## 西班牙、葡萄牙的远航海军和殖民掠夺

飞舞的飘带：海军的历史

西班牙、葡萄牙是 15 世纪末到 16 世纪前半期组织大规模远航并开辟了新航路的国家，同时也是第一批妄分世界海权和实行大规模殖民掠夺的国家。在这两个国家最初组织的几十次航行中，有 3 次成就最大，最具有代表性，也称得上具有划时代的意义。

第一次，哥伦布从西班牙的巴罗斯港出发，第一次经大西洋航抵美洲。克利斯托夫·哥伦布（1451～1506）出身于意大利热那亚市的织工家庭。他从青年时代参加航海活动，到过西班牙、葡萄牙、英国和非洲的几内亚等地。1492 年，哥伦布向西班牙国王申请赞助远航，女王伊萨白拉给予支持并授予他海军大将军衔，资助他 3 艘船和大部分航海费用，并预封他为新发现的土地的世袭总督，有权得到新土地收入的 1/10。

1492 年 8 月 3 日，哥伦布带着西班牙国王致中国皇帝的国书，率领水手 87 人，阿拉伯翻译 2 人，分乘"圣玛利亚"号（旗舰，长 36.67 米，载重 100 吨）、"尼娜"号（长 18.87 米，载重 40 吨）和"宾达"号（长

哥伦布

28.33 米，载重 50 吨）3 艘舰船，从西班牙巴罗斯港出发，开始了寻找新航路的航行。哥伦布的航船向西南方向行驰也就是沿着以后被称为从欧洲到美洲的西南航线，经过 37 天，到达了今巴哈马群岛中的华特林岛。当时哥伦布将这个小岛命名为"圣萨尔瓦多"（意为"救世主"），在岛上升起了西班牙国旗，表示这块土地已为西班牙所占领。此后，哥伦布又到过古巴、海地，于 1493 年 3 月回到西班牙。再后，哥伦布又率领船队分别于 1493 年、

1498 年、1502 年 3 次抵达美洲，到过加勒比海中的许多岛屿与拉丁美洲的不少地方。哥伦布是一名伟大的航海家和探险家。他开辟了欧洲航达美洲的新航路，为东、西半球创造了相互联系、发展文明的条件。因此，我们应当肯定哥伦布为人类的进步所作出的划时代的伟大贡献。但哥伦布误认为他到达的地方属于印度，是不对的。哥伦布被封为大将和有过掠夺行动，说明他的远航带有半军事的性质，是西班牙向外扩张、争夺海洋霸权活动的一部分。

第二次，达·伽马从葡萄牙的里斯本出发，第一次绕过非洲南端的好望角航抵印度半岛西南的卡利库特港。瓦斯特·达·伽马（1469～1524）是葡萄牙人，出身于贵族家庭，他本人也有贵族身分。达·伽马爱好航海活动，富有航海的经验。1495 年，葡王选择达·伽马担任远航印度的指挥官，为远航而赶造了 4 艘新舰船。1497 年 7 月 8 日，达·伽马率领 160 名水手，分乘"圣加布里埃尔"号（旗舰，载重 120 吨）、"圣拉斐尔"号（载重 100 吨）和另两艘没有命名的食品、杂物船，从葡首都里斯本出发。同年 12 月，达·伽马绕过好望角，通过了迪亚士以前竖立的石柱。1498 年 3 月航抵马林迪，在此，达·伽马找到一位阿拉伯领航员马德瑞德，于 1498 年 5 月 20 日航抵印度西南沿海港口名城卡利库特（郑和也曾在此停靠）。达·伽马在此竖立了一个标柱，称葡萄牙王国己占领这块地。1499 年 9 月，达·伽马回到里斯本，国王授予他"印度洋海军上将"的称号。达·伽马是一名杰出的航海家，由他开辟的由西欧绕过好望角到达印度的航线，第一次把大西洋和印度洋连

达·伽马

接起来，为此后扩大东、西方贸易创造了条件。

第三次 1519～1522 年麦哲伦率领的船员从西班牙圣卢卡港出发，完成了人类历史上第一次环球航行。费尔南多·麦哲伦（1480～1521）出生于葡萄牙的没落骑士家庭。他从 16 岁参加航海，先后从海路经过非洲东部的基尔瓦、蒙巴萨、亚洲的马六甲、摩鹿加群岛，今天巴西的里约热内卢、拉普拉塔河口等。1516 年他拟订出绕过南美西行到达印度的计划，1519 年得到西班牙国王查理一世的批准和赞助。

麦哲伦

1519 年 8 月，麦哲伦率领 270 名成员和 5 艘舰船从圣卢卡港出发。这 5 艘船是："特里尼达"号（旗舰，载重 110 吨）、"圣安东尼奥"号（载重 120 吨）、"康塞普逊"号（载重 90 吨）、"维多利亚"号（载重 85 吨）和"圣地亚哥"号（载重 70 吨）。1520 年 10 月，船队到达拉丁美洲南端与火地岛之间的海峡，在急湍的海流中通过，后人将这个海峡命名为"麦哲伦海峡"。从 1520 年 11 月到 1521 年 3 月，船队在当时人们称为"大南海"的海洋上西行，一路上大都风平浪静，麦哲伦将之改名为"和平海"，中译为"太平洋"。1521 年 4 月，因麦哲伦在今菲律宾境内干涉土著居民的事务，被岛上土著居民用毒箭射死。到同年 11 月到达摩鹿加群岛时，船队已损失掉 4 艘船，只剩下"维多利亚"号在埃里·卡埃率领下继续航行，终于在 1522 年 9 月 6 日回到圣卢卡港，最后完成了这次环球航行，生还者仅 8 人。这次环球航行整整经历了 3 年。麦哲伦及其后继者是杰出的航海家，他们在人类历史上，开辟了绕行全球的新航路。这不仅证明了地圆学说的正确，同时也使人类获得了一系列新的地理、天文、力学和航海

飞舞的飘带：海军的历史

知识，对促进科学技术的发展和帮助人类树立新的宇宙观，都有切实而又重大的意义。

在西班牙、葡萄牙于这一时期组织的上百次远航中，还有一次应引起注意。1501 年、1503 年、1504 年先后为葡萄牙、西班牙王国服务的意大利航海家亚美利哥·维斯普齐，在考察巴西等地的地理后，断定哥伦布发现的不是印度，而是一块新大陆。1507 年，法国地理学家瓦尔德西缪勒在其所著《宇宙志导论》一书中，将新大陆以亚美利哥的名字命名，称之为"亚美利加"（America）。到 16 世纪中叶，西欧国家出版的世界地图，都将新大陆称作"亚美利加州"，简称美洲，这就是现在美洲名称的由来。

西班牙、葡萄牙在开辟新航路和发现新大陆方面取得成就之后，占有新土地和制海权的贪欲急剧膨胀起来。早在 15 世纪初，葡萄牙亨利亲王就几次下令，宣布不经葡萄牙允许，任何国家的船只都不允许在非洲以西海域中航行。1455 年，罗马教皇尼古拉五世颁布特权令，荒唐地授予葡萄牙以海上霸主的地位。哥伦布到达美洲后，西班牙提出了海上权力的要求。1493 年 5 月，教皇亚历山大六世发布训谕，指定在大西洋上划一条纵贯南北的分界线，在佛得角群岛以西 100 里格（1 里格合 5.92 千米）新发现的土地属于西班牙，以东的属于葡萄牙。在这些海域内，别的国家不经同意，不得航行和通商。葡萄牙对此表示不满，结果将分界线划到佛得角以西 370 里格，约相当于西经 41°线），双方于 1494 年签订了《托尔德西拉斯条约》（条约以西班牙北部的一个小镇命名）。然而，在 1522 年麦哲伦等完成环球航行后，双方又发生了冲突。1529 年，双方又签订《萨拉哥撒新约》，在摩鹿加群岛以东 17°线处又划了一条分界线。这种急于瓜分世界土地和海权的妄为，当然是无效的。但它又充分暴露了两国王室的贪婪，以及教皇的无知和充当霸主工具的蠢态。

在实践上，葡萄牙、西班牙随着其远航舰船所到之处，都疯狂地进行了殖民掠夺，形成了第一个侵占殖民地的狂潮。葡萄牙国小人少，只好在所过之地以武装强占殖民据点，用以掠夺土地、财富、奴隶及经商。他们除在非洲西岸和东南岸建立了若干这种据点外，又在亚洲南部侵占了不少据点。西班牙掠夺殖民地的重点在拉丁美洲。从 15 世纪末到 16 世纪中叶，

今拉丁美洲除智利中南部阿劳干人保持独立的地区、一些边远地区和巴西外，几乎全部成为西班牙的殖民地。

奥斯曼土耳其的海军扩张和勒颁多海战

奥斯曼土耳其国家是由一支突厥人于 1282 年在小亚细亚中部建立的。它依靠骁勇的轻骑兵和受伊斯兰教的影响，实行凡扩张土地即将部分分封给骑兵的政策，领土领海迅速扩大，到 16 世纪已发展为跨有亚、欧、非三洲大片土地和海域的大帝国。1390 年奥斯曼国家建立海军，1453 年攻陷拜占庭帝国首都君士坦丁堡，将这一名城改名为伊斯坦布尔。此后不久，奥斯曼帝国攻占黑海大部分海域。14 到 15 世纪，威尼斯在东地中海称霸。1499 年，奥斯曼海军在伯罗奔尼撒半岛近海大败威尼斯海军，开始与威尼斯、西班牙激烈争夺东地中海的制海权。

1517 年，土耳其消灭并占领埃及。1525 年土耳其海军进入红海和阿拉伯海，不久更控制了波斯湾。1529 年及以后一段时间，上耳其舰队占领北非阿尔及利亚和今利比亚等漫长的沿岸海域。1537 年，土耳其舰队攻占南意大利和达尔马提亚的部分港口。1570 年，又从威尼斯手中攻占了塞浦路斯。在奥斯曼土耳其急剧扩张的情况下，罗马教皇庇护五世联络威尼斯、西班牙、热那亚、马耳他组成联合舰队（简称"天主教联合舰队"），为争夺地中海的霸权，而于 1571 年发生了一场大海战——勒颁多海战。这次海战土耳其战败，成为奥斯曼土耳其帝国在欧洲海陆扩张势头被遏止并开始转向衰落的标志。

勒颁多位于科林斯海湾之内。这次大海战的特点，是帆桨并用、接舷战和火炮并用，舰船的动力和武器装备都在向新技术过渡之中。此战土方以卡普丹为司令，出动舰船 264 艘，士兵 8 万；联合舰队以西班牙的唐·约翰（国王腓力二世同父异母弟）为司令，出动战舰 300 余艘，士兵为 8 万余人。战争进行前，联合舰队中的各国官兵都有明显的排外性。面对这一情况，26 岁的统帅唐·约翰下令各国官兵采取混合编队投入战斗。这一办法虽遭到多数各国军官的反对，但得到了执行。事后证明，这不仅有利于

互相监督，而且有鼓舞士气的作用。10 月 7 日作战当天，开始刮西北燥风，对联合舰队不利；但不久，地中海热风骤起，土耳其舰队被迫后退。这时唐·约翰命令发动炮击，土耳其舰船在整顿后组织反扑，因而形成了双方不少舰船的接舷战。在接舷肉搏了约 5 个小时后，一发炮弹炸死了土军司令卡普丹。联合舰队几名士兵乘乱冲上土军旗舰，割下卡普丹的头挂到了桅杆上。土军士兵见主帅身亡，士气受挫。又经过一段苦战，土军的中央舰队崩溃，最后上军失败。这次大战土军损失战舰 150 艘，战死 8000 人，被俘 7000 人，伤 20000 人。联合舰队虽死伤 20000 多人，但只损失战舰 15 艘。西班牙青年塞万提斯（1547 ~ 1616）参加了这次海战，被炮弹炸掉一只胳膊，后经多年坎坷，成为一名人文主义的文学巨匠，写出《唐吉诃德》等著名小说，世称"独臂文学大师"。此战土耳其失败，使其丧失了东地中海霸主的地位。

英国海军争霸和打败西班牙无敌舰队

英国于玫瑰战争（1455 ~ 1485）结束后建立起都铎王朝（1485 ~ 1603）。这个王朝的第一代国王亨利七世（1485 ~ 1509）打击专权的、贵族，解散贵族私有的武装（家臣），加强了中央集权君主专制。亨利七世鼓励海上事业，号召扩大对外贸易和捕鱼，奖励私人制造大船。一些被解散的无业家臣到海上活动，加入了海盗的行列。从 15 世纪末到 16 世纪前半期，西班牙、葡萄牙在海上居于霸主的地位。英国在航海和海军方面都比西班牙落后得多。西班牙在南部美洲大肆掠夺金银宝物，一船船运回西班牙，成为土耳其等国的一些穆斯林及法国、英国海盗的猎物。英国用支持海盗活动来扩展海上势力是从伊丽莎白女王（1558 ~ 1603 年）时代开始的。

1562 年，英国普利茅斯市长的儿子霍金斯第一次去非洲贩卖奴隶获得巨利。1567 年，霍金斯率船 5 艘贩卖黑奴到达墨西哥的韦腊克鲁斯港，港口的西班牙殖民者按国王命令禁止英国人上岸，旋即下手扣留船只。5 艘船中，只有霍金斯和他表弟德雷克各管的一条船逃脱。从此，霍金斯、德雷克和其他一批英商决定以武力在公海和非洲、美洲之间进行贸易、劫掠活

动，实际成为海盗。在这些海盗中，最活跃、最有影响的是德雷克。1570年至1573年，德雷克3次到南美洲侦察金银库藏所在。第3次德雷克率2艘船和72人直扑秘鲁隆勃狄奥斯港总督府的库房，结果将20吨白银运回了英国。伊丽莎白很欣赏德雷克的成功，出面让一些贵族、富商组织起1个辛迪加，决定以组织地理考察为名，由德雷克率"塘鹅"号等5艘船再去南美。1577年12月德雷克率160人向南美出发，途中遇风吹散船3艘，撞崖沉没1艘。德雷克将"塘鹅"号改名为"金鹿"号，从火地岛以南转入太平洋（因此这个海峡后被命名为"德雷克海峡"），到达瓦尔帕来索港（今智利境内），在港中得知金银被"灵火"号运走，德雷克急忙追赶，12天后终于赶上，夺得12箱金币、30千克金块、26吨白银和一批其他珍宝。德雷克在宝藏得手后，很快就转而担心在海上被抢劫。几经辗转，终于在1580年9月回到英国。他夺取来的财宝价值150万英镑，接近国家财政4年的收入。德雷克将其中的40%献给了伊丽莎白女王。1584年，英王又派德雷克沿西班牙海岸到加勒比海一带抢劫商船。1587年伊丽莎白处死了企图夺取英国王位的玛利·斯图亚特之后，两国之间发生战争已不可避免。

1587年，西班牙国王腓力二世组织起565艘舰船和10万军队，将大军集中于加的斯港，准备荡平英国。当时英国只有一支很小的皇家海军，由34艘舰船和6000多人组成。如发生海战，英国显然不是西班牙的对手。该年4月，德雷克对加的斯港组织了一次大规模的袭击，西班牙舰船、人员、弹药、粮食损失惨重，以致西班牙把进攻英国的时间推迟了一年。

1588年，腓力二世废弃了一批划桨的大帆船和旧船，组织战舰132艘、火炮2760门、兵员3万多人出征英国。他为舰队命名为"幸

西班牙国王腓力二世

运的无敌舰队"（简称"无敌舰队"），司令为西顿尼亚。英国闻讯急忙将一批商船改为战舰，组成总舰船数为 197 艘、火炮 2000 门、士兵 16000 人的舰队，司令为海军上将霍华德，副司令为德雷克、霍金斯，均被授予中将军衔。霍华德实际缺乏海战的经验，因此往往由德雷克出谋划策。在西顿尼亚出发前，腓力二世下了一道命令，要求舰队在到达加来港与那里的陆军会合前，不得在途中进行战斗。这样，无敌舰队本来有条件包围、炮击集中在普利茅斯的英舰，却错过了良机。等到无敌舰队在加来结集，霍华德接受德雷克的火烧敌舰的计划，在一个顺风的夜晚，以 8 条船装上火种，上敷黄沙，在临近敌舰时点着了火，士兵们在点火后跳上小船离去。西班牙舰队看到火攻惊慌失措，慌忙砍断锚链四处逃散。这样，西班牙舰船虽被烧毁的不多，但却失去控制、无法停泊而严重丧失战斗力。英国舰队立即以自己轻快的舰船炮轰运转不灵的庞大的敌舰，取得了巨大胜利。西顿尼亚见战争无法取胜，又见南风盛吹无法向南撤退，即指挥舰队顺风北逃，计划绕英伦三岛一周再回国。英舰在补充炮弹后发起追击。西班牙残舰在走到苏格兰以北奥克内群岛附近时，又遭风暴而使一批舰船沉没。同年 10 月，当西顿尼亚回到西班牙时，兵员已损失 2/3，舰船仅剩 43 艘。无敌舰队的大败削弱了西班牙的海上势力，开始丧失海上霸主的地位。英国的胜利使它一跃而成为海上强国，夺得了大西洋上部分制海权，并开始走上在全世界争夺海上霸权的道路。

风帆火炮时代的到来和海军的日益壮大

 荷、英的海上扩张和三次海战

　　尼德兰（今荷兰）在 16 世纪前期还是西班牙的属地，1566 年尼德兰爆发资产阶级革命，1581 年在尼德兰北部建立起独立的荷兰国家。16 世纪到 17 世纪中叶，荷兰资本主义经济发展迅速，其中以商业和海上运输业为主。16 世纪中叶，荷兰拥有商船 160 艘，全国有几百家造船厂。按当时英国经济学家贝提的统计，1670 年船舶总吨位是：荷兰 90 万吨，英国 50 万吨，西班牙、葡萄牙共 25 万吨，法国 15 万吨。由于这时荷兰的商船在世界许多海域都相当活跃，因此欧洲人称他们为"海上马车夫"。与此同时，荷兰也进行了大规模的海上扩张。1595 年，荷兰的商人从葡萄牙人手中偷到了远航印度、印度尼西亚的航海图，旋即组织商船到达印度的果阿、爪哇和摩鹿加群岛等地。1602 年，荷兰商人、贵族建立联合东印度公司，公司拥有商船队、军队和统治的权力。此后，他们在南亚迅速扩张、建立起一批武装商站。1603 年在爪哇、1606 年在马六甲打败西班牙、葡萄牙海军，1619 年在爪哇建巴达维亚城（今雅加达），后又到了苏门答腊、锡兰（今斯里兰卡久苏拉威西）。1621 年，荷兰建西印度公司，势力扩展到美洲。1642 年，荷兰航海家塔斯曼发现了今澳大利东南的一个大岛，后被命名为塔斯曼尼亚岛。1648 年，荷兰占领了好望角，在非洲南端建立起一个战略地位十分重要的殖民据点。荷兰的大规模海上殖民扩张既与西班牙发生矛盾，更和正在海上大肆扩张的英国发生剧烈的冲突。

英国掠夺殖民地的活动与荷兰大体为同一时间。1584 年，英国人在北美建立第一个殖民地，名为弗吉尼亚（意为"处女"，因女王伊丽莎白未婚而命名）。英国一批清教徒为逃避斯图亚特王朝的迫害，乘"五月花"号到达今美国东北的马萨诸塞州，按民主制建立了他们的殖民组织。此后北美成为英国重要的殖民地。18 世纪前期，在今美国沿海发展为 13 个州。1600 年，英国成立东印度公司。公司发展迅速，拥有商船队、军队和行政机构，1607 年在印度占领第一块殖民地，随后大肆扩张，印度也成为英国重要的殖民地。此后，英国在印度尼西亚、马来西亚等也逐步建立起一些殖民地。与此同时，英国又组织和资助了一些新的远航以求扩大海权。

这样，无论是在欧洲海战，还是在南亚、美洲海域以至太平洋上，英、荷的扩张势头已经对立和相撞。它们之间发生了 3 次战争（1652～1654、1665～1667、1672～1574）。第一次英、荷战争爆发时，英国是在资产阶级革命取得胜利后不久。当时的执政者克伦威尔很重视海军，他成立了专门领导海军的海军委员会，建造了专门的战舰，大型战舰排水量 1000 多吨，装炮 80～100 门，同时加强海军官兵的训练，并已不再征召商船和海盗参加海战。到 1654 年，上列大型战舰已造成 86 艘。到战争爆发时，荷兰海军的实力明显比英国弱一些。当时荷兰有战舰 60 艘，最大战舰装炮只有 40～50 门。1651 年，英国议会颁布著名的《航海条例》。《条例》规定一切在亚、非、美洲生产的商品，只有在英国船员管理的英国船上才准运进英国的领土；欧洲国家的商品只有用英国船或生产国的船才可以运进英国，而不准通过外来的中介向英国运进商品，同时规定鱼的进出口也必须由英国船运输。这一《条例》对荷兰的海运、贸易事业是一个沉重的打击。荷兰不予承认。1652 年 5 月，英国舰船 20 艘在著名海军将领布莱克率领下在多佛尔海峡巡逻，荷兰海军舰船 42 艘在海军上将特罗普率领下为商船护航。英海军要求荷海军向英国国旗致敬，荷方拒绝这一霸道的要求，于是第一次英荷战争爆发。这一战争先后在大西洋、地中海海域经过 9 次海战（普利茅斯海战、厄尔巴海战、里窝那海战等），双方动用舰只多时达 200 余艘，炮 600～8000 门，兵员数万。9 战互有胜负，但总的是荷方战败。第二次英、荷战争爆发在斯图亚特王朝复辟时期。这次战争是由英国在地中海袭击荷

国商船，荷护航海军还击而爆发的。这时，荷兰海军舰队的司令是德·奈特（1607～1676），他生于海港小城符利辛根，从小开始当水手，以勤劳和智力过人而逐渐升迁，跟随老将特罗普屡立战功。第一次英、荷战争中德·奈特与布莱克在普利茅斯海域交战，双方作战都称勇猛，且指挥有方，舰船运转技术、海战技术、炮术都堪称优秀，成为历史上一次有名的棋逢敌手、将遇良才的海战。结果互有伤亡，没有明显的胜负，而两名杰出的将领都既尊重对方，又信心倍增。这次战争先后在挪威海、北海和大西洋多个海域进行，双方都加强了海军的力量。

1666 年，奈特指挥主力战舰 85 艘与蒙克公爵指挥的英国主力战舰 56 艘在北海南部遭遇。奈特鼓起风帆插入敌阵，包围了蒙克，蒙克周围的战舰渐被摧毁，英军死伤严重。罗伯特率舰前来联络，蒙克才和罗伯特一起在守势中退走。这场海战英军阵亡 8000 人，蒙克、罗伯特两将军的旗舰及另外 15 艘战舰沉没，英军大败。历史上称这次海战为"4 日战争"（公历 6 月 11 日至 14 日，英国旧历 6 月 1 日至 4 日）。荷军胜利后，荷兰人捷报频传，彻夜狂欢。城市中张灯结彩，人群中"奈特万岁"之声此伏彼起。但两个月后，荷军在进攻泰晤士河口时遭到严重失败，死伤官兵 7000 人。1667 年 6 月，奈特发动对伦敦的突然袭击成功，英军损失惨重，货场火光通天，一艘最好的英舰被俘。7 月，双方签定《布里达和约》，《航海条例》稍有放宽。

第三次英荷战争

然而，此后还不到几年，又爆发了第三次英荷战争。这次是法国国王路易十四世联合英国从海陆两路进攻荷兰。1672 年 3 月 17 日战争爆发，路易十四的骑兵很快就突入荷兰 3 个省的大片地方，荷兰人成千累万地上船避难，成了"水上民族"。这时，荷兰统帅部忍痛命令打开穆伊登大坝，汹涌的怒涛使法军聚集的泰尔利尼洼地顷刻间成为一片汪洋，法军仓皇撤退。

以后，奈特指挥海军又打了几个胜仗。1674 年 2 月，英法间联盟破裂，英荷单独谈和，双方签订《伦敦条约》，两国关系恢复到战前状态。然而，法国仍继续进攻荷兰。同年 4 月，奈特在一次交战中身负重伤而逝世，终年 69 岁。此后，荷法战争一直拖到 1678 年。此战荷兰在海上的势力有所削弱，依靠工业发展而壮大起来的英国海军，后来迫使靠商业发展起来的荷兰海军处于从属的地位。

法国的海上扩张和英法战争

法国的殖民掠夺略晚于前几个国家。1604 年，法国成立东印度公司，接着在今印度东南本地治理一带建立了殖民地。1608 年，法国的海上活动到达今加拿大的魁北克，开始在加拿大建立殖民地，此后一直深入到了加拿大的腹地。17 世纪，法国在今美国土地上也大肆扩张，其殖民活动曾扩张到整个密西西比河流域以及五大湖区西南的一部分，密西西比河下游的大片土地都成了法国的殖民地。

17 世纪后半期英国已是海上强国，英荷战争胜利后，开始了更大规模的海洋贸易和殖民掠夺。法国在黎塞留时代（1624～1642）始建海军，到路易十四世（1643～1715）统治时，不仅在欧洲大陆称霸，而且也竭力从事海上的殖民扩张。到 1688 年英法战争前夕，法国已拥有当时世界上最强大的海军。海军的战列舰为 80 艘，这一数字虽不及英国的 100 艘多，但按装备的总体水平来说，优势是在法国。从 1688 年到 1763 年间，英法之间共经历了 4 次大规模的战争。

第一次是 1688～1697 年，法国与反法的奥格斯堡同盟（英、荷、奥地利、西班牙和瑞典）之间的战争。海战重点是争夺英吉利海峡的制海权，在法国近海经历了几次大的战役，大体互有胜负，但法国海岸被封锁，对外贸易处于中断状态，路易十四世被迫接受了有利于英国的和约。

第二次是西班牙王位继承战争。西班牙国王查理二世去世，路易十四世要以他的孙子菲利浦继承王位，遭到了英、荷、奥地利、普鲁士的反对。同时，路易十四世要求让詹姆士二世恢复英国王位，也为英国无法接受。

海战开始在西印度群岛一带展开，英国海军上将本布欧指挥的 7 艘战列舰投入战斗。然而，由于 5 名舰长临阵脱逃，反为只有 4 艘战列舰的法军所败。战后，脱逃舰长有 4 名受到军法审判，2 名被判处死刑。从 1704 年起，双方为占据直布罗陀展开了剧烈的争夺战，后英军以加强陆军巩固了对直布罗陀的占有，并在西地中海取得一些胜利。此战使法国的贸易又受到了惨重的损失，到 1713 年签订《乌特勒支和约》，英国取得了海上霸权的明显优势，同时占领了直布罗陀、新斯科舍半岛、梅诺卡岛，法承认英对纽芬兰、哈得逊湾沿岸的占有权。

第三次是 1740～1748 年的奥地利王位继承战争。此战初为普鲁士拒绝哈布斯堡家族继承人继承奥地利王位而起，随后法站在普鲁士一边，英站在奥地利一边，于 1744 年开战。此时双方海军力量已发生很大变化，英国有战列舰 80 艘，最大的排水量已达 2000 吨，法国只有 45 艘。战争重点在法国土伦近海、西印度群岛和印度近海进行。法国在失利后于 1748 年签订了和约。

第四次是 1756～1763 年的"七年战争"。这是 18 世纪英法间争夺海洋和殖民霸权的规模最大的一次战争。这次奥地利站在法国一边，普鲁士站在英国一边。双方在欧洲、北美、加勒比海和印度都展开了激烈的陆战和海战。在欧洲，英海军再次封锁法国的各个港口，经几次海战后，于 1759 年夜袭奎伯隆港，遏止了法国准备在英国登陆的行动，同时给了法海军毁灭性的打击。在美洲，英国占领了加拿大的魁北克、蒙特利尔等，切断了法国进入加拿大的通路。在加勒比海，英军占了多米尼加。在印度，英国攻占了加尔各答和昌德纳戈尔港。最后，双方于 1763 年签订《巴黎和约》，法国丧失了加拿大的全部殖民地；在北美南部，原法国占领的全部俄亥俄流域和密西西比河左岸地区（不包括新奥尔良）划归英国；在印度、法国只保留本地治理城等五个商站，英国扩大了对印度的控制权。

"七年战争"的巨大胜利，使英国的海上霸主地位开始具有全世界的性质，并成为"日不落"的殖民大帝国。法国的严重失败，使它在欧洲大陆失去了霸主的地位，在海上，海军被基本摧垮。总之，这之前，曾经是工业的英国战胜了商业的荷兰，这次则是资本主义的英国战胜了封建专制主义的法国。

飞舞的飘带：海军的历史

 ## 美国海军的建立和早期海战

1651、1660 年英国政府两次颁布《航海条例》和英荷战争打败荷兰，都促进了北美殖民地的对外贸易和运输业、造船业的发展。据统计，到 1752 年，北美殖民地已有商船 3000 艘左右。1775 年，英国用于海上贸易的船只，有 1/3 是从北美殖民地购进的。

1774 年美国独立战争爆发。战争初期，殖民地军队力量较弱，缺乏枪支弹药。这时，一些原来的船民加入革命队伍，从事游击活动。一艘名叫"李"的船只袭击英国兵船"南希"号，战利品包括 2000 支步枪和 31 吨弹药。还有一些原为海盗的私掠船，也成为袭击英国海军、海运的一支力量。大陆会议成立后，曾资助这些私掠船的袭击活动。后来这种私掠船曾发展到 2000 艘，装有大炮 18000 门，拥有水手 7 万余人。1775 年 10 月，大陆会议决定建立海军，开始只有几艘小型军舰。1776 年 2 月，埃萨克·霍普金曾率领舰队在德拉瓦尔作战。此后不久，海军有所发展，既增建了军舰，也开始培养出一些优秀的海军官兵。在独立战争初期，就涌现出了美国海军史上第一位民族英雄、杰出的年轻舰长保尔·琼斯。琼斯等远出袭击英国沿海的地方和一些岛屿，建立了不少功勋。

美国独立战争由于从 1778 年起得到法国海军的援助，英军单方面控制海洋的局面开始改观。1778 年 9 月，法国舰队在纳拉甘西特湾与 6 艘英舰激战，英舰全部沉没或被烧毁。1779 年 7 月，法海军又在圣文森特岛一带大败英国海军。同年，

美国独立战争

西班牙与法国结盟。1780 年，荷兰也加入反英的一方。英国国会于 1779 年决定加强海军，拨款 2119 万镑军费，把海军扩充为 8.5 万人。1780 年 9 月，

关系到美国独立战争命运的切萨皮克湾的一次关键性海战爆发了。1781年5月，法国分舰队司令巴拉斯派信使给美国大陆军总司令华盛顿一封信，告诉他法海军上将格拉斯将率领主力舰队前来美洲。格拉斯原驻于布列斯特港，一天，趁周围大雾弥空，率战列舰20艘突破英军封锁，冲进了大西洋。当时华盛顿正在纽约附近，计划进攻纽约，因此和法国罗香波伯爵一起写信给格拉斯，要求格拉斯率军进驻沙湾或切萨皮克湾。沙湾在纽约附近，进驻沙湾是为配合进攻纽约；切萨皮克湾在弗吉尼亚近海，进驻这里可配合进攻当时英国重兵占据的约克镇。格拉斯分析战况，认为英海军集中于纽约一带的可能性更大，因此决定避实就虚，果断地命令随行商船不再跟进，而装上3000士兵及大量攻城火炮驰航切萨皮克湾。这时，华盛顿正部署攻打纽约，接到格拉斯的回信感到颇为难办。但华盛顿不愧为对战况全局了如指掌的英明统帅，分析并断定将大军齐集弗吉尼亚是有利的、重要的。因此，虽明知纽约距切萨皮克湾640千米，且途中沼泽、森林难行，粮食等后勤补给困难，仍毅然决定挥师南下。9月5日，已在切萨皮克湾的格拉斯接到报告，有19艘英国战列舰闯进了海湾。两军炮战了许久，英舰总指挥格内夫向分舰队指挥胡德发出"跟进"、"接近战斗"的两种信号，由于胡德不清楚发出的信号，始终只在"跟进"，未能发炮。格拉斯故意只与英舰作远距离的炮战，逼得英舰准确近射的技术无法发挥，结果双方伤亡都不大。以后6~82日4天，格拉斯都避免近战，格内夫猛然领悟到格拉斯定另有计谋。9月10日，优势转到了法国舰队的一边。9月13日，格内夫只好就保存舰队和援救约克镇英军康华里两者之间选择一策，结果做出了撤往纽约、放弃援救的决定，9月19日到达纽约。

1781年9月26日，华盛顿组织起16000多人的大军，向约克镇发动进攻。英军组织的抵抗和海上逃走的安排均遭失败。10月17日，英军红衣鼓手敲出了"请求谈判"的鼓点。10月19日，8077名官兵在康华里率领下向美军投降，华盛顿接受了康华里的配剑。1783年，英国在《巴黎和约》上签字，承认美利坚合众国独立。

 俄国争夺出海口的早期海战

　　17 世纪以前俄国实质上是一个内陆国家。它的北部领土虽面临海洋，但因这些海域每年有半年或更长的冰封期，当时还没有条件与温水海洋常年通航。伊凡四世时代（1533～1547 年）莫斯科公国大公，俄国沙皇（1547～1584）曾发动立沃尼亚战争试图打开波罗的海的出海口，但没有达到目的。到 17 世纪，俄国要想打开出海口，就难免与西面的瑞典、南面的奥斯曼土耳其发生战争。

　　俄国把争夺出海口付诸行动开始于彼得一世（俄国人又称之为"彼得大帝"。1682～1725）时期。当时俄国农奴制兴盛，社会制度落后。彼得以一名青年担任沙皇，颇具奋发图强的精神。他厉行改革，兴办工厂，发展教育，加强外交，建立海军，为俄国社会的前进作出了重大的贡献。他为学习造船和航海技术，曾出国访问荷兰等国，还曾亲自化妆充当领航员，把外国船只领进俄国港口。

　　彼得最初于 1695 年、1696 年两次进攻黑海沿岸的亚速夫群岛，但新建的俄国海军为土耳其海军战败。1700 年，俄国与丹麦、波兰结为北方同盟，于同年 8 月向瑞典宣战，史称北方战争。战争初期，北方同盟军一再受挫，16 岁的瑞典国王在纳尔瓦大败俄军，俄守军几乎全军覆没。1702 年，彼得亲自统率军队进攻芬兰湾沿岸，在芬兰湾东端建立了圣彼得堡。1704 年攻下纳尔瓦。1714 年 7 月，瑞典瓦特朗格上将率舰队在汉科半岛一带截击俄国舰队，彼得指挥舰队越海进攻斯

彼得一世

德哥尔摩的计划受阻。随后，彼得定计佯攻汉科半岛，摆出将战舰拖过半岛最窄处的架势。瓦特朗格中计，以一支舰队封锁汉科半岛最窄处的沿岸。实际上，彼得却以一支舰队绕远海西进，以吸引瑞典海军追击，另以一支舰队贴近汉科半岛浅水礁石地带前进，避开了瑞典舰队的阻击达到了西进的目的。彼得利用这个打到瑞典军队后路优势，以进攻的接舷战大败瑞典海军，瑞典的一个分舰队投降。这是俄国海军史上的第一次大胜仗。汉科战役胜利后，彼得在感慨中留下了一段名言："任何君主，如果只有陆军，他就只有一只手。加上海军，他才是双臂齐全。"在战争过程中，彼得动用692万卢布，建造了一支包括141艘战列舰在内的舰队，同时建筑起彼得堡海军基地。1720年，俄军又在格良汉姆岛战败瑞典海军。到此，瑞典战败，俄国得到了通过芬兰湾出波罗的海再通向大西洋的通道。此外，彼得还为在太平洋方面找到出海口作了努力。1725年1月，彼得任命维图斯·白令为负责人，令其率舰船勘探弄清俄国东端海域和美洲的关系。白令（1681~1741）原是丹麦人，1703年应聘到俄国，先后被授予少尉、大尉、

叶卡特琳娜二世

上校等军衔。白令为俄国的海洋探察事业做出了一系列贡献。1732年白令率领8个分队977人出发。此后，白令亲率77人到俄国东端担负最艰巨的任务。最后弄清了俄国东端与阿拉斯加之间海峡的概貌，后来以他的名字将这个海峡命名为白令海峡。白令的探航为俄国弄清从鄂霍次克海到太平洋的出海口打下了基础。

在彼得之后，沙皇叶卡特琳娜二世（1762~1796）时期实现了新的海上扩张。1768年，俄发动对土耳其的战争，1774年土战败订立《凯纳吉条约》，俄占领布格河与第

聂斯特河之间的土地和刻赤要塞，土同意将博斯普鲁斯海峡和达达尼尔海峡向俄国商船开放。1783 年，俄占领克里木。同年，俄建立黑海舰队，并在塞瓦斯托波尔建立黑海舰队的基地。

1787 年，俄发动第二次对土战争。在这次战争中，俄国出现了一名卓越的海军将领乌沙科夫上将。在 1787～1791 年的战争中，乌沙科夫数次指挥作战，取得了多次重大胜利。1791 年 7 月 31 日是穆斯林的节日，以"海上雷神"著称的土海军司令阿里巴沙在作好安排后给海军官兵放了假。当天风向是从陆上吹向大海，阿里巴沙命 78 艘战舰在黑海南部卡利阿克腊海角（位于今保加利亚巴尔奇克城郊抛锚休息，岸上炮台面对大海，以保护舰队。如有舰船来攻必是逆风劣势。但乌沙科夫却在弄清敌情、深思熟虑后，认为这是一个发动攻击的特殊良机。这天下午，他亲率 16 艘战列舰及 23 艘其他舰船来此作突然袭击。俄军利用土军度假疏于戒备的状况，一开始就抢风而上，岸上虽能发炮但动作缓慢，炮火零乱。这样，乌沙科夫赢得了抢居上风位置的时间。接着，乌沙科夫放弃一般横列侧舷发炮的战法，果断地将舰队分成 3 个纵列插入土军舰队，土军官兵为俄军的行动感到震惊和手足无措。俄舰两舷的炮火沉重地打击着敌舰，土舰的炮火却急切致难以对准俄舰。一些土舰断锚逃跑，更增加了混乱。最后土军大败，阿里巴沙身负重伤，随船逃到伊斯坦布尔，用担架抬着前往宫廷请罪。此战后俄土签订《雅西条约》，克里木正式并入俄国，俄占领了黑海北岸的大片土地。1798 年，沙皇保罗一世（1796～1801）派乌沙科夫率领舰队帮助土耳其与法国作战。乌沙科夫率领舰队突进到爱奥尼亚海，进而占领了科孚岛。1799 年，俄土签订《俄土同盟条约》，其中秘密条款规定俄海军舰船可自由往返于黑海与地中海之间，同时禁止外国军舰进入黑海。这样，俄国和土耳其就共同占有了对黑海的霸权，俄国因此也取得了通过博斯普鲁斯海峡和达达尼尔海峡进入地中海的权利。

蒸汽时代的到来和海军新貌

 ## 第一次工业革命对海军装备、火器的改造

18世纪后期英国率先展开了工业革命，以蒸汽动力和机械制造为龙头，带动了工业的全面大发展。到19世纪前半期，西欧、美国、俄国等也先后展开了工业革命。海军的装备和火器自古就是工业水平和工业综合实力的产物和结晶。从上古时代起，各个国家就总是把最高最新的技术和最主要的力量运用于制造战争的装备和武器。工业革命和资本主义国家的需要，很快就使海军的装备和火器发生了革命性的改造。

1765年瓦特发明了蒸汽机，不久人们就试图把蒸汽机作为舰船的动力装置。1783年法国发明家居大洛瓦·泰巴（1751～1832）发明并制成了"庇洛斯卡夫"号蒸汽机船。此船长45米，自重13吨，载重147吨。同年7月15日此船在里昂附近索恩河中试航，顺利航行15分钟。泰巴是蒸汽机船的第一个发明家。1807年，美国发明家富尔顿（1765～1815）改进蒸汽机轮船，建成"克莱蒙特"号，在纽约和奥尔巴尼之间从事运输事业。当时这些机器动力船还很不完善，但它们却是海上运输业开始进入新时代的开端。起初，这些蒸汽机船用的都是明轮（约如龙骨水车上的转轮），装备在军用舰船上易受炮火损害。1837年英国海军部悬赏征求改进明轮的方法，英国人法·司密斯（1808～1871）发明制造了一种螺旋桨。此桨采用木制长叶，试航中长叶折断，结果断叶航速更快。后来又作些改进而得以成批生产和交付实用。

蒸汽机装在舰船上很快就发现木结构已不适合需要。运行时机器振动容易震裂船身，锅炉和烟囱里的火容易造成火灾，靠木料加大船身、负载机器和火炮也难以做到。因此，18世纪后期已有人试造铁壳的舰船。1787年英国人威尔金逊就曾在塞文河上做过铁船的试航。但当时不

瓦特发明的蒸汽机

少人误以为铁壳太重易沉，铁易生锈，反对制造铁壳船。1820年，铁壳蒸汽机船"阿伦·曼比"号横渡英吉利海峡试验成功。1838年英国人布鲁列尔试制的"大不列颠"号铁壳蒸汽机螺旋桨船第一次胜利完成了横渡大西洋的航行。从此，铁壳船体弹性好、载重量大、不怕火星、便于造水密舱等优点，在使用中逐渐得到肯定。此后，法国海军在克里米亚战争（1853～1859）中首先给舰上活动炮台装上了铁甲。1859年，法国制造的第一艘"光荣"号快速护航装甲舰下水服役，随之英、美等海上强国都纷纷仿效。经19世纪后期的军备竞赛，到20世纪初，这些国家的大型战列舰都已改为铁壳，载重1.2万～1.5万吨，火炮口径305毫米。1821年，法国发明家帕克汉斯发明开花弹，促使火炮采用了来复线。由于来复线命中精确度大大提高，开花弹爆破力强，实心炮弹和滑膛炮被代替。海战史上称之为"火炮革命"。1861年美国南北战争爆发，南军和北军也先后在军舰上装起了采用来复线的火炮和开花弹，并把定位炮全部改造为活动炮台。此后不久，英、俄、西班牙等也都仿效而改进了火炮。与以上大体同时，潜水艇、水雷、鱼雷也登上了海战的舞台。水雷分定点雷、漂雷等多种。鱼雷是水雷的一种，是可以发射或自行的水雷。一般鱼雷形体都很大，具有强大的爆破力。世界上第一艘潜艇是荷兰物理学家科尼利斯·德雷布尔在1620年设计制造的。这艘潜艇为木结构，外包牛皮，用人力推进，以羊皮囊当压载水舱，下潜深度为四五米。1776年，美国人布什内尔在美国独立战争中制

造出一艘蛋型潜艇"乌龟"号，并制造出一种能贴附在敌方军舰上的爆炸装置。他曾用"乌龟"号去攻击英国"鹰"号，因被发现而逃回。1797年，美国发明家富尔顿去法国研究和制造潜艇，1801年制成"鹦鹉螺"号。后此艇在试航中将攻击目标炸得粉碎，但用于实战却没有成功。

此后，世界第一艘击沉敌舰的潜艇是美国人赫·亨雷制造的。1864年，亨雷新造的"亨雷"号投入海战。此艇长13米，艇内有8人作推进动力，航速为4节。艇上装有一枚带90磅火药的爆破装置（鱼雷），此鱼雷以约65米长的引绳拖于艇后。1864年2月19日晚，"亨雷"号对停在查尔斯顿港附近的"休斯敦"号发起攻击，鱼雷击中了"休斯敦"号的弹药舱，大爆炸立即使"休斯敦"号大量进水下沉。"休斯敦"号舷部的大裂口在涌进海水时，把"亨雷"号也吸了进去，两舰同沉海底。此后，美国政府招标设计潜艇，爱尔兰教师霍兰中标，于1897年制成了"霍兰"号。随后，美国人西蒙·莱克又建成了"亚尔古"号和"保护者"号。1901至1902年，俄、日、英都向美国订购不同型号的潜艇5艘以上，这表明海上强国大多已重视用潜艇来充实海军了。

英国海军上将纳尔逊和特拉法加海战

"七年战争"法国战败，英法之间争夺海洋霸权的矛盾并没有解决。北美独立战争爆发后，法国与美国联合作战，曾给英国以一定的打击。1789年法国资产阶级革命爆发，英国和欧洲大陆的一些封建国家结成同盟，形成新的英法战争。1793年，法国资产阶级督政府开始重用年仅24岁的陆军中尉拿破仑。当年12月，拿破仑以陆地大炮轰击英国地中海舰队取得胜利，收回法国南部重要海军基地土伦。1795年，督政府任命拿破仑为将军。1798年，拿破仑率3.5万人乘300艘战舰进攻埃及，渡海和进攻都很顺利，不久拿下埃及。这时，英国的地中海舰队改由英国著名的杰出统帅和英雄纳尔逊担任。杰出的陆军统帅拿破仑遇上了杰出的海军统帅纳尔逊，法海军在尼罗河口阿布基尔湾被英军打得惨败。

纳尔逊（1758～1805）出生于英国诺福克郡一个乡村牧师的家庭。童

年时，纳尔逊常常患病，身体矮小瘦弱，认识他的人都想象不到他长大能有什么作为。但是，他从小就培养出了一种刚强勇敢的精神和英才勃发的气概。他12岁时随叔父到过海军。1778年，纳尔逊被任命为一名船长，不久又加入了海军。1779年，纳尔逊升为上校舰长，旋即又升任分舰队副司令。纳尔逊凡作战均身先士卒，勇猛无比。这年7月13日，在进攻科西嘉岛的战斗中，纳尔逊被炮弹打中胸部、脸和头部，引起头部大出血，右眼失明。1797年纳尔逊晋升为海军少将，在指挥一支舰队进攻圣克件斯港的战斗中，他丧失一只右臂。虽然如此，纳尔逊仍不愿退役。1798年拿破仑从法国去埃及时，纳尔逊率地中海舰队在马耳他守候，但为拿破仑所越过。1798年8月1日，纳尔逊向停泊在距亚历山大港23千米处阿布基尔海域的法军发动了进攻。这天纳尔逊找到法军舰队已是黄昏时刻，纳尔逊打破海军不夜战的惯例，决定针对法舰堵住航道、舰旁有浅滩的特点，采取了从法舰与浅滩之间插入突袭的战术。英舰以5艘穿插，9艘正面攻击。最后，法13艘战列舰有2艘沉没，9艘被俘，只有2艘逃脱。法军死伤8000余人，英军损失只占法军的1/10。

1801年4月2日，英国和丹麦之间发生哥本哈根海战，英军由帕克任司令，纳尔逊为副司令，并受命为前锋发动进攻。在打得特别紧张的时候，帕克挂出了停战的信号旗，命令纳尔逊执行。纳尔逊分析战况，看到这时停战整个舰队必受巨大损失，因此把望远镜放在右眼前说："我确实没有看到信号旗"，同时命令："让我的加紧近战的信号旗高高飘扬，把它钉在桅杆上。"纳尔逊的决策使英舰得到了很大的胜利。胜利后纳尔逊向他的部下说："我违抗了命令，将被免去职务，不过这没关系。"后来，纳尔

纳尔逊

逊真的受到了免职的处分。但不久，他又重新被任命为地中海舰队司令。1802 年，英法曾一度达成和解，签订了和约。1803 年，英法间的战争再起，且规模较前更大。

这场战争爆发时法国在欧洲大陆已相当强大，拿破仑已攻入意大利、奥地利等。拿破仑对这场战争的战略目标，是以陆军渡海打进并消灭英国。针对法国海军处于劣势的情况，拿破仑决定以法国海军引诱英国海军主力离开英吉利海峡，以便他的陆军渡海。所以，拿破仑说："1500 万人（指英国）必须屈从于 4000 万人（指法国）。"又说："如果我们控制英吉利海峡 6 个小时，我们将成为世界的主人。"英国的对策，则是以自己的海军封锁法国及其盟国西班牙、荷兰的各个港口。当时海军的战斗力，法国只有战列舰 33 艘，英国有战列舰 120 艘，拿破仑下令赶造军舰，英国也加紧作战总动员。到 1805 年，法国战列舰增至 103 艘，巡洋舰 55 艘。英国新征兵员 59 万人，战列舰增至 240 艘，巡洋舰 317 艘。英国将海军分成 9 个分舰队，加紧封锁法方的各个港口，预计如封锁被突破，则将全军集中于多佛尔海峡西口，以求在海战中取胜。拿破仑则预计在调虎离山计成功后，调用聚集在法国、比利时、荷兰西部沿海的平底船千余艘将 13 万大军运过海峡，以荡平英国。

1805 年 3 月，法国海军总司令维尔纳夫上将率舰队从土伦港突破封锁，穿过直布罗陀海峡进入加的斯港。这时，原在地中海寻找维尔纳夫的纳尔逊率舰队西进到直布罗陀海峡，才知道维尔纳夫已进入大西洋。维尔纳夫在 1798 年阿布基尔海战中曾为纳尔逊所败，故对与纳尔逊作战心存畏惧。1805 年 5 月 14 日，维尔纳夫执行拿破仑战略而到了西印度群岛，纳尔逊急速追过大西洋到达巴巴多斯。这时如维尔纳夫迅速回军多佛尔海峡帮助其他舰队冲破封锁，法海军在海峡可占优势。但 7 月 22 日维尔纳夫在回到加的斯港北上时，见对面来了一支舰队，即下令退逃。这之前纳尔逊为追赶维尔纳夫已到达直布罗陀海峡。当时，拿破仑在布伦已调集好大军，只等维尔纳夫前来护航即下令渡海。9 月 2 日，拿破仑弄清了维尔纳夫退逃的情况，看到渡海去英国登陆的时机已经丧失，随下令大军向莱茵河进发。这样，英国得救了！

　　10 月 15 日，停靠在加的斯港的维尔纳夫得知新任命的舰队司令将要来接替他，带着怒气令舰队冲出港外，寻找英军决战。10 月 21 日晨，维尔纳夫舰队和纳尔逊舰队在特拉法加海角近海遭遇。当时法军有战列舰 33 艘，巡洋舰 13 艘，总计火炮 2626 门，官兵 21580 人。英军战列舰 27 艘，巡洋舰 4 艘，总计火炮 2148 门，官兵 16820 人。纳尔逊立即意识到这是英法之间一场殊死的决战，下令全军分两个纵队迎战。交战中法舰是一个大的纵列，英舰以两个纵列把法舰插断，运用插进后左右舷发炮更能发挥威力的优势，连连重创法舰。双方在炽烈的炮火中激战了一段时间后，纳尔逊的旗舰"胜利"号发现并尾追上了维尔纳夫的旗舰"森陶尔"号，"胜利"号炮火重创敌舰后，法舰"敬畏"号与"胜利"号因双方投钩手都勾住对方而展开了接舷战。纳尔逊和"胜利"号舰长哈代亲上甲板指挥和作战。过了不久，"敬畏"号一颗步枪子弹打穿纳尔逊的胸部并伤了他的脊椎骨。水兵将他扶到后舱，纳尔逊从容地说："他们终于打中我了。"在后舱，纳尔逊一再询问战况，在得知敌旗舰已降旗投降，敌舰队伍被摧毁时，他露出了轻松的神情。末了，纳尔逊说了最后一句话："感谢上帝，我已尽了我应尽的职责！"下午 4 时许，法舰的反抗全部停止，特拉法加大海战以英军取得巨大胜利宣告结束。法军战列舰被摧毁 8 艘，投降 12 艘，败逃 13 艘，被俘 7000 人，死伤 7000 人。英军死伤 1600 余人，半数舰只受伤。战后，英国为纳尔逊举行了隆重的国葬仪式，"胜利"号作为纪念舰存放于朴茨茅斯博物馆，至今仍在供参观者瞻仰。

　　特拉法加海战英国的胜利，标志着英法长达一个世纪之久争夺海洋控制权的斗争告一段落，英国海洋霸权得到了巩固，法国则受到了严重挫折。同时，这场海战是木制帆舰和使用实心炮弹的最后一场大战，铁壳机动舰和开花弹就要登上海战舞台了。

 美国海军的发展和开始对外扩张

　　美国独立后海军有所发展，但发展不快。发展不快的原因是联邦党人和共和党人意见分歧。联邦党人主张建立一支常备的海军，以保卫国家的

安全，保护贸易、运输、捕鱼。共和党人却宣称建立海军会招惹战争，建立舰队会使国家强行征税和增加债务。联邦党人的主张略占上风。1793～1794 年建造了 7 艘快速舰，1798 年美国国会设立了海军部，第二年国会又批准建造 6 艘新舰，每艘装炮 74 门。1812 年美英之间战争再起，对战舰提出了新的需要。当时海军只有 16 艘较大型战舰，其中先进的 7 艘，每艘装有 38 门或 44 门炮。1813 年 1 月国会批准建造 4 艘战列舰，每舰配 74 门炮，另建快速舰 6 艘，每舰配 44 门炮。然而，当时还只能制造木质帆船，使用的是实心炮弹。这一切说明美国海军有所发展，但还没有进入海上强国的行列。

海军加快发展的转折点是南北战争时期（1861～1865）。战争爆发后，北方海军封锁了南方的出海口，南军在海上居于劣势。为争取主动，南军把废弃在诺福克港的木壳蒸汽舰"马利麦克"号改装为铁甲舰，装大炮 10门，排水量 3200 吨，改名"弗吉尼亚"号。1862 年 3 月初，"弗吉尼亚"号在詹姆斯河口先后击沉了北军的"坎布兰"号和"国会"号。北军炮弹打中"弗吉尼亚"号，因铁甲坚固，只使铁壳留下一个凹坑。这一战况成为报纸新闻后，北军海军部长才想起己方也已有这种刀枪不入的怪物"莫尼特"号。"莫尼特"号排水量 9870 吨，装有两门使用旋转炮台的大炮。3月 6 日，"莫尼特"号离开纽约南下。9 日早上 8 时，"莫尼特"号与"弗吉尼亚"号在詹姆斯河口展开大战，大批公民在岸边远处观看战斗。双方的炮弹都不能伤及对方的舰体。两舰激战了 4 个多小时，"弗吉尼亚"号因弹药将尽而退出战斗。这次战斗充分显示了铁甲和旋转炮台的优越性，使木壳和侧舷固定式火炮很快退出了海战的舞台。

从 19 世纪 80 年代起到 20 世纪初，是美国海军装备、武器大发展的时期。这是美国工业迅速发展和对外扩张需要相结合的产物。1884～1889 年，美国国会先后批准建造 8 艘装甲巡洋舰、3 艘重装甲巡洋舰、6 艘钢制炮艇等。19 世纪 90 年代初，海军部长特雷西得出"海洋将是未来霸主的宝座"的结论，同时狂呼："我们一定要确确实实地统治海洋。" 1879 年，美国海军学会负责人卢斯建议成立海军军书学院，被海军部采纳，1884 年在罗得岛建院。随后，又出现了著名的海权论者马汉（1840～1914）。

马汉是西点军事学校一名工程学教授的儿子，就读于哥伦比亚大学和海军学院，后于南北战争中参加海军，在南太平洋及亚洲执勤，担任过巡洋舰舰长。此后不久，马汉转而著书立说。1884年，他的《海湾和内陆水道》一文产生了一定的影响，被海军军事学院卢斯院长邀去讲学。在这以后的20多年中，马汉潜心研究海战的历史，发奋著书立说，先后出版了三部名著，这就是：《1660～1783年制海权对历史的影响》（1890年）、《1793～1812年间制海权对法国革命和帝国的影响》（1892年），《制海权与1812年战争的联系》（两卷，1905年）。马汉第一本书刚出版即取得了轰动效应，一举成为美欧等国的名人。随后，这三本书陆续翻译成多种文字。1909年中国留英学生吴振南将马汉的《海军行政管理与战争》一书译成中文，改名为《海军政艺通论》在中国出版。此书为中国人了解马汉海权论提供了方便。美国海军把马汉的著作奉为"圣经"，认为他的书为发展海军提供了理论根据，英国牛津、剑桥两大学授予马汉荣誉博士学位，皇家海军俱乐部接纳他为第一名外国籍成员；德国皇帝威廉二世背诵马汉的书，下令将德文译本发至每艘舰艇；日本天皇、政府首脑也听取关于马汉著作的汇报，下令将日文译本发给高级军官。

马汉三本书的中心思想是提倡大海军主义，主张把发展海军当成国家的战略和基本政策，依靠大海军国势才能强盛，才有利于发展经济和贸易，才能担当一个帝国向外扩张的工具的使命。他强调，把海军看做国家整个军事力量一部分的观点是落后理论，而要求把发展海军、取得制海权提高到关系国运盛衰的战略高度。其核心则是鼓吹通过海洋向外扩张。马汉以英国制海权发展的历史实例和美国作比较，提出有6个因素影响制海权，这就是地理位置、自然地理条件、领土面积、人口、民族性和政治制度，并联系这些因素论述了英、法、荷等海战史的成败得失。马汉具体论述海军发展、海上扩张的问题很多，突出的有：在海上袭击商船不能取得制海权，必须建立武器精良的舰队摧毁敌方舰队才能保证海上优势，因此主张着重发展战列舰；海战中控制海峡、基地特别重要，因此主张控制加勒比海和巴拿马地峡运河的开凿（后于1904～1944年间开凿），同时主张攫取夏威夷及其他远距离殖民地；他还宣扬殖民地是扩大传播西方文明的立足点，

feiwu de piaodaizhaijun de lishi

主张海军不仅保护对外贸易和发展经济，而且可通过海军扩大殖民地，借以发展对外贸易和经济，发展原料来源和市场等。因为这些，他大声疾呼美国放弃"大陆主义"，而代之以他的大海军主义，并宣称天定的命运能使美国承担这一使命。

马汉的著作顺应了当时美国资本主义商品经济迅猛增长的形势，也适应了美国军界要求向外扩张的思潮，因此一时影响颇大。但从理论观点的意义来说，马汉只是把特雷西、卢斯等一批美国主张发展海军的人物的思想集中起来，整理成一个系统而已。同时，马汉的海军技术观还比较落后，他对潜艇、自行鱼雷、刚刚出现的舰载飞机等还缺乏必要的认识，以致错误地宣称技术进步不会导致战略原则的改变。美国在马汉海权论的影响下，大力加紧扩充海军，也加紧了海上扩张。1890 年，美国开始建造了万吨以上的战列舰。1900 年，开始建造 1.5 万级吨战列舰，每艘耗资 500 万美元。到 1944 年，已建成 3.1 万吨级战列舰，每艘耗资 1500 万美元以上。1966 年，英国最先进的巨炮型战列舰"无畏"号下水。美国立即与之竞赛，到 1914 年，美国已建成"无畏"号级别的战列舰 14 艘。其中 1910～1914 年，美国即建造各类军舰 181 艘，使美国开始进入海上强国的行列。美国从 19 世纪前期已开始向外扩张。1823 年美国总统发表《门罗宣言》，既是为反对欧洲强国干涉美洲事务，也表露出了美国企图独占美洲的意向。1898 年，美国发动了第一次重新瓜分世界的美西战争。在同年 7 月展开的加勒比海海战（又称向风海峡海战）中，美国取得全胜，西班牙在圣地亚哥的守军 2.4 万人投降。美西战争使美国夺得了关岛、菲律宾和威克岛，占领了波多黎各，使古巴成为美国的保护国。战后，又夺得了太平洋中的夏威夷和东萨摩亚。1903 年，美国迫使哥伦比亚签订条约，使美国得到了建造和控制巴拿马运河的权力。

19 世纪末竞相争雄的西方海军

 海权思想的碰撞

当历史时针指向 19 世纪末的时候，资本主义国家发展的不平衡性凸显出来，争夺殖民地和势力范围的斗争急剧尖锐化，德、美、日、意几个后起的帝国主义国家向获利最大的老牌资本主义国家英、法发起猛烈挑战。为确保自己在抢夺殖民地的争斗中取得主动，各帝国主义国家都不遗余力地扩充军事，而建设强大海军则摆在最为重要的位置。

地球上的海洋面积多达 3.61 亿平方千米，占地球总面积的 71%，相当于陆地面积的 2.5 倍。海洋是人类的重要生存空间。公元 15 世纪末的地理大发现，把人类历史带入了海洋时代。然而，正是从这时起，人类为争夺海洋利益，展开了血与火的较量，控制海洋则是海洋国家之间争斗追求的直接目的。这种控制海洋的权利就是后来人们所说的"海权"。时至 19 世纪末 20 世纪初，西方各海洋国家的海权思想已经发展成熟，海洋争夺集中表现为海权思想的碰撞。

英国不仅是一个老牌的帝国主义国家，也是一个长期的海上霸主。早在 16 世纪，英国的政治家沃特·雷利爵士就曾说过："谁控制了海洋，即控制了贸易；谁控制了贸易，即控制了世界财富，因而控制了世界。"为了控制海洋，英国于 1546 年正式成立海军，组成了一个"核心舰队"。伊丽莎白依靠这支海军，凭借先进的技术、战术和水手们高超的航海技能，打败了当时的海上霸主——西班牙的"无敌舰队"。由此英国人开始悟出：赢得海洋，就赢

得世界。克伦威尔在执掌新政时，便大力扶植英国舰队。他破除了"核心舰队"思想，主张建设一支"常设海军"，并借此打败了荷兰，使世界海上霸权的重心转向了英国。全胜西班牙荷兰后，英国尝到了控制海洋的甜头。英国人认为："在一个商业时代，赢得海洋要比点得陆地更为有利"。正是基于这种认识，建设一支强有力的海军就成为英国政府的基本国策。从18世纪初开始，英国一直保持着世界上规模最大的海军。在特拉法尔加海战中，英国海军又彻底击败了法国海军，从而确保了英国的世界霸主地位。英国海军地位进一步提高，建立强大的海军成为其国家政策的基石。至此，世界上无论哪个国家也难以向英国的海上霸权提出真正的挑战。这种局面一直维持到20世纪初。英国外交大臣格雷说："真正决定我们外交政策的是海上霸权的问题。"

然而，物极必反，盛极必衰。随着西方其他各国经济实力的增长，英国开始走向衰落，其海权思想也受到重大挑战。首先向英国发出最强烈冲击的是德国。从19世纪后半叶开始，德国的经济突飞猛进。在工业生产上，1870～1913年的43年中增长了4.6倍，在世界所占比重从13%升至16%，居欧洲第一，世界第二。在新兴工业领域（如电力、化工等行业），德国占有绝对优势，1894～1904年，德国商船吨位增加了234%。到第二次世界大战前夕，德国的钢产量达到1760万吨，比英、法、俄三国的总和还高。德国的煤产量达到2.77亿吨，接近英国的煤产量。

德国的对外贸易增加了4倍，占国际贸易量的12.6%，居世界第二。德国经济的发展，为其向外扩张提供了物质基础。因而改变国际社会现状，重新瓜分世界，成为德国的强烈愿望和一致呼声。德国首相比洛在1897年12月6日的帝国会议上说："各民族在争夺统治大有前途的地区的竞争中，从一开始就不应把德国排斥在外。过去曾有个时期，德国把土地让给一个邻国，把海洋让给另一个邻国，而自己只剩下纯粹在理论上主宰着的天空，可是这种时期已经一去不复返了。……我们也要为自己争夺在日光下的地盘。"

德国要成为世界殖民帝国，必然需要一支强大海军来开拓海外殖民地。因此，威廉二世决然地调整了德国的军事战略。他认为，"海神的三叉戟必须把握在我们手里"，"德国的殖民目的，只有在德国已经成为海上霸主的时候方能达到"。他在多次演说中鼓吹海军的重要性，称"一支强大的舰队

飞舞的飘带：海军的历史

对于我们来说极端重要，帝国的力量意味着海上力量"。德国首相比洛则更加露骨地声称："与我国历史上任何时候相比，海洋成为国家生活中一个更加需要的因素……它已成为一条生死攸关的神经，如果我们不想让一个蒸蒸日上的、充满青春活力的民族变成一个老气横秋的衰朽民族，我们就不能允许这条神经被割断。"德国海军大臣提尔皮茨认为，强大的海军是一个国家谋求世界强国地位的保证。他明确指出，"德国陆军的重要性相对次于海军，而海军则是德国未来世界政策的主要工具"，应"视海军为德国未来生存的关键"。为了建设一支强大的海军，提尔皮茨先后提出了两个海军建设法案。1898 年，他在向议会陈述理由时指出："自从帝国成立以来，德国海上利益异乎寻常地增长了。对德国来说，保护这些海上利益已经成了生死攸关的问题。如果这些海上利益遇到阻碍或者受到严重的损害，国家必然首先陷入经济衰退，然后陷入政治衰退……如果按拟定的计划建立起这样的海军，那么你们就是为国防建立了一支即使头等的海军强国都无力向它发动进攻的海军了。……无论你提政治问题、经济问题或者谈保卫德国臣民和海外商业利益，这一切只有在德国海军里才能得到支持。"他提交的第一个海军建设法案，要求在 1904 年建造 19 艘战列舰、8 艘装甲舰、12 艘重型巡洋舰和 30 艘轻型巡洋舰，以及相当数量的小型舰艇。1898 年 3 月 22 日，德国国会通过了这个法案。

此后，德国海军协会又展开大力宣传攻势，力图说明正在建设中的舰队对德国来说仍然是不够的。其要求德国建立世界上第二位的强大舰队，能在危机时与英国舰队相抗衡。提尔皮茨则因势利导，抓住时机，并利用美西战争刚刚结束，布尔战争和义和团运动正在进行之中这一国际背景，于 1900 年 1 月向德国国会提出了第二个海军建设法案。这些法案为德国海军的强大起到了极大的推动作用，同时也说明德国对海权的极端重视程度。

法国也是一个濒海大国，但法国人对海洋的认识远不如西方其他国家。受传统陆地观念的束缚，法国人不是加强自己的海上竞争实力，而是把重点集中在对地中海沿岸土地的争夺上。随着地理大发现，西班牙、荷兰、英国为保障掠夺性贸易的顺利进行，相继建立和加强自己的海上武装力量，成为控制海洋的军事强国，而法国追求的是欧洲霸主，一直致力于对欧洲

陆上的征讨，不愿到海上去冒险。到17世纪20年代，法国人对海洋的认识有了突破性进展。一个叫黎世留的人担任红衣主教后，认为"人家有的法国就该有"。路易十四明确支持这种认识："其他强国有海军，他当然必须有海军，即使仅仅作为威信。"于是，黎世留开始组建法国海军。但是法国建设一支强大海军的苗头引起了英国和荷兰的警觉，它们相继从法国海军中召回自己的战舰和人员，使刚刚形成的法国海军陷入瘫痪状态。不过这个事实使黎世留从他的敌人那里学到了对海权的一些认识：法国不仅在大陆上要统治欧洲，而且在海洋上也应发展。因此，他立即组织力量自制舰船，组建了两个新的舰队：一个叫中东舰队，一个叫西方舰队。在以后与英国的对抗中，这支海军基本掌握了地中海的制海权。1665年，柯尔伯担任海军大臣。他对法国海军的贡献不仅在于使海军重新崛起，更重要的是他提出了一套全新的海军军事思想。他认为，在世界各国海外贸易发展的条件下，要想增加法国政府的财政来源，仅靠法国自给的经济是远远不够的，必须增加海外贸易。为了确保海外贸易的顺利进行，需要一支足够强大的海军来控制海洋。在以后的海军建设中，他一方面从英国、荷兰引进技术，自制舰船，一方面组织法国人建设自己的海军。但令人遗憾的是，在柯尔伯死后，法国的海军每况愈下，舰队先后被英、荷舰队打败。此后，虽然舒瓦瑟尔、拿破仑也一度把海权看得很重，力图重塑法国海军，但终因海权思想落后没能实现其初衷。特拉法尔加海战基本葬送了法国海军。到19世纪初，波尔多就任海军部长，他重新组建了海军，像英国那样发展海上力量，争夺海上殖民地成为法国海军建设的总方针。为了扩张，法国赋予海军特殊权力，直接代表政府向外发展。到1870年法国海军军舰实力已接近世界最大的英国海军，一支庞大的殖民性海军建成了。虽然发展殖民性海军在法国引起长达10余年的争论，但法国还是继续推行了殖民性海军政策。正是这支海军参加了第一次世界大战。

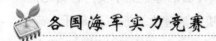

各国海军实力竞赛

无论什么样的海权思想，都要靠海军实力来实现，这是各帝国主义都

十分清楚的。为此，19 世纪末 20 世纪初，法国和英国以及美国的海军之间展开了全面竞赛。

依靠掠夺取得经济发展的德国，大力发展自己的海军，1893 年 3 月国会通过的《海军法》，规定要急速扩大海军。计划在 6 年（1898～1930 年）内，建造 11 艘舰队装甲舰、5 艘大型装甲巡洋舰、17 艘装有甲板的巡洋舰和 63 艘驱逐舰。德国的造舰计划在 20 世纪的前 10 年不断扩大。根据 1912 年的法令，德国预计要增加到 41 艘战列舰、20 艘装甲巡洋舰、40 艘轻巡洋舰、144 艘驱逐舰和 72 艘潜艇。战列舰的建造速度尤其快，从每年建造 2 艘增加到 4 艘，德国高速发展海军的计划，使英国异常担忧。此时的英国虽然在经济上已经走向衰落，但它决不允许失去海上优势。因此，面对德国的挑战，英国不惜代价地加强了海军的发展，它提出的目标是：战列舰的数量比德国海军多 60%。英国政府还着重建造新型战列舰"无畏舰"，企图通过建造"无畏舰"使海军实力的发展有一个飞跃，并迫使德国承认，它根本无法动摇英国海上的霸主地位。

然而，后起的德国帝国主义决心与老牌的英国帝国主义较量到底，无论是在数量上还是在质量上都必须赶上或超过英国，因此，当英国的第一艘"无畏舰"刚刚建成，德国就着手建造同类战舰。1908 年英国已有 8 艘"无畏舰"，德国有 7 艘同类舰。为了减少德国的威胁，1909 年英国作出决定，德国每建一艘军舰，英国要建造两艘。英国还力求通过外交途径保持海军实力。在德国通过《海军法》之后，英国政府便提出限制新军舰建造规模的建议，但是德国坚决拒绝英国的这一建议，反对任何军备限制。

德、英两国疯狂的军备竞赛把战争引向了爆发的边缘。1911 年列宁写道："近几年来，英国和德国大大扩充了军备，这两个国家在世界市场上的竞争愈来愈激烈了，军事冲突迫在眉睫。"就在英、德展开直接军备竞赛的同时，美国海军也悄然加快了建设步伐。到 1907 年，服役战列舰达到了 20 艘。1906 年英国"无畏舰"服役后，美国人不甘落后，提出建造新式重型战列舰的设想。1909 年，"密执安"号和"南卡罗米纳"号下水，这两艘军舰成为美国海军第一批新式重型战列舰。1909 年，威廉·塔夫脱就任总统，他继续推进重型战列舰的建造工作。到 1912 年，美海军已有 6 艘重型战列舰编入现役。

时至第一次世界大战前夕，潜艇、飞机也已装备许多的海军，使海军成为多兵种的军种，它预示着海上战争将要发生一次革命。

装备固然重要，但只有人掌握了它才能发挥作用。为了提高海军的作战能力和水平，英国和德国这两个国家的海军进行了长期的作战训练。它们通常从单舰训练开始，然后是同一舰种和不同舰种合成编队的战术演习，最后是大型编队和联合编队大演习。德国海军十分重视远距离的枪炮射击，英国海军的枪炮射击训练水平远不如德国。英国著名的海军历史学家威尔逊后来承认："与德国舰艇相比，不列颠舰艇在战争第一阶段……暴露出很大且非常危险的弱点。"两国海军的驱逐舰都能进行鱼雷齐射，而德国驱逐舰除了进行齐射外，还练习昼间鱼雷攻击。英、德两国海军都注重海军人员的海上训练和在航行中进行编队演习。总体上看，德国海军的训练水平略高于英国海军。这两个国家海军的情况集中代表了西欧其他国家海军的战斗训练水平。

日趋严重的军事危机

随着德、美、俄等国实力的不断强大，重新瓜分世界的斗争愈演愈烈。尤其是英、德之间的矛盾更为尖锐，到了不可调和的地步。英、德在世界许多地区的陆上和海上发生利益冲突。在非洲，主要是围绕争夺南非布尔人民共和国的黄金和钻石；在东亚，主要是围绕中国胶州湾的利益。1897年，德国以"租借"为名吞并了中国的胶州湾，随后又将整个山东半岛置于它的保护之下，这使早已盘踞在中国的英国感到不安。在近东，有巴格达铁路问题，这条铁路对英、印之间的海陆交通线构成威胁。另外，法、德之间和俄、德之间的矛盾对军事危机的发生起着重要作用。20世纪初，德、法之间在殖民地利益上发生激烈争斗，德国和法国为抢夺摩格哥的未被分完的土地发生冲突，几乎把两个国家推向战争。俄、德的矛盾主要表现在关税战中，德国资产阶级和容克地主阶级竭力使俄国变成原料地和德国工业产品的销售场，同时还千方百计限制俄国农产品的进口。结果俄、德的经济关系日趋恶化，在19世纪末20世纪初，德国和美国争夺世界场权的矛盾也激烈展开，两个强国首先是抢夺世界市场，尔后是为巩固和扩张地盘发生冲突。

由于帝国主义国家之间矛盾的日益加深和各国军备竞赛的加剧，作为世界大战序曲的一连串军事危机和武装冲突相继发生。在这些危机和冲突中，海军发挥着重要的作用。

1905年的第一次摩洛哥危机拉近了与战争的距离。摩洛哥是非洲最富裕的国家之一，并在地中海区域处于重要的战略地位。法国企图排除其他国家对摩洛哥的影响，追求自己的特权地位。但德国不承认法国的权利，并且在分割摩洛哥时要从中插一手，要求有自己的一份。而英国在解决摩洛哥问题上，始终同直布罗陀海峡的统治权联系在一起。1906年1～4月的阿耳黑西拉斯国际会议讨论摩洛哥问题时，由于俄、英、意三国代表支持法国，德国陷入孤立而被迫让步。然而，这埋下了更大的隐患。德国只是在等待有利时机。

5年之后，第二次摩洛哥危机发生了。1911年4月，摩洛哥首都非斯爆发反帝的人民起义。法国以恢复"秩序"和保护侨民为名，派兵占领非斯。德国根本不能容忍法国的行为，7月1日德国炮舰"豹"号驶进摩洛哥加迪尔港，巡洋舰"柏林"号也随之出现在摩洛哥海面。德国企图威胁法国交出摩洛哥的一部分领土，或让出整个法属刚果。然而，法国并没有被德的炮舰所震住，拒绝了德国的要求，这使得德法战争迫在眉睫。英国也不能允许德国接近直布罗陀海峡，决定支持法国。7月21日，英国财政大臣劳合·乔治发表演说，声称在摩洛哥问题上英国不惜与德国一战。德国此时并没有做好战争准备，不得不放低要求，同法国谈判。经过双方唇枪舌战，终于达成协议：德国承认摩洛哥为法国的保护国，法国则把法属刚果的一部分割给德国作为"补偿"。虽然第二次摩洛哥危机没有引发战争，但是加剧了英、德的对立。德国为复仇进行着更加积极的准备。

正当英、德、法等国纠缠于摩洛哥问题时，意大利乘机入侵土耳其的北非属地的黎彼里塔尼亚。不久，巴尔干半岛又爆发了战争。这些危机的产生，加剧了世界的动荡，世界列强加紧了进行帝国主义战争的部署，并且形成了尖锐对抗的德国、奥匈和意大利组成的同盟国与法国、俄国、英国组成的协约国这两大军事集团。此时，人类历史上第一次大灾难已悄然临近。

一战中的海上战役

飞舞的飘带：海军的历史

海战初潮

海上战场，是第一次世界大战的重要组成部分。战争之初，烽火硝烟充满蓝色的海洋，海上幽灵神出鬼没，激烈搏杀尽显海战之残酷。

北海是英、德海军的主战场。英国海军对德国进行的深远封锁行动遍及北海的辽阔海区、多佛尔海峡和英吉利海峡。战争初期，英国试图在战列舰的支援下用巡洋舰分舰队搜索全部北海海域。然而，8月8日巡逻在奥克尼群岛附近的德国潜艇突然对英战列舰"莫纳尔"号发起攻击，这使英国主力舰队十分害怕，被迫暂时离开斯卡帕湾，驶向奥克尼群岛以西海区。在此情况下，英国海军部着手加强主要基地的防御，同时转而采用固定的封锁性巡逻配系。不过这并没有能阻止德军的行动。就在英国建立巡逻线的第一天，德国辅助巡洋舰"德皇威廉·法·格罗塞"号偷偷地进入了大西洋，在大西洋交通线上进行战斗活动。德国舰队在同英国海军进行的战斗中一直积极主动，不仅潜艇加强对付封锁兵力的活动，而且水面舰艇在英国基地和港口附近也开始对英国沿岸进行奔袭，并布设攻击水雷。1914年11～12月，德国海军的巡洋舰队加强了对英国沿岸的袭击，企图诱出英国海军兵力将其歼灭。然而，英国海军的大量兵力没有出海。但德国海军的行动对英士气民心产生极大影响，沉重打击了英国海军的威望。迫于德国的威胁，英国不得不多次改变其海军的配置和封锁配系。

英国海军在封锁德国的同时，担负着保障将远征军运往法国的任务。

为了保证运输船的航行安全，英国海军将兵力几乎全部展开，但德国海军却未对英运输线采取敌对行动。德国陆军指挥部认为，英国远征军将很快被消灭在大陆上，因此，海军不必脱离原定任务。

但是，德国陆军指挥部错误地估计了形势，为战争处于不利地位埋下了隐患。

当法国境内的战斗还在激烈进行时，英统帅部决定派海军陆战队在奥斯坦德上陆。为掩护此次上陆行动，英决定袭击赫耳果兰湾，消灭敌人抵抗上陆的力量。德国在获取英可能入侵赫耳果兰湾的情报后，加强了警戒并增派多艘驱逐舰和 3 艘巡洋舰作为出海兵力。8 月 28 日 5 时许，英国海军先遣编队驶近赫耳果兰湾。第一攻击波是由罗杰·凯斯准将和理查德·蒂里特准将指挥的。凯斯率领 7 艘潜艇和 2 艘驱逐舰，蒂里特率领 31 艘驱逐舰和 2 艘巡洋舰。早晨 7 时左右，1 艘英国潜艇首先攻击了 1 艘德国巡逻驱逐舰，但未得手。为了消灭英军潜艇，德国出动几架水上飞机和一个驱逐舰区舰队。2 小时后，英舰队发现德国 3 艘驱逐舰，随即向其开火。德舰遭到敌人射击，开始向赫耳果兰湾撤退。此时，德基地派轻巡洋舰前去支援，后又派 2 艘潜艇，其余舰艇也准备出击迎战。

2 小时之后，英、德轻巡洋舰发生战斗，双方相互射击，但由于海上雾大，情况不明，双方没有取得任何战果。10 时左右，武器强、航速快的德国巡洋舰"斯特拉斯堡"号投入战斗。英舰队司令官特普伊特见势不妙，立即向战列巡洋舰分队司令官比蒂海军中将求援。此时比蒂正率领其巡洋舰在战区附近，于是他命令轻巡洋舰开往赫耳果兰湾，然后自己也驶向那里。随着英军增援的到来，战斗发生急剧变化，英军立刻占据了压倒性优势。在激战中，德国巡洋舰"美因茨"号、"科隆"号和"阿里尼亚"号中弹起火，相继沉入海底，其余德舰连忙夺路逃窜，当德军战列舰队出海迎战时，战斗已经结束，英舰队已无影无踪。

赫耳果兰湾战斗是战争爆发以来英、德两国海军水面舰艇的第一次重大冲突。德军在这次战斗中失败的原因是：首先，德军对英舰队缺乏纵深侦察，影响了德军指挥部正确判断战役开始后的情况和及时展开兵力，仅仅加强巡逻显然是不够的；其次，德军指挥部分散使用轻巡洋舰，根本不

能把轻巡洋舰在同一时间内调去支援驱逐舰，造成被各个击破的被动局面。

赫耳果兰战斗的失败，引起德军高级指挥机构的严重不安。海军元帅梯尔庇茨在其日记中写到："赫耳果兰湾的战斗使我很担心……我们的海军轻兵力不足于对付这样的搏斗。如果再这样继续下去，我们将很快被消灭……我感到特别痛心的是，我们的轻巡洋舰就此毁灭是不必要的，这是由于错误的战术配置所致。"威廉二世下令采取一切措施，防止英国舰队对赫耳果兰湾再发起突然进攻，并禁止大型军舰未经批准而驶出赫耳果兰湾。

飞舞的飘带：海军的历史

综观 1914 年北海的军事行动，英、德统帅部都有明显的不足。就其军事观点看，英军封锁行动并不成功，德国的舰艇甚至整个编队都能畅行无阻地出海，并一直开到英国海岸活动，一些袭击舰也能突破英国的封锁出现在大西洋交通线上。德国舰艇虽然能积极行动，但也未能达到改变与英海上实力对比的目的。在地中海，对于英、法控制海上交通线特别是从北非向法国运送军队的海上交通线具有至关重要的作用。而在德国对法宣战时，"格本"号和"布雷斯劳"号巡洋舰正停泊在撒丁海边。英法协定规定，两国海军的首要任务是消灭德国的两艘巡洋舰。然而，德国的两艘巡洋舰开往君士坦丁堡时，无论是法军还是英军都未抓住战机对德国巡洋舰采取行动。

在波罗的海战场，德、俄海军舰队不断展开较量。在战争爆发后，德、俄双方都在等待反击对方舰队的进攻。德军为了掩饰其波罗的海战争计划的防御性质，采取佯动攻击并在俄国沿岸进行了布雷行动。但是这些水雷障碍并没有发挥多大作用，并很快被俄军发现了。8 月 13 日，德国轻巡洋舰"奥格斯堡"号和"马格德堡"号在 3 艘驱逐舰的掩护下，企图攻击芬兰湾口的俄国巡逻队。然而，德舰实在运气不好，巡洋舰"马格德堡"号在奥登斯霍尔姆岛附近因触礁而无法开航，当天就被俄巡洋舰发现受到炮击，德军无奈之下将战舰炸毁，舰上 53 名舰员被俄军俘虏。"马格德堡"号的沉没和海军受到的其他挫折，迫使德军统帅部暂时停止在波罗的海的积极行动。在这种情况下，俄国舰队主动出击坚决阻止德国海军突入芬兰湾，并扩大在波罗的海的行动范围，尤其是俄国波罗的海舰队的攻击水雷

对德海上交通线破坏较大。1914～1915年德舰因触水雷，损失1艘装甲巡洋舰、4艘扫雷艇、3艘护卫舰和14艘轮船。此外，巡洋舰"奥格斯堡"号和3艘驱逐舰、2艘扫雷舰触雷而受伤，由此，俄国舰队由消极待敌转入积极进攻，逐渐掌握了海战场的主动权。

黑海作战是从德、土海军进攻俄国基地和港口开始的。土耳其的两艘驱逐舰参加了对俄敖德萨的进攻，击沉击伤俄数艘舰船，破坏了港内的建筑等设施。德战列巡洋舰袭击了塞瓦斯托波尔港口，击伤部分俄舰。除此之外，德、土海军还在敖德萨和塞瓦斯托波尔附近布下大量水雷；同时也用水雷封锁了刻赤海峡入口，封锁的当天就炸沉了俄国轮船"卡兹别克"号和"雅尔塔"号。实际上，俄国在黑海的战略就像在旅顺口一样的消极，它希望土耳其保持中立的时间更长一些。因此，最高统帅部大权独揽，没有其批准黑海舰队无权远航，甚至不能派军舰到战区南部去侦察。然而，最高统帅部错了，土耳其从战争伊始就是假中立，直到德土海军发起进攻，最高统帅部才恍然大悟，黑海舰队司令官才获得采取行动的自由，也加强了沿岸地带的防御。

紧锁的达达尼尔海峡

第一次世界大战的第二年，地中海上发生了一场长达近一年的达达尼尔海峡战役。敌对双方角逐厮杀，但最终两败俱伤，没有成功者。

战局发展到1915年，英、法两国于1月初请求俄军最高统帅部加强其东线并采取积极行动，以便最大限度地缓和盟国在西线的态势。俄军统帅部虽答应英、法的要求，但附加一个条件，即英、法要在达达尼尔海峡采取大规模的海上或陆上佯动，以便将一部分土耳其兵力从高加索战线引开。

英、法两国，特别是英国对俄国提出的条件十分满意，因为这样英国就能够抢在俄国之前占领君士坦丁堡和土耳其海峡。另外，英、法打算以自己在达达尼尔海峡的行动推动意大利参加协约国一方作战。

然而，英、法两国的企图很快被俄国揭穿，俄警告英、法这样做是危险的，坚决要求他们解决君士坦丁堡与土耳其海峡未来的命运问题。但英、

法两国却竭力拖延有关这一问题的谈判。然而，当英、法两国的舰队在强行通过达达尼尔海峡时，遭到严重失败。在这种不利情况下，英、法才不得不同意把君士坦丁堡连同其毗邻的海峡沿岸并入俄国。

达达尼尔海峡战役计划，要求舰队强行通过海峡，尔后突击君士坦丁堡。在突破海峡时，先以舰队的扫雷兵力清除海峡中的水雷，然后用舰炮火力彻底摧毁土耳其的海岸炮台和工事。战役定于2月19日开始，一个月结束。这次战役指挥员是英国地中海舰队司令官卡登中将。

英、法两国为确保战役的胜利，均派海军重兵参战，共计11艘战列舰、1艘战列巡洋舰、4艘轻巡洋舰、16艘驱逐舰、7艘潜艇、1艘携载6架水上飞机的航母、7艘扫雷舰、1艘炮舰和大量辅助船只。

对于英、法将要发动的达达尼尔海峡战役，德、土指挥部直到2月中旬才获悉，于是急忙调集约20万兵力集中到海峡地区，并做好战斗准备。

2月19日，英、法军舰开始炮击达达尼尔海峡外围炮台，战役拉开序幕。炮击持续一整天，但效果甚微，只打坏了两个炮台。随后几天都是风雨交加，大雾弥漫，所以联军舰队没有采取行动。2月25日，天气好转，英、法联军再次炮击，驱逐舰也开始扫雷，3艘战列舰尾随其后，但这次遭到土耳其重炮还击。英、法舰艇怕吃大亏，立即退出海峡。此后，联军试图进行单舰炮击，仍没有达到目的。

久攻不下，使英、法两军极为恼怒。于是它们孤注一掷，决定把这次战役的全部舰队兵力投入作战，强行通过海峡。总攻时间定在3月18日。是日10时30分，接替卡登指挥的海军中将德·罗比克命令舰队进入海峡。

行驶在前面的是扫雷驱逐舰。30分钟后第1总队从1万多米的距离向查纳卡累狭水道的炮台开火。对方炮台未予还击，但总队的舰艇遭到中层炮兵连的猛烈射击并有所损伤。12时20分，第3总队从9000余米的距离开始向中层炮兵连进行长时间的射击，然而不仅效果不大，反而战列舰"苏弗伦"号被重型炮弹严重击伤，"巨人"号和"狂饮"号两舰触雷爆炸，"狂饮"号随即沉没。见第3总队损失较大，罗比克令第2总队立即接替攻击，该总队猛烈向手榴弹炮兵连和野战炮兵连开火，但依然不能奏效，战列舰"无敌"号又触到两枚水雷，继而被土耳其炮兵连击沉，战列巡洋

舰"坚定"号也触雷受重伤。黄昏时分，罗比克无奈发出撤离海峡的信号，撤退时，英、法联军的战列舰"奥申"号被水雷炸沉。

大规模强行通过达达尼尔海峡失败了，英、法艇队遭受重创。其缘何不能通过海峡？①联军指挥部过高地估计了自己舰队的实力，天真地以为土军在英、法舰队强大打击之下会立即投降。②联军犯了严重的战术错误，舰艇对主要炮台和中层炮兵连射击选择的距离和弹种也不恰当。结果，强大的舰艇炮火未能压制住炮台和炮兵连。③英、法联军对海峡的水雷危险估计不足，扫雷舰不多，使联军舰队受到严重损失。

英、法在达达尼尔海峡的失败，并没使他们完全丧失信心，他们决定将战役继续进行下去。不过他们改换了方法，准备派能军在加利波利半岛上陆，从背后占领土耳其炮台，从而保证舰队突破达达尼尔海峡进入马尔马拉海。

担任登陆任务的包括英军的 1 个步兵师，法军的 1 个步兵师，澳大利亚—新西兰的 1 个军，英国海军陆战队 3 个旅和希腊的 1 个志愿军团。此时联军舰队也进行重组，包括 18 艘战列舰、13 艘巡洋舰、36 艘驱逐舰、12 艘潜艇、25 艘扫雷舰、1 艘水上飞机母舰等。4 月 25 日，登陆船和支援舰开进指定的地点。先是实施强大的炮火准备，尔后登陆部队开始上陆，登陆兵基本巩固了岸上阵地。在滩头阵地登陆的部队与土军进行了激烈的战斗。但到 5 月底，联军始终没有摧毁土军的抵抗，自己却遭受巨大损失。在海上，5 月 13 日，土军驱逐舰一举击沉英军的"霍莱伊特"号战列舰；5 月 25 日至 27 日，德国潜艇又击沉了"胜利"号和"威严"号两艘战列舰。

英、法联军再次遭到失败，真是丢尽了面子。英海军参谋长、海军大臣都提出辞职。

时到如今英国仍不死心，决定再派几个师登陆，以图最后战胜敌人。

8 月 6 日登陆开始，地点选在苏夫拉湾。这次登陆同样遭到了土军的猛烈阻击。战斗持续到 12 月底，联军在土军面前根本不能前进半步。实际上从 11 月初联军指挥部就决定将部队撤走，撤退于 1916 年 1 月 9 日完成。

至此，达达尼尔海峡战役结束，双方损失惨重。联军伤亡 14 万人，土军伤亡和失踪 18 万余人。

英、法联军的失败，完全出乎他们自己的意料。正是由于他们没有充分估计到可能遇到的困难，才使其不能正确用兵，从而导致优势殆尽。正如英国海军历史学家威尔逊说的："看来，在英国谁都没有意识到将会遇到什么样的困难……战役的倡议者无视历史上的所有经验，显然，他们相信达达尼尔海峡的炮台将会像拜占庭城墙一样随着'最后审判日的号声'而坍塌"。

遭遇日德兰

战争进行了近2年，海上硝烟遍及"四海"，可是真正的海上决战不曾出现，相对于陆战，海战略显平淡。德军统帅部对大型舰艇的使用总是小心翼翼，舰队出海不敢远离自己的基地；英国也往往是消极行动，使用舰队缺乏战略上的主动。

当德国海军上将舍尔于1916年1月开始指挥公海舰队后，他主张采取积极的海上行动，并向上级指挥部提出使用海军重兵与潜艇、飞艇协同对英沿岸进行奔袭，迫使敌方舰队一部分出海，将其引向己方舰队的主力后予以消灭。舍尔的计划很容易得到批准。这实质上是德国对海军作战方针的一次重大调整。

至于英国海军的作战任务几乎没有改变。

1月31日，9艘德国飞艇袭击了利物浦和其他一些城市，这标志着德国海军奔袭思想的开始。4月，德国多次出动兵力袭击英国基地、港口和城市，并获得一些效果。

5月中旬，德军决定进行新的奔袭战，突击目标选定了位于英国东海岸中部的日德兰。德军为此次奔袭战投入了公海舰队的全部兵力。但由于天气不好，无法实施奔袭计划，德国舰队司令官不愿冒险行动，因此推迟了奔袭时间。6月1日，天气依然没有好转，海军上将舍尔决定放弃炮击日德兰，而在斯卡格拉克海峡和挪威海岸附近进行佯动，试图吸引部分英国舰队兵力。英国在获悉德国的行动计划后，立即派舰队前往日德兰半岛准备寻找德舰作战。历史就是这样具有巧合性和偶然性。出乎英、德双方的意料，他们的舰队却在双方都未想到的日德兰遭遇了，这次偶然的遭遇竟成

为第一次世界大战中最大的一次海上交战，即著名的日德兰海战。

交战之前，英国有战列舰 28 艘、战列巡洋舰 9 艘、装甲巡洋舰 8 艘、轻巡洋舰 26 艘、驱逐舰 79 艘；德国有战列舰 22 艘、战列巡洋舰 5 艘、巡洋舰 11 艘、驱逐舰 61 艘。

日德兰海战于 5 月 31 日 14 时 28 分打响。此刻，英轻巡洋舰"加拉泰亚"号发现一艘德国驱逐舰并向其开火，接着轻巡洋舰"费汤"号也进行炮击。几分钟之后，德轻巡洋舰"埃利宾格"号投入战斗。随后双方前卫相互接近，在激烈的战斗中英军的数量优势并没有占到便宜，"不屈"号战列巡洋舰被德舰击沉，数艘巡洋舰遭到重伤。

英国舰队见自己吃亏不少，立即将第 5 战列舰分舰队投入战斗，很快便击伤几艘德舰。但英舰队仍未摆脱被动态势，又有 2 艘巡洋舰被击沉。

英前卫舰队见势不妙，全速与北面驶来的主力舰队会合。但德舰队指挥官舍尔则认为英国舰队主力不在附近，因此决定追击比蒂的舰艇。追击中英、德舰艇又多次发生战斗，但没有突出战果。最终英前卫摆脱了德舰，并与主力会合。至此日德兰交战第一阶段结束。

这一阶段的战斗可谓德军以少胜多。英舰队的失利除了巡洋舰装甲差、炮弹质量不佳外，在战术上也犯了很大错误。英舰队没有集中使用兵力，而是将巡洋舰和战列舰分散使用，结果被德舰各个击破。此外，战列巡洋舰射击也有明显不足。例如，在第 5 战列舰分舰队投入战斗之前，战列巡洋舰发射了大量炮弹，但只有 4 枚命中，而自己却被击中 21 发。

德国舰队虽然取得不小战果，但也有值得吸取的教训：在英前卫与其主力会合前没有集中火力将其消灭，对英主力的位置也根本没有弄清楚。

当英、德主力舰队发生接触后，德舰队指挥官舍尔鉴于兵力不如对方，于是决定撤出战斗。在烟幕和驱逐舰鱼雷攻击的掩护下德舰队全体一齐转向返航。英国舰队担心会碰上德军的潜艇和水雷，而没有追击。其实德军在这一区域既无潜艇，也未布雷。就这样，德舰逃之夭夭。

不过英舰队指挥官杰利科指挥舰队转向，使舰队置于敌舰与基地之间。舍尔发现英舰队企图切断自己的退路，于是再一次指挥全体一齐转向，但这次是朝敌人方向，指望从敌舰尾后向东突围。然而，这一机动很快便被

英主力舰队识破。

　　整个作战形成英舰包围德舰的态势，德舰几乎遭到所有英舰的炮击，有些遭受重伤。为了把敌人的注意力从大型舰艇上引开，舍尔用驱逐舰攻击英舰纵队的中央，但攻击全无效果。接着，驱逐舰施放烟幕，在烟幕掩护下德舰第三次全体一齐转向，脱离了英舰队的攻击。

　　此次战斗虽未决出胜负，但战斗表明单纵队已经过时。这种队形不利于射击并且限制了指挥官的主动性。英军在这方面表现得尤为明显。英军战斗展开的目的是包围德舰队的先头舰，而在这方面起重要作用的应是前卫，但它们在战斗开始前尚未在队形中各就其位，结果前卫不得不排在单纵队的末尾，战列巡洋舰被迫在战斗开始时承受敌方的全部火力。德国舰队战斗队形的缺点也比较明显，它由几艘老式"道日兰"级战列舰组成的纵队后尾力量薄弱。在第一次全体一齐转向后，这些舰艇便比其他舰艇更靠近敌人，因此很容易被消灭。

　　第二次战斗阶段结束时，天色已晚，因此杰利科无意与德方主力进行夜战，因为他们知道德国舰队的夜间射击训练较好。杰利科想天亮以后再进行交战。

　　但是，杰利科一直未能弄清德国舰队所在的位置和航向，来自海军部和自己舰艇的情报不一致，无法判明情况。杰利科认为德国舰队在西面，其主力始终驶向东南，目的是逃往基地。然而，德舰队为了拦阻英国舰队的航行并使自己易于退却，舍尔派出水雷区舰队去寻找和攻击敌舰。午夜前后，德舰队从英军战列舰尾后驶过。

　　夜间，英、德进行了数次战斗，

杰利科

双方的驱逐舰大显身手，鱼雷四处乱窜。夜半时分，德军与英军后卫遭遇，双方借助照明弹、探照灯和炮火进行激烈厮杀。德军战列舰"帕默恩"号被鱼雷击沉，英军装甲巡洋舰"黑太子"号被德军炮火歼灭。混战中，有3艘英驱逐舰葬身鱼腹，2艘德巡洋舰沉没海底。凌晨3时许，德国舰队突破英军封锁，穿过赫耳果兰湾的秘密通道，驶入安全水域。英海军上将杰利科担心遇到敌潜艇和水雷，放弃追击打算。6月1日11时，英主力舰队驶向西北，开往斯卡帕湾基地。至此，战斗宣告结束。

在日德兰海战中，德国损失1艘战列舰、1艘战列巡洋舰、3艘巡洋舰和5艘驱逐舰，共计6.1万吨。英国损失3艘巡洋舰和5艘驱逐舰、3艘装甲巡洋舰和8艘驱逐舰，共计11.5万吨。日德兰海战后，英、德双方都声称自己取得了胜利。然而这次海战依然不是一场海上大决战。显然，德国是胜利一方，英军则遭到严重破坏。但是这一胜一负并没有从根本上改变双方战略力量对比，日德兰海战役也没有影响北海战场的战略态势。日德兰海战究竟谁胜谁负已不重要，但一些经验教训对后人仍有意义。

准确的情报是海战取胜的第一要素。日德兰海战中，德、英虽全力获取对方情报，但都有重大失误，以至于遭到重大损失。例如，英国海军部本来可以破译德军的无线电报，却未能及时查明德国主力出海的情况以及后来它所在的位置，给指挥官杰利科上将提供了一些莫名其妙的消息，把他弄得糊里糊涂。而前卫司令官比蒂不按时向杰利科报告，使杰利科无法判定其方位，难以正确选择航向。德国方面，其战役战术侦察组织得更差。早先派往英国沿岸和公海阵位的潜艇，没有发现英主力舰队出航，后来又未能和它们接触。战斗开始时，由于天气不好，没有使用飞艇进行侦察，后来虽然作了飞行，但未发现敌人。水面舰艇的战术侦察在交战过程中实际上没有进行。结果，舍尔上将在己军与英国舰队主力发生冲突前，一直不知道英国舰队主力就在海上。在整个作战中，舍尔情况不明，导致多次下令全体齐转向，疲于奔命。战术创新是战斗取得主动的关键。日德兰海战表明，英、德两国舰队在战术上都没有什么创新，所以双方打得都不漂亮。

它们的行动在许多方面同日俄战争中海军作战的行动十分类似，虽然两国海军的战斗能力比那时大有增长，但所取得的效果与装备不相适应。

例如，线式战术是古代海战的产物，而到了 20 世纪初，这种做法就难以做到合理配合使用舰队的各种兵力和各类武器，无法协同各方的作战动作。在帆船时代，重兵力在战斗中起特殊作用，那时这样做是正确的。如果不算撞击，那时炮兵火力是打击敌人的唯一火力。但到了 20 世纪初，当海军编队中已拥有威力强大的水雷鱼雷兵力、潜艇、航空兵时，这一原则就毫无可取之处。英国海军人士没有从日德兰海战中吸取教训，在以后的战斗中坚持过去海战的方法。德国也未放弃其"力量均衡"理论。指挥官的坚定指挥是取得胜利的基本保证。日德兰海战中，双方舰队司令官在行动上都是优柔寡断，缺乏指挥的坚定性。造成这种情况至少有两个原因：①指挥员素质不高，缺乏现代海战的基本知识和指挥合成舰队的能力，不能根据战场的变化灵活处置情况、断然采取措施；②他们由于政治顾虑太多，无论是杰利科还是舍尔，对本国政府都唯命是从，不敢越雷池半步。日德兰海战也表现出新兵力兵器使用的某些新趋势。如把舰队分成先遣和主力，而且在先遣队的编成中主要是速度大、火炮装备强的战列巡洋舰；使用巡洋舰和驱逐舰在摆脱敌人时施放烟幕掩护撤退；在昼间战斗中比以往更广泛地使用驱逐舰的鱼雷武器；努力用潜艇和空中兵力进行战役侦察等。

美国舰队出兵欧洲

　　第一次世界大战对美国来说并无切肤之痛，所以起初它采取了表面上的"中立政策"。1914 年 8 月 14 日，美国总统威尔逊曾发表声明称美国人民"在思想和行动上都采取不偏不倚的态度"，不支持也不反对战争的任何一方。美国是真正地采取中立政策吗？不！这只不过是一种策略而已。实际上美国在战争初期就倾向于协约国，而之所以不急于参战，主要是出于自己巨大的经济利益考虑，同时是坐山观虎斗为谋求"渔翁之利"等待时机。其实，美国几乎在战争初期就开始备战了。威尔逊指示有关部门提出了一个建设海军的计划。这个计划要求耗资 5 亿美元，建造 156 艘舰船，包括 10 艘战列舰，6 艘战列巡洋舰，10 艘侦察巡洋舰，50 艘驱逐舰和 67 艘潜艇。1916 年投入经费 1.53 亿美元，首批建造的 4 艘战列舰是："科罗拉多"号、"西弗吉尼亚"

号、"马里兰"号和"华盛顿"号。为了实施战争,美国海军设立了作战部。在战争进行中,德国破坏比利时中立一事激起许多美国人反对柏林。在一般美国人眼中,由德皇所体现的普鲁士容克阶级的军国主义不可一世,对此美国人非常反感。再就是英国的大力宣传,使美国人愤恨德国鬼子。

然而德国对美国人的宣传却显得十分拙劣,不能争取更多的美国人。特别是1917年2月,由德国外交大臣给德国驻墨西哥公使的外交函件被英国截获和破译,英国人立即通知了美国,而齐麦受建议如果美国参加对德战争,则墨西哥对美开战。就这样,加剧了德、美的对立,美国的中立主义被抛弃了。

德国无限制的潜艇战,无疑也是美国放弃中立的重要因素。战争头几年,关于对德国实施水面封谈的问题还曾引起英美磨擦。美国不满英国在公海上干涉它的航运。但是,德国潜艇战的实施却是似美国人的生命为代价。在几个星期内,几艘美国商船相继被鱼雷击沉。此外,一些美国人认为,如果不参加欧洲战争,不去扭转德国在欧洲专横称霸的局面,将意味着不仅失去贸易,而且相对地降低美国在世界中的地位。

面对日趋严峻的形势,美国断绝了与德国的外交关系。1916年4月6日,美国总统威尔逊发表宣战咨文,正式对德宣战。1917年5月4日,美国驱逐舰第8支队的6艘战舰开进爱尔兰南岸的英国昆斯敦海军基地。

美国海军的主要任务是协同英法打击德国潜艇,作战区域是西半球,西姆斯任驻欧海军总司令。他们的基本做法是派驱逐舰寻歼潜艇,或用武装商船或水雷封锁潜艇基地。以后,根据西姆斯的主张,又组织了护航行动并取得成功。

护航分为2种方式,①对运兵船实行全程护航;②对商船采取半程护航,即在商英国或法国海岸200海里的危险区域内给予掩护。半程护航的实施较为复杂,每支商船队来到危险区边缘与一支护航舰队会合,组成护航编队穿越危险区到达目的地。返回时由护航舰队保护到危险区边缘,与护航舰队脱离。为提高效率和减少商船队在海上逗留的时间,每支商船队在到达危险区边缘时都应与一支外出的护航编队相遇。这就要求对各船队的集结、航渡与到达危险区的时间作出精确安排。起初,英国人是反对护航

feiwu de piaodai:haijun de lishi

的，他们认为护航只是防卫性的，不能取得多大效果，只有实施进攻才能真正地战胜德国的潜艇，然而法国人坚持护航，而护航所达到的效果令英军一些年轻军官感兴趣，于是海军中校亨德森的研究小组建议海军部普遍使用护航队，特别是远洋护航队，但英海军大臣的次官们予以拒绝。

西姆斯得知亨德森小组的被拒绝后，立即成为护航的鼓吹者。当他有机会与乔治首相商谈时，便竭力为护航体系辩护。乔治被说服并向海军的首脑们施压，最终海军派出了一支远洋护舰队。护航的效果很明显，1917年5月被击沉的吨位从4月的88.1万吨下降到59.6万吨，到11月下降到30万吨，这样的损失数字对协约国已不能构成大的威胁。美国能够以巨大的工业能力建造商船，在数量和建设速度上都可以弥补协约国的损失。

实践证明，所有反对护航的观点都是不成立的。组织一支护航队所需的时间并不比靠扫雷和巡逻清理航道所用的时间更长。护航船队按计划到达，这使人们能有效地安排港口利用率。护航所需的舰数从未超过海军在编军舰总数的15%。

为了打击德国潜艇，美国海军还展开了规模浩大的水雷战。海军部次长小罗斯福设想了一种用水雷在德国潜艇出入处布设一道阻拦墙的方案。这个网从苏格兰拉到挪威，横断北海，绵延240海里。马萨诸塞州一个名叫拉尔夫·布朗的人发明了一种天线触角水雷，这种水雷不需要雷体与舰体直接接触，只要它伸出的长杆天线与舰体接触就能爆炸。小罗斯福把这种水雷用到拦阻方案中。1918年6月开始布放，到10月布下了约7万枚，其中80枚由美国海军布放。这些水雷不仅击沉了数艘潜艇，尤其是极大地削弱了德国海军的士气。

此外，美国海军还参加了陆战、空战以及其他作战行动，均取得一些战果。

当然，美国介入海战并没有使之产生戏剧性的变化。但是，第一次世界大战是美国有史以来作为军事大国的第一次亮相，战争又极大地刺激了美国海军实力的迅速增长。

飞舞的飘带：海军的历史

崭露头角的海军新兵种

"水中蛟龙" 显神威

古老的海战只是水面舰只的较量，战场在海面展开。然而，潜艇与飞机的诞生和使用，使得水下、水面、空中形成一个立体战场，海战面貌大为改观。第一次世界大战为潜艇和飞机提供了表演的舞台，它们一显身手，初试锋芒。

早在古代，无论是东方还是西方都幻想畅游海底世界，为此出现过很多美丽的传说。人们为了实现这种理想，进行了长期艰难的探索。从18世纪中叶就有"潜艇"下水，后经多次改进，终于在19世纪中叶研制出了第一艘现代潜艇。到19世纪末，潜艇已经成为一种具有很大潜力的武器。

但是，当时人们对潜艇的认识很有局限性，尤其是像英、美这样的海军强国，认为潜艇只不过是弱小国家的偷袭武器，大国海军装备潜艇意义不大。但1898年发生的一个事件使他们清醒了许多。这年，法国的"古斯塔夫·齐德"号潜艇，在水下用鱼雷攻击了英国的战列舰"马琴他"号。随着一声巨响，"马琴他"号沉入海底。这一事件震动了英国海军，他们强烈要求政府赶快采取行动，消除法国人的新威胁。与此同时，德国、俄国也开始重视潜艇。于是，一股建造潜艇的热潮在欧洲掀起并迅速传到了世界各地。到第一次世界大战之前的1914年夏天，各主要海军强国都坚定地建立了潜艇部队。至此，一个新的海军兵种诞生了。潜艇，这种新型的武器，它的最大优点是隐蔽性强，可躲在神不知鬼不觉的水下对目标袭击，

而且其他舰艇又很难找到潜艇，更不易攻击。所以，潜艇从一开始就表现出极大的生命力。第一次世界大战的实践有力地证明了潜艇的独特作用，从此人们再也没有人敢小视这个"水中蛟龙"，它的地位扶摇直上。德国也许是认识潜艇最深刻的国家，因为在第一次世界大战中德国不仅使用潜艇最多，而且战果显著。

在战争初期，英国为了向欧洲战区运送增援部队和作战物资，派出了大批的运输船只从本土出发驶往比利时。德国则千方百计地阻止英国的海上运输行动，潜艇成为它的主要使用武器。"U—8"号、"U—9"号、"U—2"号潜艇先后驶抵作战海域。9月22日，"U—9"号潜艇在截击阵位搜寻目标。突然，远处的水面出现了一个时隐时现的黑点。"U—9"号潜艇艇长违迪根认出那是一艘正在喷着浓烟的军舰。他立即命令潜艇下潜至潜望镜深度。目标越来越近，违迪根指挥潜艇占据有利截击阵位。当他确认这是英国军舰时，兴奋地对他的副手说："约翰，我们太幸运了，我们碰上英国的巡洋舰了，而且不是1艘，也不是2艘，而是3艘。"

确实，朝"U—9"号潜艇开来的是3艘庞大的英国巡洋舰，分别是"阿布基尔"号、"霍格"号和"克雷西"号。

违迪根指挥着"U—9"号潜艇悄悄地向巡洋舰"阿布基尔"号靠近。距离越来越近，违迪根大声喊道："放鱼雷。"顷刻间，鱼雷向"阿布基尔"号冲去。同时"U—9"号潜艇上的潜望镜也徐徐地滑进围井，潜艇开始向深处下潜。

随着一声轰然巨响，"阿布基尔"号被炸开一个大口子，舰体开始下沉。英舰人员还以为是触及水雷，另外两艘巡洋舰立即前往救援。

此时保持对英舰观察的德国潜艇，发现前往救援的"霍格"号正迅速进入鱼雷射程，违迪根再次下达攻击的命令，2枚鱼雷向"霍格"号奔去，不到半分钟就听到两声巨响，"霍格"号也被击中了。

当"克雷西"号前去救援受伤的两艘舰时，也遭到攻击，不一会儿，它就翻沉海底。

英国3艘巡洋舰都沉没了。这一战果竟是不被重用的潜艇所为，它在一定程度上促进了海战思想的转变，引起人们对潜艇的关注。

从战争开始至结束，德国的潜艇都发挥着不小的作用。战局发展到中期，德国在水面舰艇作战占不到便宜的情况下，展开了大规模的水下之战。于是，在北海、地中海、波罗的海、黑海以及大西洋都有德军的潜艇。

英吉利海峡是英商船和军队运输船往返聚集的地方，德军对在这一区域活动的潜艇十分重视。1916年11月，德潜艇在获准无需发出宣告即可击沉所有敌舰船的命令后，不仅使用鱼雷和火炮攻击，而且在英吉利海峡和英国东海岸附近进行了大规模的布雷。为了对付德国的潜艇，英军广泛采用带水雷的防潜网。有的防潜网设在离佛兰德沿岸20多海里的地方，有的则在多佛尔海峡中。这种措施略有效果，曾有两艘德军潜艇陷入网中，其中一艘被俘，另一艘被英舰击毁。但这些都难以从根本上消除潜艇的威胁，英商船受到巨大损失，仅1916年10月至1917年1月，英国就有80艘船只被水雷炸沉，总吨位达10万吨。巨大的损失迫使英军采取一些补充措施同潜艇作斗争。英海军部成立了一个以少将德弗为首的特别处，具体的措施是发展保卫港口附近区域的巡察队配系，在赫耳果兰湾出口处进行大规模布雷，在北海北部出口附近组织防潜巡逻，用潜艇为商船护航，进一步加强多佛尔拦阻线等。英军防潜兵器不仅无法使德国潜艇失去活动能力，而且也制止不住商船吨位损失的增加，英国受水下潜艇的威胁日益增大。德国潜艇的活动在地中海也非常频繁。潜艇经常出航到商船往返最集中的突尼斯海峡。由于这一海区潜艇数量不多，德军要求向海上交通线出航的每一艘潜艇尽量多去几个区域，以便增加同敌方舰船相遇的机会，也可降低敌人反潜的效果。在亚得里亚海，塔兰托湾，通往马耳他的航道上，地中海东部的摩德洛司岛、萨洛尼卡、无里特岛、亚历山大和塞得港附近，地中海西半部的热那亚、马赛、瓦赫兰、宾泽特附近都布设了水雷。在这些海域内，仅1916年德军和奥军潜艇就击沉300余艘商船和20艘战舰，其中有4艘战列舰。"U—9"号潜艇在4次航行中就用火炮击沉商船23万吨。

德国潜艇还顺利地强渡奥特托海峡，把协约国逼到了死角。协约国海军代表在马耳他召开会议集体研究反潜问题，会议决定将拦阻线的宽度增大80海里。他们分析认为，敌潜艇为了给蓄电池充电，不得不在这一区域浮起，协约国海军可以抓住这个时机给予打击。为能获得反潜成功，协约

国增加了护卫舰、拖网渔船和漂网鱼，增设了水雷和防潜网。但是，这些措施的作用不大，德国潜艇仍能够驶入地中海，仅有一艘潜艇在拦阻线上被击沉。协约国对德国的潜艇真是无计可施，无招可用。为此，协约国在塔兰托召开第二次反潜作战会议。会议决定重新把英国的漂网鱼移到奥特朗托海峡的纬度上。在它的北面，意军应保持两艘拖网渔船和18艘小型驱逐舰，而在其南面应有法军的驱逐舰、炮舰、拖网渔船和摩托艇。会议还决定在奥特朗托海峡也使用潜艇。另外，还派30架飞机对德潜艇进行侦察，以便获取情报。然而，德国的潜艇无需作出特殊努力就可强行通过拦阻线。一年之中，德军和奥军只损失4艘潜艇，其中1艘还是碰上己方的水雷被炸毁的。

大战进行到1917年，德国统帅部最终得出这样的结论：德国的海军兵力不能同敌人相抗衡，只有指望潜水战。德国海军总司令部向德军最高统帅部提出的一份报告说，根据计算，经过5～7个月无情的潜水战，英国将会因经济崩溃而投降。这种观点得到德皇的赞同，他命令从1917年2月1日起，全力开始无限制潜水战。

到1917年初，德国海军已装备了142艘潜艇。作战潜艇被编为10个半区舰队。其中5个区舰队驻泊在北海的德国港口，2个区舰队驻泊在佛兰德的基地泽布勒赫和奥斯坦德，2个区舰队驻泊在奥地利的基地波拉和科托尔，1个区舰队驻泊在波罗的海，半个区舰队则停在君士坦丁堡。

潜艇的无情行动开始了。在德国潜艇艇长守则中这样写道："保证潜艇的安全占首要地位。为了这种安全，应当避免为检查船只而浮起……悬挂中立国国旗和具有中立国标志，还不足以证明这艘轮船就是中立国的。因此完全可以消灭它……"由此可见，在德国人眼里，海上只剩下了敌对双方的舰只，国际法中原有的规范已失去意义。在无情潜水战的头几个月内，德国潜艇的行动给商船吨位造成极大损失。2～4月，在北海和大西洋有844艘英国及盟国和中立国的船只被击沉，总吨位达145万吨。对于这种惨状，英、美两个海军上将的谈话也许能说明英国人的心态。那是4月9日，即美对德宣战的第3天，美国总统特使海军上将西姆斯抵达英国，他在同英第一海务大臣杰利科海军上将谈话时间："看来，德国正在打赢这场战争？"

"如果我们不去阻止这种不断增加的损失，而且不尽快阻止的话，它就能打胜。"杰利科答道。

然而，美国并不急于提供援助，它继续拖延参战的时间。4月27日，杰利科向海军大臣提出一份报告，报告中说："……目前我们就好像掌握绝对制海权那样来进行战争，事实上我们不仅没有掌握绝对制海权，甚至连一点制海权都没有一点证明，如果战略是以没有保障的交通线为依据，其结果必然是不幸的。在这种情况下，惨败是不可避免的。那我坚信战争必定打败，英国人民将要饿死。"

杰利科的报告产生了强烈的影响，使英国政府不得不正视面临的危险。为了对付德国的潜艇，英国几乎动员了可以动员的所有的力量。

英国在扩大使用反潜兵力兵器后，商船的损失开始减少。但是英国的处境仍然很困难。在11个月的无限制潜水战期间，英国仅在北海和大西洋就损失了1037艘船只，总吨位260万吨。此外，盟国和中立国损失1085艘船只，总吨位164万吨。

但是，德国也付出不小的代价，1917年损失72艘潜艇。不过德国把1917年底协约国和中立国商船吨位损失的减少，看做是一种暂时现象，认为这主要是因为德国潜艇数量太少。德海军部认为，增加潜艇数量就能使敌方遭到更多的吨位损失，最后迫使英国投降。

于是，德国决定再造250艘潜艇。然而，新型潜艇的建造速度远未达到计划的规定，每月只有8、9艘服役。

但无论如何，德军统帅部对无限制潜水战寄予很大希望。的确，德军潜艇在规模庞大的反潜障碍前，仍能不断地通过北海驶往大西洋交通线。英海军上将曾说："尽管花费巨大劳动和动用大量兵器，但障碍并不如许多人所期望的那样有效。因触到障碍而沉没的潜艇数目令人失望。"

英军统帅部认为，对付德军潜艇的重大措施之一是封锁其泽布勒赫和奥斯坦德的基地。为此，英国于4月22～23日发动了一场大规模战役，企图在基地出口航道上沉没5艘旧巡洋舰，派登陆兵上陆，从空中轰炸，最终把敌潜艇封死在基地港口内。但是，战役并没有达到目的，不仅登陆兵伤亡特别大，而且登陆也没有成功。另外，英军还损失了几艘战舰。

在此以后，英国加强反潜兵器和发展护航体系。1918 年，调用了约 5000 艘各种舰艇，近 1100 架飞机和 230 架飞艇、气球以及装备了火炮和各种技术兵器的数千艘商船。美国也给英国以巨大支援。

协约国动用了如此庞大的兵力，因而有能力为运输船只护航，吨位损失直线下降。

眼看无限制潜水战失去效用，德军统帅部试图改变使用潜艇的方法，以增大战果。潜艇主要被派去搜索和歼灭濒陆海区内的敌方船只，在那些地方护航运输船队通常分散活动，船只单独往返。德国政府进一步宣布佛得角如岛和马德拉群岛为危险航行区。不过，德军统帅部在对敌方交通线使用潜艇上失算了。它把潜艇的基本兵力用于消灭英国的运送商业货物的船只，却很少注意破坏往欧洲运送美军和军用物资的舰船。而这些没有被破坏的美军力量，成为德国最终丧失优势的主要力量之一。

"海空雄鹰"领风骚

就像人们幻想畅游海底一样，翱翔天空也令人神往。几千年前，人类的祖先见到自由飞翔的鸟雀时，就产生出许多美好的遐想。嫦娥奔月、敦煌飞天等都反映了人类对飞行的企盼。人类经过几千年的探索和追求，终于在 20 世纪初把幻想变成了现实。1903 年 12 月 17 日，莱特兄弟进行了人类历史上首次有动力、可操纵持续飞行的试验，从此揭开了人类翱翔天空的篇章。飞机的诞生，打破了空中的宁静，也给战争增加了新的空间，海陆空也已在飞机窥视之中。1909 年 7 月，路易·布莱里奥驾驶飞机成功地飞过英吉利海峡。不久，人们便开始了飞越大西洋的尝试。

海洋如此之浩瀚，飞机要能在水上起降或让军舰载着出海岂不就能飞向各大洋了吗？于是人们就造出了水上飞机和航空母舰。但是，建造航空母舰却不像造水上飞机那么容易，它经历了一个较长的发展阶段。

1910 年，美国海军在"伯明翰"号巡洋舰上安装了一个 28 英尺×83 英尺的倾斜平台。11 月 14 日，一位名叫尤舍·伊利的飞行员驾驶一架"金鸟"号"柯蒂斯"推进式双翼机从平台上起飞，并降落在 4 千米以外的威

洛比山脚。这也许就是航空母舰的雏形。两个月后，伊利又作了一次更为精彩的表演，他从旧金山海岸起飞，降落在"宾夕法尼亚"号巡洋舰的甲板上。

1913年，英国海军改装的"竞技神"号水上飞机母舰编入现役。

飞机与航母的诞生和服役，极大地促使海军首脑们下定决心成立专门的海军航空兵。1911年，先是英、美，继而是德、法、俄、意、日在海军建立航空部门和海军航空兵部队。这标志着海军航空兵的诞生。

诞生不久的海军航空兵就参加了第一次世界大战，而这个羽翼未丰的兵种却显露出巨大的作战潜力。

1914年9月22日，英国皇家海军航空兵首次空袭德国。由萨姆森中校指挥的皇家海军航空兵第1联队的4架飞机从敦刻尔克起飞，轰炸了位于科隆和杜塞尔多夫的齐伯林飞艇库。因浓雾所阻，这次空袭没有取得成功。10月6日，英军两架携带炸弹的泰布洛德式飞机再次轰炸科隆和杜塞尔多夫的飞艇库，执行本次轰炸任务的是皇家海军航空第1联队的167号和168号飞机（当时皇家海军仅有3架这种飞机）。由于目标较远，2架飞机首先飞到安特卫普郊外的威尔里克机场，加油后，斯潘塞·格雷少校飞往200千米以外的科隆，马里克斯中尉飞往距离相等的杜塞尔多夫。格雷少校的运气不太好，飞艇基地上层笼罩着一层薄雾，无法实施攻击。盘旋几圈后，无奈之下，他只好在附近的一处火车站上空投下了炸弹。

在杜塞尔多夫，马里克斯中尉幸运得多，没费什么劲就发现了一座庞大的飞艇库。他随即驾机俯冲到180米高度进行瞄准，飞艇库周围的防空兵发现了俯冲而来的飞机，地面的重机枪以猛烈的火力向他射击。马里克斯中尉冒着密集的枪弹，准确地投下了两颗炸弹，尔后加大油门迅速爬高。当他回头观看时，发现飞艇库喷出一团巨大的火球，直径约有150米。库内有一架新造的"Z—9"号飞艇被炸，炸弹掀起的烈焰引爆了库存的2832立方米氢气，整个飞艇连同飞艇库顷刻间化为乌有。

完成任务后，马里克斯中尉得意洋洋地驾机而返。当他转弯时，发现方向舵的脚踏杆被机枪子弹打断，操纵器失灵，高兴的心情一下子凉了半截。他不得不放慢飞行速度，最大限度地利用副翼操纵飞机飞向安特卫普

方向。幸亏老天帮忙，在顺风推动下，他终于安全返回了基地。这次成功的袭击，虽然是由海军航空兵实施的，但使用的却是陆上飞机，同时也是从陆地机场起飞的。实践告诉人们，海军航空兵也需要陆基飞机和陆地机场。1914 年 11 月，英国海军决定用刚改装不久的 3 艘水上飞机母舰，对库克斯港以南的一座齐伯林飞艇库发动一次袭击。这将是真正的海军航空兵作战。飞机将从海上的母舰起飞，攻击远远超过任何陆基飞机作战半径的目标。

12 月 24 日 7 时，由 3 艘水上飞机母舰、2 艘巡洋舰、10 艘驱逐舰、10 艘潜艇组成的庞大舰队从哈里奇出发了。在夜幕的掩护下，舰队于凌晨 4 时 30 分顺利通过了北海，6 时整到达了弗里西亚群岛旺格奥格以北 40 海里的预定位置。

黎明前的海面风平浪静。在凛冽的严寒中，飞行员们最后一次检查了随身携带的物品。他们除了攻击飞艇外，还负有侦查任务。

7 时整，飞行员和观察员们登机，领航舰向各舰发出吊放飞机的信号，9 架飞机在蒸汽车的铿锵声中被吊放到水面上。接着启动发动机的信号发出来了，机械员们开始发动这些冰冷的引擎。他们站在狭窄的甲板上，尽量使自己站稳脚跟，同时费力转动着木质螺旋桨。海浪不停地涌溅到他们身上。有 2 架飞机的发动机怎么也发动不起来，急得座舱里的飞行员拍打着座舱壁，机械员无可奈何地摊开双臂。时间在流失，不能再等了。指挥官命令 7 架飞机开始转向逆风，滑入起飞航道。飞机在海面上滑了很长一段距离后才飞起来。而余下的 2 架没有发动起来的飞机被吊回舰上。7 时 30 分，7 架飞机升空，飞向 64 千米外的库克斯港。飞行员们坐在冰冷的敞开式座舱里，使劲顶住油门杆，因为发动机功率在低温状态下也下降了，飞行速度减小，飞行高度很难保持，飞机艰难地向前飞去。

更糟糕的是飞机飞临目标区上空时，浓雾把地面完全遮住了，没有一架飞机能找到齐伯林飞艇库，飞行员们只好驾机转向西南。不久，他们发现在一个海军基地内停泊着一艘军舰。正当他们在识别目标时，地面高射炮弹向飞机袭来。飞行员们冒着猛烈的炮火把几颗炸弹投向一艘巡洋舰和一个水上飞机基地。准确而猛烈的地面高射炮火击中了大多数飞机。其中，

有4架飞机因油箱被击中或者发动机被打坏，不得不在海上迫降，只有2架飞机返回了水上飞机母舰。有3名迫降飞机的乘员被潜艇救走，1架飞机被驱逐舰拖带着救起。可是有1架飞机好长时间下落不明。后来才知道，由休斯特上尉驾驶的135号飞机，当时也受伤无法返回母舰，休斯特把飞机迫降在1艘荷兰拖网渔船旁边，当时的中立国荷兰扣留了他。

这次空袭行动，组织者的计划是大胆而有创造性的。但在实施过程中组织不够严密，也许受当时技术条件的限制，9架飞机未能如期全部出动，7架飞机飞抵目标区后又未能发现目标，对天气影响认识不足。虽然这次空袭没有达到预期效果，但英国飞机突然出现在德国主要海军基地上空，大大超出了当时的飞机所能达到的攻击范围，使德军大为吃惊，赶紧调整部署，不仅在库克斯港和威廉港，而且在所有易受攻击的军事设施周围都加强了防空力量。英皇家海军航空兵的这次空袭行动，有力地牵制了德军的力量。

同时，这次空袭向世人提出了一种崭新的作战样式。这种作战样式，在后来奇袭塔兰托、偷袭珍珠港，以及马岛之战、海湾战争等作战中，被证明是行之有效和具有毁灭性的。

然而，由于受"大舰巨炮"理论的约束和飞机性能的限制，飞机在第一次世界大战中还只是被当做舰队的"眼睛"，充当舰队的辅助兵力。当时英国海军给海军飞机规定的任务就是：侦察敌港口、侦察海上己方舰队周围地区、侦察敌潜艇位置、探明雷场，以及为舰队火炮测定弹着点。

1914年9月至1915年7月间，在东非海，英国海军歼灭德国"柯尼斯堡"号巡洋舰的战斗，就充分反映出当时飞机在海军的重要作用。

战争爆发前，德国海军在海外部署了不少巡洋舰，以保护其殖民利益，"柯尼斯堡"号就是其中一艘。9月29日，它击沉了正在桑给巴尔清洗锅炉、搞维修的英国"伯加索斯"号轻巡洋舰。英国舰队闻讯赶来，在英舰"查塔姆"号的追击下，"柯尼斯堡"号拐进坦葛尼喀（现在的坦桑尼亚）的鲁季菲河三角洲。这里，鳄鱼成群，瘴气袭人，长满了盘根错节的红树和密密丛林。纵横交错的河道，把方圆近200千米的沼泽地分割成无数个小岛。这地方的泥岸和沙滩变化无常，海图不很精确，"柯尼斯堡"号利用涨潮和熟悉当地情况的有利条件，溜进了这个迷宫，把自己隐蔽起来，"查塔

姆"号吃水较深，不能进入内河追踪这艘德舰。眼下的处境使"查塔姆"号进退维谷、骑虎难下。"查塔姆"号既不能离开三角洲地区，又不能放"柯尼斯堡"号溜进印度洋威胁英国舰队活动，而要对"柯尼斯堡"号进行攻击又办不到，因为"柯尼斯堡"号到底躲在什么地方，从海上看不到。"柯尼斯堡"号躲进三角洲后，德军加强了这个区域的防御，使英军的水陆侦察都无法进行。

解决这个几乎陷入绝境的重大难题的方法终于找到了。当时，民用飞机驾驶员卡特勒正驾驶一架破旧的"柯蒂斯"式水上飞机在那里做飞行表演，这架飞机归一位名叫赫德森的矿业工程师所有。海军抓了这个壮丁，征用了这架飞机，并临时授予卡特勒海军少尉军衔，把他编入海军航空兵部队。

卡特勒和他的飞机被送到尼奥罗岛。1914年11月22日，卡特勒进行了第一次侦察飞行。由于飞机上没有罗盘，加上卡特勒对三角洲地区不熟悉，他没有发现目标。两天之后，卡特勒进行了第二次飞行，他找到了"柯尼斯堡"号，这艘巡洋舰正躲在三角洲上5千米主航道的一个拐弯处。卡特勒立即把侦察报告送到"查塔姆"号指挥官的手上。然而，这位指挥官却不相信卡特勒的报告，他认为除非有一名训练有素的海军观察员跟着飞行，否则，单凭搞飞行出身的人，很难准确测定"柯尼斯堡"号的位置。为了能使一位海军军官一同前往侦察，卡特勒对飞机进行了改装。经过重新装配，"柯蒂斯"式飞机载着卡特勒和克兰普顿海军上校进行了第三次飞行。这次侦察证明卡特勒的报告是正确的。正当"查塔姆"号准备在这架飞机的帮助下对德舰进行炮击时，却发生了意外。卡特勒在第四次侦察飞行中，因为飞机故障，被迫降在河岸上，让德军抓了当俘虏，使卡特勒如此之快地结束了他的海军生涯。而英海军失去了他，无法瞄准"柯尼斯堡"号，只得推迟对它的攻击。

几经周折，相持10个月之后，1915年7月6日，歼灭"柯尼斯堡"号巡洋舰的战斗终于打响了。在此之前，海军又调来几架飞机。根据飞机侦察报告的情况，"查塔姆"号和其他几艘舰进入预定射击位置。5时40分，卡尔中尉驾驶一架"法曼"式飞机飞抵"柯尼斯堡"号附近上空。英舰炮击开始了。卡尔中尉不断地向英舰通报弹落情况。"第一次齐射，近弹20

米"，"第二次射击，偏左啦"，……英舰根据报告修正弹着点。"柯尼斯堡"号也开始还击，令人奇怪的是，德舰虽看不到英舰，空中也没有飞机为其校正弹着点，但德舰射击的准确性却很高。两次齐射，就击伤了一艘英舰。这个情况引起了英军的注意，他们对岸上进行搜索。突然，一名水兵发现岸边的一棵大树上有 4 个人。毫无疑问，就是他们引导德舰射击的。英舰调转炮口，一阵炮火，消灭了 4 名德军士兵。之后，德舰的炮火失去了准确性。经过一天的战斗，英舰共发射了 635 发炮弹，其中 78 发经飞机校正。4 名观察员和 2 名驾驶员，冒着"柯尼斯堡"号的炮火在空中待了 15 个小时。"柯尼斯堡"号被击伤。为了彻底消灭德舰，英军决定第二天再进行炮击。

由于气象的影响，第二次的战斗直到 7 月 15 日才进行。经过第一次炮击的锻炼，英军的飞机驾驶员和观察员更加沉着老练地为军舰指示目标，舰炮操作人员与之协调更加顺畅，经过修正后的炮弹一发发准确地落到德舰上。仅 2 个小时，"柯尼斯堡"号就被打哑了。驾驶员沃特金斯看到敌舰发生猛烈爆炸后，满怀喜悦地驾机返回，可在匆忙中将飞机降落在沼泽地里，落得个"人仰马翻"，他连观察员都不管，一个人跳出飞机，向人们报告胜利的喜讯。观察员没法解开安全带便高声呼救，喜悦的人们这才将这个胜利之后的不幸者救了出来，他随即也加入了欢庆胜利的行列中。在歼灭"柯尼斯堡"号巡洋舰的战斗中，飞机起着"眼睛"的作用。但是，这种作用却是决定性的。这场战斗使许多军事家茅塞顿开：如果没有飞机，这场战斗是无法进行的。若能用飞机直接攻击敌舰，岂不是更好？

制海与制空同行

自从飞机用于海战，海上舰艇就多了一种来自空中的威胁。尽管第一次世界大战中飞机还没有对海战产生决定性的影响，但它已经显露出强大的作战潜力。因此，这种客观现实警示人们，制海权再也不是与空中无关了，制空权已开始影响制海权。就当时来说，制海权是海军官兵都十分熟悉的理论概念，但对制空权恐怕并不清楚，至少是不关心。其实这也难怪，因为毕竟飞机还没有形成大气候。不过，制空权早在第一次世界大战前就

由意大利将军朱里奥·杜黑提了出来。他主要是强调空军，可海军航空兵也正是搬到海军的"空军"，所以他的理论自然适用于海军航空兵。杜黑在1909 年的《航空问题》一文中指出："天空也将成为重要性不次于陆地和海洋的另一个战场。……今天我们认识到掌握制海权的重要，但不久制空权将变得同等重要。"早在航空发展初期杜黑就认识到，飞机是独特的军事手段，它可以在战场内外到处出现，在目标区内不易遭到对方防御手段的毁伤，并且具有攻击和摧毁地面及海上所有目标的能力。从这一基本认识出发，杜黑认为，飞机用于军事必将引起战争样式的革命，战争将从平面发展为立体。他形象地指出，战争演变曲线由这点开始中断了连续性，突然转向了一个完全不同的方向。它不再是革新，而是革命。与杜黑同时代的美国人威廉·米切尔，也是一个很早就预见到制空权十分重要的人。他根据第一次世界大战中飞机的表现，认为空军在未来海战中将大有作为，轰炸机将成为未来军舰的"克星"。战后，为了证明自己观点的正确，米切尔进行了飞机轰炸军舰的试验。他挑选了 8 架"马丁"型轰炸机组成轰炸分队，决定把缴获的德国战舰"奥斯特弗里斯兰"号和退役的 2 艘驱逐舰作为攻击目标。一天清晨，8 架轰炸机从基地起飞，每架飞机携带 8 枚 124 千克炸弹，编队飞向目标。米切尔亲自驾驶 DH—4 战斗机指挥这次行动。到达目标后，飞机从 760 米高度进入，首先瞄准"奥斯特弗里兰"号战列舰发起攻击。4 架飞机呼啸着俯冲下来，投下炸弹。顿时，宁静的港湾掀起巨浪，炸弹在水下发出沉闷的爆炸声，巨大的舰身渐渐地开始倾斜。紧接着，另外 4 架飞机又对战列舰进行补充轰炸。半小时后，整个舰体就从海面上消失。不久，另外两个目标也全都沉入海底。

但是，试验的成功并没有使受马汉巨舰制海权理论熏陶了 30 余年的海军将领们相信，飞机将严重威胁着具有猛烈打击能力的战列舰。

米切尔为能说服海军首脑们，就故技重演，用 10 架飞机炸沉了 2 艘退役战列舰。但美国的将领们仍无动于衷。米切尔极为不快，他激烈抨击将领们的陈旧思想，但这引起了上层的不满，最终将他送上军事法庭。

不过美国海军首脑表面上不以为然，实际上已被米切尔的试验所震动，并由此推动了美国航空兵的发展。

一战后的海军军备竞赛及愈演愈烈的海上角逐

开不完的"限制海军武备"会议

第一次世界大战结束后，帝国主义列强间争夺殖民地的斗争更加激烈。世界各海洋大国展开了激烈的海上军备竞争。德、俄等战败国退出了角逐，日本却在东方崛起。英、法两国虽然元气大伤，仍颇有实力，美国则实力大增。列强的竞争集中在海军竞赛上，英国仍是海军强国，法国是欧洲最强大的陆军国，日本则在战后接管了德国在中国山东的全部权益，夺取了德国在太平洋上的领地，大大地巩固了它在远东和太平洋地区的优势地位，严重威胁到美英的利益。因此，日本成了美国最危险的敌人。

日、美间的战争迟早要发生，一旦发生，日、美海上较量是不可避免的。但是，海军建设耗资巨大，美国国力难以承担。特别是战后国内人民反战情绪高涨，国会也不支持扩军政策。为此，美国发起了国际裁军运动，以此为幌子来达到扩充军备的目的。由于美国在"巴黎和会"和国际联盟中取得支配地位的企图遭到英、法、日等国的反对而未能实现，所以美国拒绝批准《凡尔赛和约》，拒绝参加国联，为了保全面子，美国表面上奉行"孤立主义"的外交路线，实际上在世界各地积极参加同英、法、日等国的竞争。《凡尔赛和约》签订后，德、奥等战败国的殖民地全部被英、法、日等国所瓜分，美国却一无所获。

強大的海军是夺取和保持海洋霸权的主要力量，为了达到这一目标，海洋各国都在扩充海军武备，以便争夺海上优势。就拿美国来说，美国海军于19世纪末崛起，为了使美国海军成为世界首强，美国1919年通过了近年内建造75艘各类军舰的计划。而英国为了重振海上霸主的雄风，不惜一切向海军拨款，用英国首相劳合·乔治的话说："英国将用最后一分钱来使它的海军优于美国和任何一个国家。"1919年，英国拥有主力舰43艘，共102.3万吨，美国仅有22艘（包括巡洋舰），共47万吨。1921～1922年，英国决定再造8艘主力舰。

日本1921～1922年的海军拨款占国家全部军事预算的1/3。这时美、日矛盾成了帝国主义各国在远东和太平洋的主要矛盾。要防止美、日之间日益尖锐的冲突是不可能的。事实上，两国舆论已在公开讨论战争问题了，但是两国都没有宣战。其原因是：双方都没有做好开战的准备。此外，战后双方庞大的军备竞争加重了人民的负担，引起国内人民普遍的不满。尤其是日本独吞山东而引起了美、英两国的嫉恨，陷于孤单境地，加上中国掀起的反日运动也使日本在政治、经济上受到沉重打击，处境十分困难。美国便利用这个机会发出裁减军备的呼吁，强烈要求召开华盛顿会议。美国于1921年7月11日向日、英、法、意、比、荷、葡、中等国发出邀请，建议召开会议，讨论限制海军武备问题。这就是华盛顿"关于太平洋问题中的海军装备问题会议"。会议名为讨论裁军及亚太和远东地区的问题，事实上则想利用日本的困境拆散英日同盟，孤立日本，限制日本军备的发展，并阻止其在中国的扩张，从而为美国的扩张铺平道路。

其真正的根据和目的是：美国有战后立即裁军的传统，已积累了扩军、裁军的丰富经验；美国拥有雄厚的工业生产能力，可以在应急时候马上转产军用设备；美国可以通过裁军减少军费开支，缓和国内人民的不满，同时可使主要竞争对手英、日、法三国的军事实力，尤其是英国的海上霸权明显削弱；美国通过发起这一运动而获得对世界事务的领导地位。1921年11月12日，华盛顿会议正式开幕。出席会议的有美、英、日、法、意等"五强"，外加中国、荷兰、葡萄牙和比利时共9个国家。美国是东道国并起主导作用。会议的中心议题是中国问题，实质则是美、日双方争夺远东

特别是中国，以及争夺海上霸权。会上尔虞我诈，明争暗斗，异常激烈。最后，会议通过了以下重要文件：

《四国公约》。条约规定：缔约国相互尊重各自在太平洋的属地。但是该条约的实质不在于维持太平洋的现状，而是用它取代英日同盟。英日同盟首先是海军同盟。在激烈的海军军备竞赛中，美国一直把这一同盟视为潜在威胁，拆散英日同盟是美国召开这次会议的主要目的，而英国也认为德国战败后这一同盟已无意义。

《五国海军条约》。华盛顿会议开幕当天，美国国务卿休斯便提出一个裁军方案：停止建造主力舰，拆毁部分旧的现役战舰，确定各种重要舰只的比例，美、英两国主力舰各为50万吨，日本主力舰限为30万吨。休斯认为，结束海军武备竞赛的唯一方法就是马上结束而不是将来。在建造主力舰比例的问题上，日本反对美国提出的10:6方案，要求保持10:7的比例。经过各方讨价还价，达成了协议。协议分为两部分：①确定美、英、日、法、意五国主力舰之比为5:5:3:1.7:1.75。这个规定使日本的方案（美、英、日三国主力舰之比10:10:7）受挫，也使英国放弃了历来坚持的"两强标准"，实际上放弃了它200多年的海上霸权，与美国平起平坐。②禁止在西太平洋区域包括菲律宾、关岛、阿留申群岛和新加坡修建海军基地，以维持西太平洋现状。这无疑给日本带来了巨大的战略上的好处，使它有机会在太平洋摧毁英、美在远东和太平洋的海军力量。这一条约是现代史上第一个裁军协议，它暂时结束了列强在主力舰上的竞赛，保持了列强们在远东和太平洋的均势。

《九国公约》。美、英、日、法、意、荷、比、葡、中等九国签署。承认中国独立、主权和领土完整。中国实行"门户开放"、各国机会均等，这就使日本独吞中国的企图受挫。

这次会议，实质上是日、美争夺亚洲和太平洋霸权的会议。美国想以条约保持自己的海上大国的地位，并维持自己在中国的势力范围，同时捆住别国的手脚，"限制"日本的扩张。

日本虽然受到条约的一定的"限制"，但它的海上扩张的野心并未因此而受到约束，它不甘心居于二流海军国的地位，千方百计要挣脱条约的

束缚。

华盛顿会议和巴黎和会所建立的"凡尔赛—华盛顿体系"，确立了战后列强瓜分世界的势力范围。它是战后帝国主义力量对比发生变化的结果，但这一体系是不确定的，因为它并没有消除列强之间的矛盾，只不过使矛盾暂时缓和。美国虽然根据条约拆毁了价值3亿多美元的15艘战列舰和战斗巡洋舰，但由于美国主持了华盛顿会议，恢复了在巴黎和会上所失去的领导地位，还成功地拆散了英日同盟，这是美国战略上的巨大成功，为以后在第二次世界大战中击败日本奠定了基础。此外，美国还迫使英国放弃了海上霸主地位。

华盛顿会议后，各国都在"辅助舰只"的名义下，加紧建造巡洋舰、潜水艇等各类舰只，力争夺取海上优势。

英国1924年开始建造5艘万吨级的重巡洋舰，1952年又通过新的造舰计划，建造9艘万吨级、7艘8000吨巡洋舰。日本则开始建造4艘重巡洋舰。

美国不甘落后，1921年海军军费高达2.45亿美元，是国家预算的1/3。1921年美国对战列舰的空中袭击试验获得成功，证明了空军可以击沉战列舰。以后，美国海军一度放弃了建造战列舰的计划，集中力量发展航空母舰、飞艇和远程潜艇。1924年国会通过了扩大海军的法案，决定建造8艘万吨级巡洋舰。1927年国会又通过了法案，把海军预算提高到战前的4倍。短期内要建造各类舰只71艘，以夺取海军优势。其他国家也在扩充海军武备，这时的华盛顿会议协定已名存实亡。

1927年2月10日，美国建议"五强"在日内瓦召开第二次海军裁军会议。法、意两国未参加，只有美、日、英三国于1927年6月20日至8月4日在日内瓦谈判关于限制辅助舰只数额分配的问题。美国要求把华盛顿会议关于建造主力舰的比例同时用于主力舰，遭到英国的反对。英国以恢复英日同盟相威胁，只同意使自己的重巡洋舰相当于美国的2倍，但在轻巡洋舰数额的分配问题上未达成一致意见。

会上美、英对立，最后，宣布无限期休会。

日内瓦会议失败，各国的海军竞争有增无减。1929年2月美国又一次

通过扩建巡洋舰的法案，规定在今后 3 年内建造 15 艘万吨级的巡洋舰。英、日等国也决定进一步扩建海军。

1929 年美、英首脑会谈，打破了海军裁军问题的僵局。英国外交大臣出面邀请日、美、法、意代表到伦敦开会，即"伦敦海军会议"。会议于 1930 年 1 月 21 日至 4 月 22 日召开，会上美、日两国严重对立，经过激烈的讨价还价，各国终于达成了《限制和裁减海军军备的国防条约》（《伦敦条约》），美、英、日三国同意将停止建造主力舰的日期再延长 5 年；同意总共拆毁战列舰 9 艘，三国的重巡洋舰之比为 10∶10∶6，轻巡洋舰和驱逐舰之比为 10∶10∶7，潜艇三国相等。

条约规定：各国 1931～1936 年不再建造新的战列舰。各国舰艇吨位分配为：英国巡洋舰 33.5 万吨、驱逐舰 15 万吨、潜艇 5.27 万吨，美国巡洋舰 32.5 万吨、驱逐舰 15 万吨、潜艇 5.27 万吨，日本巡洋舰 10.55 万吨、潜艇 5.27 万吨。条约中还有一条伸缩性条款，准许任何一个缔约国出于国防需要而增加已经规定的吨位数。条约有效期截至 1936 年。

该条约同《华盛顿条约》一样，确认美国同英国的海军力量地位平等，击败了英国想重新恢复海上霸权的企图，但此条约不过是一纸空文，各国海军武备竞赛仍在暗中进行。

1934 年 5 月 17 日，英国向日、美、法、意提议，召开第二次伦敦会议的预备会议，商讨修改条约事宜。会议于 1935 年 12 月 9 日在伦敦召开。日本派山本五十六海军中将等人参加此次会议，日本与美、英竞争极为激烈，日本代表提出制定各国共同的最大限度拥有量，但未被会议采纳。于是，日本在 1936 年 10 月 16 日宣布退出裁军会议。

《华盛顿条约》和《伦敦条

山本五十六

约》遂于 1936 年底完全失败。从第一次世界大战结束到第二次世界大战爆发之前，具体地讲，1921～1936 年长达 15 年的时间里，世界上有开不完的"限制海军武备会议"，而这种限制，实际上是"扩充"的替代词，由此可见，限制与反限制的斗争十分激烈，海上军备竞赛愈演愈烈，海军武备越"限制"越多，最后使"限制"武备条约变成一张废纸。

不久，国际形势紧张，各国又开始了新的一轮海军竞赛。退出"限制海军武备会议"的日本，不受条约的束缚，1936 年舰艇产量比 1932 年增长 10 倍，1937 年开始执行扩充海军的"03 计划"，建造超级战列舰"大和"号、"武藏"号，并大力建造新型航空母舰，到 1941 年日本已拥有战列舰 10 艘、航空母舰 10 艘，成为拥有航空母舰最多的国家，航空母舰可载机动性能良好的零式战斗机，携带 1 枚 800 千克炸弹（或 2 枚 250 千克炸弹）的 97 式水平轰炸机。这种飞机也可以携带 1 枚鱼雷，成为 97 式鱼雷机，还有能载 1 枚 250 千克炸弹的俯冲式轰炸机。

在德国，海军头目雷德尔等强烈要求增加海军拨款。从 1935 年开始，德国建造 2 艘战列舰，并大量建造潜艇，由邓尼茨担任潜艇支队长，开始研究解决潜艇的协同作战问题，这为后来实施"狼群战术"奠定了基础。

1939 年初，德国又废止《英德海军协定》，着手实施"Z"计划，准备建造 6 艘战列巡洋舰、4 艘航空母舰、233 艘潜艇。其潜艇主要为 517 吨的 Ⅶb 型和 Ⅶc 型，水面航速 17.2 节，水下最大航速 8 节，533 毫米鱼雷发射管 5 个，作战半径可达 8700 海里。1939 年 9 月战争全面爆发时，德国实际拥有潜艇 57 艘，能到大西洋作战的仅 22 艘。战时德国潜艇产量由 1940 年每月 4.1 艘提高到 1941 年每月 16.3 艘，1942 年每月 19.9 艘，1943 年每月 23.6 艘，1944 年每月 19.5 艘。战争时期总共生产 1099 艘潜艇。为了便于潜艇能长期隐蔽活动，德国潜艇加装了通气管。特别是战争末期，性能优良的德国新型潜艇开始服役。1945 年 2 月服役的 XXⅢ 型新潜艇水下航速量大于 12.5 节，在海上逗留时间为 1 个月以上，而 1945 年 4 月服役的 XXⅠ 型潜艇排水量 1621 吨，有通气管，呈流线型，水下最高航速 17.5 节，以 5.5 节速度在水下航行时，几乎没有噪声，续航力可达 15500 海里（10 节时）。XXⅠ 型潜艇被称为"神秘潜艇"，如果大量装备部队，对盟国护航舰

飞舞的飘带：海军的历史

艇将造成很大威胁。

第二次世界大战爆发前，各主要资本主义国家都有了航空母舰。其中，英国7艘，日本6艘，美国5艘，法国1艘。一般来说，1艘航空母舰可载20~30架飞机。

 ## 美国海上积极防御战略

1933年，富兰克林·罗斯福当选为美国总统，马汉的"制海权"在美国重新复活。

自从"海权论"问世以来，马汉学说经过美西战争和第一次世界大战的炮火检验，在美国已被奉为金科玉律和最高军事原则，成为居支配地位的军事战略理论。在两次大战之间的20多年当中，马汉海军战略学说就是美国军事战略的灵魂。马汉认为，世界均势系于欧亚大陆，而通往那里的海洋通道则是控制欧亚地区的关键。由于自身的历史地位和地理位置，美国必定要成为一个拥有整个海上霸权的海军强国。在太平洋地区，美国的责任比其他任何国家都要重，因而它必须依靠海上力量在那里建立和维持某种合作，同时控制加勒比海地区，防止陷入欧洲的纠纷。濒临两洋的美国应当尽量避免两线作战，将海军舰队集中于一个洋面上，用优势兵力来对付主要敌人。马汉的海军战略学说反映了19世纪以来美国以太平洋为重点的扩张意图和传统的防御欧洲心理。

而在胡佛时代，却实行了本土消极防御战略，显然同马汉"制海权"是不一致的。这是两次世界大战期间美国军事战略发展上的一次

马 汉

偏移。

作为一名前海军人员，富兰克林·罗斯福非常懂得制海权对维护美国利益的重要性。作为一位孤立主义时代的总统，他十分清楚，不能为了贯彻马汉海军战略学说而落得"战争祸首"的罪名。在这种思想的支配下，罗斯福逐步形成了积极防御战略的思想，其基本要点是：美国应当力求避免战争，但不能因此而一味被动挨打，保护自身利益的最佳办法是进行积极的自卫防御，将来犯之敌歼灭在美国利益区域及门罗主义所划定的范围之外，乃至后发制人地发动一场歼灭性的对敌进攻。

罗斯福说："不再有所谓坚不可摧的防御工事。允许敌方自由地加强它的进攻线路的防御将会失败"，"有效的防御一需要装备，在入侵者能于美国重要利益区域内建立起坚强基地之前，去袭击其进攻的路线"。这显然是指海军，因为美国重要利益区域及国境线大部分面对海洋，入侵者主要来自海上，因此，美国的防御孤界"不在沿岸，而在离沿岸 3000 千米的海洋"，只有保持海上优势力量，才能"有效地毁坏敌方交通供给线"，而克敌制胜。罗斯福积极运用了马汉的战略思想，形成了海上积极防御战略。纵观罗斯福在太平洋战争爆发前采取的军事政策，可以用这样一句话来概括：在自卫防御的名义下，为控制制海权而积极扩充海军军备，积极备战，直至走向战争。

1933 年，日本的海军预算增加了 25%。次年，它又宣布将废除《华盛顿条约》。远东的危机对美国提出了重整军备的要求，也推动罗斯福开始在实践上实行海上积极防御战略。

首先，罗斯福调整了美国的战略计划。1934 年，美国陆海军联合委员会重审了"黄色"计划。新计划在全局战略上保存了胡佛本土防御的构想，但在局部战略上又恢复了从前的"黄色"计划，采取了为夺取海上通道控制权而开展地区性进攻的边缘战争战略。

计划规定，若美、日之间爆发战争，美国海军首先要把日军从马绍尔群岛和加罗林群岛驱逐出去，建立起通向西太平洋的前进基地。同时，新计划还拟订了一项逐步向西太平洋增派部队的计划，这就弥补了旧计划的缺陷，保证了计划的可行性。

这项措施表明，美国已开始把日本看做主要假想敌了。新计划体现了罗斯福海上积极防御的战略思想。既然时局不允许美国越出《五国海军条约》的规定，在西太平洋建立军事基地，恢复并加强对日本的边缘战争战略无疑就是一种上策了。

其次，罗斯福继续实行"重海轻陆"的军备政策，竭力扩充美国海军。在他担任总统的第一年，罗斯福就从国家复兴局公共建设工程专款中拨出23800万美元，下令在3年之内建造32艘舰艇。这批新建舰艇加上国会已经同意建造的5艘，共计137000吨，其开支是美国从第一次世界大战以来海军建设费用总数的3倍。第二年，罗斯福又促使国会通过了文森法案的五年造舰计划，共造新舰艇102艘，耗资10亿美元。为了保证海军的经费，罗斯福还想对已经相当可怜的陆军进一步裁减，只是在陆军将领的激烈反对下，才没有得以实现。

1935年12月，日本正式宣布退出《五国海军条约》。从1922年至1936年，日本海军主力舰吨位增长了45%，而同一时期美、英海军的主力舰却分别减少了5%和12%。在海军编制方而，日军已达到满员，而美军却只达额定编制的80%。

1936年，美国陆军联合委员会又修改了1934年的"黄色"计划，决定一方面把菲律宾的防守范围从马尼拉湾区缩小到马尼拉湾的入口，另一方面规定驻亚洲的美舰队要袭击日本的舰队和商船，把美国海军的行动范围扩展到太平洋西部。

1937年，日本发动了全面侵华战争后，"黄色"计划再次得到修订。美国将防御面缩小到美国大陆、阿拉斯加、夏威夷和巴拿马，但同时规定要尽可能迅速地在西太平洋建立交通线并向西延伸，建立起一支75万人的陆军以投人西太平洋地区的军事行动，袭击日本的海上交通线和海上武装力童，依靠军事和经济压力打击日本。

由于美国在西太平洋缺乏军事基地的有力依托，愈来愈依赖于以海军为主的边缘战争战略。美国的战略防御范围一次比一次缩小，对日本的战略措施却一次比一次积极。前者是为了适应孤立主义的氛围，后者才体现了罗斯福的战略动机。

用马汉的观点来看，假若美国不能控制通往菲律宾的海上通道，菲律宾是坚守不住的。与其将力气花在菲律宾的地区防守上，还不如把它用在制海权上。所以，自从美国在五国海军会议上对日本作出让步后，美国军方就想方设法对日本采取边缘战争战略，在夏威夷至菲律宾之间建立一条既能扼杀日本的封锁线，又能支持美国在西太平洋地区军事行动的交通线。这一战略计划在罗斯福时代已得到充实和加强。罗斯福收缩防御圈就是为了切断日本同东南亚战略资源的联系，建立通往西太平洋的前进基地和消灭日本海上有生力量。

1937 年 11 月，日本与德国缔结反共产国际约定，出现了美国将被迫进行一场两洋战争的预兆。这对罗斯福的积极防御战略提出了新的要求。

1938 年 5 月，国会通过了第二次文森扩充海军法案，批准在 10 年内开支 10 亿美元，将海军扩充 20%，其实力强大到可以对付日意联合舰队。

9 月，美国海军组建大西洋舰队。

11 月，陆海军联合委员会指示战争计划委员会起草了一份计划。计划中提到，假如发生两洋战争，"美国关键的利益是要求在大西洋采取反对德国和意大利的进攻措施气而在东太平洋维持强有力的防御。这里，美国虽然初步确立了"大西洋第一"的原则，但当时欧洲刚刚签订《慕尼黑协定》，美国遭到德、意两国进攻的可能性极小，因此美国的战略思想家们把意点集中在太平洋，设计了对日作战的 4 条反攻路线：①阿留申群岛；②珍珠港—中途岛—吕采岛北部；③夏威夷—马绍尔群岛—加罗林群岛—马里亚纳群岛；④萨摩亚岛—新几内亚岛。

德、日、意三国在欧亚大陆的联合，打破了国际军事平衡，受到孤立主义攀肘的罗斯福不可能单独对付国际法西斯联盟，同其展开无限制的军备竞赛。于是他开始放弃在军事上的孤立，寻求同英国建立军事合作，这一点逐步成为罗斯福积极防御战略的一个重要组成部分。

早在 1937 年 8 月，美海军作战部部长 W·D·李海就提出："如果能和大不列颠达成共同努力和耗费的公平条约，那将是迫使日本遵守海军条约和撤出亚洲大陆的极好机会。"3 个月后，英国主动探询美国是否愿意联合向日本"展示势不可挡的海军力量"，这正中美国下怀。以后，美、英两国

不断进行接触、磋商，但目标都是围绕着如何联合对付日本。美、英两国开始由从前的竞争对手转变为合作伙伴。

可见，自第一次世界大战结束以后，美国始终奉行马汉"制海权"的军事原则，把控制两洋通道和建立一支世界上最强大的海军作为最高战略目标。

 ## "日不落帝国"的海上平面战略

第一次世界大战结束后，英、法、日、美等主要国家在巴黎召开分赃会议。正如100年前的维也纳会议一样，从表面结果看，海上劲敌德国的海军已被铲除，德国原先的殖民地大部分落入英国之手，英国还得到了一笔巨额赔款。

英国是第一次世界大战的战胜国，战后不仅保住原有的帝国版图，还增加了一些新的殖民地。但大战给英国带来的损失比它得到的要大得多，再加上20世纪30年代初那场世界性的资本主义经济危机，英国的经济根基动摇了，前程并不美妙。这个老牌帝国毕竟已到了垂暮之年，日感心力不支，国内经济问题成堆，国力每况愈下：占英国出口40%的纺织品削减了2/3，煤下降了20%，造船业下降到战前的7%，钢铁下降了45%，英国在全球贸易中所占的份额从1931年14.15%下降到1937年的9.8%；战前尚能保持领先地位的航运、金融和出口贸易也丧失了优势。1939年，英国财政部指出："我们如果以为自己能够像1914年那样打一场持久战，那我们无异于把头埋在沙子里。"英国的战略制定者们并没有认清本国的国情，也没有从第一次世界大战的战略失误中吸取教训，只是将第一次大战的战略修修补补。在国家军事战略上，英国没有突出加强自己的海上优势，而是实行了"大陆战略"，向欧洲部署了大量的陆军部队，并为空军订购大批远程轰炸机。

英国一方面把有限的资金用于发展空军，企图以战略轰炸击败、瓦解大陆上的敌国；另一方面把注意力放在坦克和装甲车辆上，20世纪20年代，英国坦克制造业出现了一个高潮。由于英国过于强调"大陆战略"，从

而削弱了海军力量。

英国海军战略仍然奉行"海上封锁战略"，主要是将敌国舰队封锁在港内，并在海上扫荡德国的商船队。这一战略与第一次大战一样，依旧是一个平面战略：对空中和水下的威胁估计不足，并没有随着潜艇和飞机的出现，海上战争必然会在水面、水下和空中三维空间进行这一事实而改进，从而改变其海上战略；过分强调对敌国进行海上封锁，但对如何保护自己的海上交通线并没有放在战略位置上考虑。

在海军装备建设方面，英国海军仍然坚信"战列舰制胜论"。从1918年到1920年，美国海军部每年向国会提交一个新的造舰计划。迫于美国的挑战，英国议会在1921年通过了建造4艘超级战舰和4艘巨型战舰的计划。英国首相劳合·乔治宣称："英国将花掉最后一分钱以使其海军优于美国和任何其他国家。"然而，战后英国的经济实力实际上已无法跟美国进行大规模的军备竞赛，因此英国外交部首先发出要求缔结海军裁军协议的妥协信号。其实对于英国来说，美国确立以建立一支可与英国海军相匹敌的美国海军为宗旨的最高战略目标，如芒刺在背。1924年，英国首先拉开了海军军备竞赛的序幕。英国利用《五国海军条约》没有对其他舰艇规模作出限制规定这一点，开始了一个建造5艘各为1万吨的重巡洋舰造舰计划。随后，美国也毫不示弱，马上决定于同年建造8艘万吨级巡洋舰，并且美国国会还继续拨款完成1916年造舰计划中9支舰队潜艇的建设。

从1925年1月至1929年12月，美国海军第一线的潜艇从51艘增加到102艘，巡洋舰从39艘增加到50艘。美、英之间展开了巡洋舰、驱逐舰和潜艇的军备竞赛。

结果，从世界霸主宝座上滑下来的英国又一次向美国认输，被迫在1930年的伦敦海军会议上同意在这三类舰艇上与美国保持相同的吨位比率，美、英两国的海军实力从此平分秋色。

此外，英国在1921年签订《华盛顿条约》和1930年签订《伦敦海军公约》时，英国只要求战列舰、巡洋舰、驱逐舰等水面舰艇保持与美国海军持平，超过其他国家的水平，潜艇允许日本等国与自己平等，而海军航空兵则根本没有提到谈判议程上。《伦敦海军公约》表明，英国仅有的对美

国的海上优势丧失，甚至连日本也可与之试比高低了。

这时，羽翼渐丰的德国海军也跨入了海军列强的竞争行列，并且很快达到了海上大国的水平。英国想利用德国力量去遏制它的海上敌手，鼓励昔日海上劲敌德国东山再起，不想适得其反，德国崛起后，首先把炮口对准了英国，堵在家门口的炮弹，使正在走下坡路的英国海军更加岌岌可危了。

第二次世界大战爆发了。在德国、日本的猛烈进攻下，"日不落帝国"穷于应付。

落后的军事理论必然导致战略的失败。在远东和太平洋地区，英海军被日本海军打得节节败退，英国远东分舰队的主力舰相继葬身海底；在欧洲，德国与英国隔海对峙，德国飞机对英国狂轰滥炸，德潜艇实施海上封锁，甚至连赖以生存的英国海上交通线也受到严重威胁。

英国不得不向美国求援。美国则趁火打劫，于1940年以50艘超期服役的驱逐舰换取了在大西洋西部的英国岛屿及建立海空军基地的权利。英国终于从海洋霸主的顶峰跌落下来！

德国海军成"老三"

第一次世界大战前，德海军奉行的是"海上主力决战论"，但事与愿违，德国海军与英国海军在第一次世界大战中只在日德兰进行过一次激烈的海上决战。此后因实力悬殊，德国海军被迫龟缩进自己的军港，让英国海军掌握制海权。

第一次世界大战后，德国海军总结了大战的经验教训，认识到英国的优点是有悠久的海军传统和海战经验，弱点是作为岛国，国民生存所需的粮食、工厂开工所需的原料和战时盟国提供的各种援助均需从海上获得。因此，海上补给线对英国来说十分重要，切断了英国的海上补给线就可达到"不战而屈人之兵"之效，正基于此，当希特勒把英国作为潜在敌人时，德国海军便确立了打击英国海上补给线的战略。这个战略避实就虚，不失为一项明智的选择。但德国海军在海上武器发展方面，存有重点发展水面舰队和重点发展潜艇舰队之争。当时位居海军总司令高位的雷德尔和其他海军头面人物认为，破坏英国海上补给线的"杀手锏"不是潜艇，而是大型水面舰只。德国海军应在英国的濒陆地带利用驱逐舰、潜水艇和飞机布设水雷；在通往英国的较远的通路上利用潜艇辅助巡洋舰和潜水巡洋舰打击英国的船队，用这种方法迫使英国为商船组成护航舰队，然后德海军用强大的水面舰队攻击英国的护航舰只和商船队。当然每个水面舰队编队应由3艘超级战列舰、1艘航空母舰、若干艘侦察巡洋舰和驱逐舰组成。

按这种作战方式，德国主力舰队将用于同英国护航舰队作战，打击补给线的战略将蜕变成海上主力的决战，这表明德国海军学术界仍保留着一些陈旧的观点。

第一次世界大战后，世界上各主要海军强国大力发展航空母舰和海军航空兵，以这两者的密切协同为主体的海军联合作战将取代第一次大战时的巨舰大炮作战，这将成为未来主要海战方式。而德国海军学术界的权威人士对新式武器将引起海战方式的变革研究得很不够。例如1928年出版的由海军上校、哲学博士奥托·格罗斯写的《就世界大战谈海上战争学说》一书，虽正确分析了德国海军一战失败的原因，指出了破坏英国补给线的重要作用，可是根本没有谈到航空母舰和海军航空兵的作用，仍然坚持海上主力决战论。他认为，海上战争多半只是一次规模巨大的决战，而不是具有相当规模的许多战斗。这种情况看来在将来也是适用的。

格罗斯还主张用携带鱼雷的驱逐舰和潜艇进行海上"次要战役"（又叫做"小战争"）。而在"次要战役"中，他认为，布雷比潜艇所起的作用更大。他说："原本我们指望依靠水中武器能同英国的主力舰队达到均势，但它完全令人失望。"

与格罗斯的著作同时问世的韦格纳的小册子《世界大战的海上战略》，对德国海军建设影响也是很大的。他主张占领法国、丹麦和挪威南部海岸，以改善德国的战略地位。在海上武器发展上，他同样偏爱水面舰只，而把潜艇看做海上作战的次要武器。第一次世界大战后，英国海军发明了可以探测水下潜艇位置的声纳。英国海军部在1937年给英国护航委员会的报告中称："潜艇再也不会像1917年那样给我们造成困难了。"这种"潜艇过时

论"在 30 年代甚为流行，对德国海军发展影响也很大。德海军究竟向何处发展？1935 年 10 月就任潜艇舰队司令的邓尼茨多次提出异议。邓尼茨是德国潜艇部队的创建人，是潜艇至上主义的典型代表。他一针见血地说："第一次世界大战肯定了潜水艇在反海上贸易战中的作用。潜水艇很适合执行这种任务，它能闯入敌人的海上交通地区，而无需取得这个地区的制海权。二等海军国，由于海军兵力有限，没有别的手段去突出更强大的海军国的交通线，所以，应当使用潜水艇。"

不仅如此，他还进一步建议海军总司令部应把潜艇建造的重点放在改进了的 4 艘 517 吨Ⅶb 型潜艇上。因为这种潜艇水面速度快、灵活，艇首和艇尾均装有鱼雷发射管，具有强大的战斗力，是理想的实施潜艇战的武器。

1938 年底和 1939 年初，邓尼茨通过以潜艇舰队进行的一次大规模军事演习，证明了用潜艇袭击敌商船队及护航舰只是有效的。然而，在大西洋上进行一场商船袭击战，最低限度必须装备 300 艘作战潜艇，而德国当时可用于大西洋作战的约 22 艘潜艇，只能把敌人"刺几下"。

邓尼茨根据演习结果，向海军总司令部写了一个报告，再次强调加速建造潜艇的必要性，但未被采纳。

这位鼓吹无限制地发展潜艇的海军将领仍不死心，于 1939 年 8 月 28 日，他又向海军总司令部写了一份《关于建设潜艇队的设想》的报告。在报告中，他提出："鉴于目前英、德之间的紧张局势和两国之间发生战争的可能性，我确认，海军特别是潜艇舰队从现状看是无法完成它们在战争中应承担的任务的。"要"设立一个拥有广泛的全面的权力并直接对总司令负责的中央机构，处理与建议中所提出的建立潜艇舰队任务有关的一切事宜"。

然而，邓尼茨的建议直到战争爆发后，才开始受到重视。据统计，战前德国海军共制订了 5 个造舰计划，即 1932 年 11 月由魏玛共和国国防部长冯·施莱歇尔批准、1933 年被纳粹新政权接受的所谓"海军复兴计划"，1934 年 3 月的造舰计划，1935 年《英德海军协定》，1938 年 10 月 31 日的造舰计划和 1939 年 1 月的 "Z" 造舰计划。

根据《英德海军协定》，德国海军可以建成战列舰 18400 吨、重巡洋舰

51000 吨、轻巡洋舰 76000 吨、航空母舰 7000 吨、舰队驱逐舰 52000 吨，这些水面舰只共计 101000 吨，而潜艇只有 24000 吨。"Z"造舰计划规定：建造 10 艘大型战列舰，15 艘装甲舰，4 艘航空母舰，44 艘巡洋舰，158 艘驱逐舰，300 艘布雷、鱼雷、护卫等小型舰只，249 艘各类潜艇。到 1935 年 6 月，德国已造好了 3 艘装甲舰、6 艘 6000 吨的轻巡洋舰、12 艘 800 吨的驱逐舰。第一批 250 吨级的小潜艇直到这时才开始建造。海军总司令邓尼茨还特别重视巨型潜艇，如配有的重炮的 2000 吨级的潜水巡洋舰，这种潜艇将主要用于进行水面上的炮战。每建 1 艘 2000 吨级的巨型潜艇，可以建 4 艘 XVIIB 型或 IIA 型，而前者并不比后者更适用。

对于世界上任何国家来说，要成为海军强国的国家都必须把建立以大型水面舰只为主体的远洋舰队作为发展海军的目标，因为只有一支远洋舰队才能为掌握制海权、扩展海洋权益提供保障。但是，战前德国海军所面临的情况与此不同。为了夺取"生存空间"，把陆空军建设置于海军之先，在这种状况下，德国海军很难得到大批拨款，去建立一支足以与英国海军抗衡的远洋海军。因此，对德国海军来说，以潜艇舰队为重点，适当兼顾海军诸兵种的比例关系，便不失为一项明智的选择。

海军装备不仅技术复杂，造价昂贵，而且建造和装备花费时间长。战前德国海军的所有造舰计划，都是长期计划。第一个计划以 6 年为期，1934 年 3 月的计划以 15 年为期，1938 年的计划为期 6 年，1939 年的计划原定到 1948 年完成，希特勒下令提前到 1945 年完成。

然而这些庞大的造舰计划没有一个得到完成，重要原因之一就是目标过大而财力有限。如石油、橡胶、铁矿、棉药和稀有金属铬、镍、钨、钒、锰等均依赖进口。进口原料需要大量外汇，而 1933 年德国仅有 9 亿马克的黄金储备。为克服侵略计划与实力不足之间的矛盾，希特勒视"宽度军备"为捷径，其兴趣"集中于军备成品，但并不集中于扩大对军备具有的重要性的生产设备和全部机械设备的现代化"。

在财力捉襟见肘的情况下，希特勒认为，耗资于海军是不合算的。重点应发展陆军装备。因此，海军武器装备的生产受到极大限制。

战前希特勒所实行的战争经济管理体制是纵向领导和横向监督相结合。

负责横向监督的是纳粹党二号人物、国防内阁副主席、航空部长、空军总司令和军衔最高的帝国元帅戈林。他掌握战争经济的大权，拼命为空军捞好处，把一些本来应拨给海军的款项和原料全拨给了空军。由此可见，德国陆海空军建设中，海军很自然地被排在了第三位。

当然，德国海军在推行长期造舰计划过程中，除有上述障碍外，还遇到缺少熟练工人和钢材不足等困难。造舰工业内的危机已达到十分尖锐的程度，迫使各类舰只的造舰计划往后推迟。1938 年希特勒吞并奥地利，占领捷克的苏台德区，又垂涎捷克的残余部分和波兰，侵略扩张的步伐越来越快，英、法对德国的抵制也越来越强硬。在 1937 年 11 月 5 日最高级军事会议上，希特勒透露，他决定进攻波兰。

在形势日趋紧张的情况下，德国海军总司令部采取了加快海军建设的措施，但仍然坚持长期的造舰计划，而没有及时将重点转到潜艇建设上来。

英国海军历史学家罗斯基尔写道："雷德尔关于那个长期计划的决定连同希特勒对战争爆发时间的错误估计，其后果对我们非常有利。它使得德国丧失了它在《英德海军协定》中所获得的许多有利条件，结果在 1939 年，德国海军事实上已削弱了它所容许拥有的力量。"

"太阳旗"下备战忙

明治维新以来，日本不仅向欧美学习发展资本主义，而且在建设海军方面也以西方为师。它的大型军舰，过去多是从英、法等国购入的，或是聘请西方造舰专家并在其指导下建造的。在使用海军的战略战术方面，不单选派军官去欧美留学，还把西方海军将领请到日本充任教官或顾问。此外，英、美海军战略思想家科洛姆与马汉在 19 世纪末叶提出的"制海权"理论，对日本影响颇深。

经过长期的研究和实践，日本海军认为，两个国家主力舰队之间的决战是海上战争的基本形式，只有通过一次总决战，才能歼灭对方舰队，夺得制海权，从而获得整个战争的胜利。其实日本海军所急结出来的海军战略不外乎两个方面：一是依赖什么样的兵力取胜，二是通过什么样的形式

取胜。他们从海战中认识到：许多俄舰都是被东乡舰队的巨炮所击沉，因而就把巨炮视为海战中的制胜兵器。为了装载巨炮，就必须建造大型主力舰只，这是在海战中起决定作用的兵力。

谁的主力舰只数量多，威力大，谁就能在海战中取胜。日本人把这种主张称为"大舰巨炮主义"。

日本海军还认为，要想在战争中取胜，必须夺取制海权；要想夺取制海权，必须消灭敌人的舰队；要想消灭敌人的舰队，就必须实施敌我主力舰队之间的决战。这是海上克敌制胜的原则，日本人把这种做法叫做"舰队决战"。交战双方都动用海军主力，甚至使之倾巢出动，进行大规模的海上较量。

这种大舰巨炮主义的舰队决战思想，在日本海军中根深蒂固，被视为传统的海军战略理论，多少年来一直占统治地位，到太平洋战争开始也未曾有所动摇。

在这种思想指导下，日本海军发展神速。20世纪初，英、美等国热衷于建造"无畏"级大型战列舰，日本竭力效仿。当时所造的"河内"号、"摄津"号战列舰，比"无畏"级的火力还强。1922年日本在签订《华盛顿条约》后，由于建造大型军舰受到限制，日本只好采用一些变通办法，试图在兵力上同美国保持平衡。其主要措施有：

一是缩小军舰体积。在保持军级作战能力不变的前提下，努力缩小吨位。例如1922年建造的"夕张"号轻巡洋舰，装有140毫米火炮6门、鱼雷发射管4个，但排水量仅3000吨，其战术性能同以往5500吨级的巡洋舰相似。这是日本海军在体积上把轻巡洋舰驱逐舰化了。

二是提高军舰能力。在保持军舰吨位不变的情况下，尽量提高军舰的战术技术性能。例如1926年竣工的"古鹰"号巡洋舰，其排水盆仅7100吨，但装备203毫米火炮6门、鱼雷发射管12个，航速34.5节。当时西方7000吨级的巡洋舰，其火炮口径仅为152毫米，效速约30节，同"古鹰"号战斗力相近的西方军舰，一般都在1.2万吨以上。这是日本海军在性能上把轻巡洋舰重型化了。战前日本海军按此原则建造了一大批军舰。

另外，日本海军自1934年夏就着手对几艘"金刚"型战列舰进行第二

期改装工程。把这种军舰的舰尾部分延长 7～17 米不等，排水量皆增大9000 余吨，更新了主机，使其功率从 6.4 万马力增至 13.6 万马力；其主炮虽未更新，但作了某些改进，加大了仰角，增大了射程。这项工程花费了 5年半时间。经过这次改装后，几艘旧战列舰的攻击力和防御力均有提高。

由于日本海军受条约的限制，不能有新战列舰下水，只好通过改装来增强这些大舰的威力。可是，他们并不满足改装几艘旧战列舰，而是千方百计造出几艘比世界各国主力舰都要大的超级战列舰。

1936 年后开始执行的"03"、"04"计划，建造超级战列舰。其第 1 艘战列舰"大和"号的全长 263 米、最大宽度 38.9 米、吃水 10.58 米、排水量 69100 吨、460 毫米火炮 9 门、155 毫米和 127 毫米火炮各 12 门，垂直装甲 400 毫米、水平装甲 200 毫米，主机 15 万马力、最高航速 27 节，舰员2300 人。

这种军舰在吨位、火炮和装甲方面，当时均居世界第一。它的一颗炮弹重达 1452 千克，比其他国家舰炮的最大炮弹（406 毫米）重约 0.5 倍。这种舰炮的射程较大，可以远在敌舰火炮最大射程之外实施猛烈炮火攻击；它的垂直装甲可以抵御 406 毫米炮弹，水平装甲也是当时最重炮弹所难以穿透的。日本海军自以为这种军舰在海洋上进可攻、退可防、纵横驰骋，所向无敌。

在建造潜艇方面，日本也尽量往大型化方向发展。1936 年，日本海军已有千吨以上的潜艇 30 余艘。为了配合水面舰队作战，自 1937 年开战前，又造 2000 吨以上的伊级潜艇 32 艘。在这 60 余艘潜艇中 2500 吨以上的就有30 艘，最大的为 2919 吨，其水下排水量达 4150 吨，这在世界上当时也是独此一家的。

太平洋战争开始前，日本至少有 26 艘潜艇可以搭载小型水上飞机，还有一部分伊级潜艇可以搭载 1 艘 40 多吨重的袖珍潜艇，这是日本海军在舰队决战理论指导下，潜艇部队所进行装备建设的明显表现。

为了准备与美国决一雌雄，日本海军在加紧进行装备建设的同时，狠抓军事训练。

日本海军的训练主要有两个方面：院校教育和部队训练。在院校教育

中，最能体现海上战略思想的莫过于日本海军大学，有关海上战争的许多战略战术观点以及作战方法都是通过这里的研究提出来的。这是日本海军的最高学府，以学习与贯彻《帝国国防方针》以及传统的海军战略战术理论为其基本宗旨。因此，该院校讲授的主要课程，编拟的企图立案、综合想定以及举行的兵棋作业等，都是以日、美舰队进行海上决战为中心课题的。战前日本海军训练的重要形式是海上演练。日海军的海上演练通常分为4种：基本演习、小演习、大演习和特别大演习。

基本演习是某一舰队或某一基地根据所属部队基础科目的训练情况，随时组织若干科目的合同演习。

小演习是舰队和基地共同组织的年度演习，旨在检查一年的训练效果。

大演习是由军令部统一组织，抽调某些舰队和基地的一大部分兵力，根据同一规定进行的大规模联合演习，一般每四年举行一次，主要目的在于提高各部队的协同作战能力。

特别大演习是在天皇亲自"统辖"之下举行的实兵演习，其参加兵力、组织规模与大演习略同。

从战前日本海军所组织的一些海上演练来看，其基本演习和小演习，都是从战术和技术方面为大演习准备必要条件，这些演习是集中大量兵力着重演练如何与敌实施海上决战的。日本海军深信，百发百中的一门火炮，可以战胜百发一中的百门大炮，只要官兵训练有素，即使数量不足，亦可用质量加以弥补，所以对部队进行严格的训练。但其对于海上作战的基本战略理论是否适用，却未作认真思考。这就是日本海军在太平洋战争失败的原因之一。

太平洋上的世纪海战

珍珠港事件

1941 年 12 月 7 日，日本偷袭珍珠港事件拉开了太平洋战争的序幕，震惊了全世界。这一事件永远载入了人类史册。夏威夷群岛的珍珠港，坐落在瓦胡岛南部，是美国太平洋舰队最大的海军基地。岛上有军港、海军航空站、机场等军事设施共 13 处。

1941 年 12 月 7 日，星期日早晨，珍珠港基地一片太平景象。94 艘美舰停泊在珍珠港中心的福特岛周围，岛上 7 个机场共有 387 架飞机密密地排列在机场滑行道旁。高射炮阵地只有寥寥几个炮手，毫无戒备，大部分军官士兵离开了军舰、飞机和各自的岗位。

这是日军偷袭珍珠港的最好时机。

日军偷袭珍珠港的兵力是：航空母舰 6 艘、战列舰 2 艘、巡洋舰 3 艘、驱逐舰 11 艘、潜艇 3 艘、油船 8 艘，共 33 艘。另以潜艇 27 艘、袖珍舰艇 5 艘编为先遣部队。舰载飞机 350 架，全

偷袭珍珠港

从航母上起飞。

日军进攻珍珠港时，飞机分为 2 个攻击波。第一波 183 架飞机于 7 时 55 分突袭珍珠港，岛上 7 个机场，港内大部分舰船和基地主要军事设施同遭袭击，仅在几分钟内，美军数百架飞机几乎全部被炸毁，不到 1 小时，大量舰船被炸沉、炸伤。第一波日机，经过 45 分钟连续轰炸，几乎没有遇到美军什么抵抗，胜利地完成了突击任务，于 8 时 45 分返航。

第二波日机 167 架，于 8 点 45 分开始突击，其猛烈程度如同第一波。与此同时，日军偷入港内的潜艇也向美舰发射鱼雷，珍珠港和整个瓦胡岛上的美军乱作一团，不知所措。美机虽有 30 余架升空应战，但由于时间仓促，又没有与高射炮协同好，所以不是被日机击毁，就是被自己的炮火打落。

9 时 30 分，日军偷袭珍珠港的行动全部结束。

日军以突然袭击的方式，取得了比预期大得多的战果。在这次偷袭行动中，日军仅损失飞机 29 架，潜艇 7 艘，死亡人员不到 200 人。然而却炸沉、炸伤美军各种舰艇 40 余艘，约占在港舰艇总数的 50%，击毁美军飞机 250 架，占飞机总数的 70%，毙伤美军 4575 人，致使美国太平洋舰队丧失了战斗力达半年之久。幸运的是，在日军偷袭珍珠港时，通常停在港内的 3 艘航空母舰"企业"号、"列克星顿"号、"萨拉托加"号和其他 22 艘舰艇出港执行任务，因而得以躲过这场灾难。

日本不宣而战的侵略行径，震动了整个美国朝野，举国上下异常愤慨，国内一直鼓噪流行的"孤立主义"、反对美国参战和抗议政府扩充军备的"和平"呼声顷刻化为泡影，同时也宣告了美国政府长期以来推行的绥靖政策的失效。

珍珠港事件发生的第二天，美国总统罗斯福在国会大厦发表了重要演说。

从此，美国正式参加了第二次世界大战。

12 月 9 日，中国对德、意、日宣战。接着，英国、加拿大、澳大利亚、荷兰、新西兰、南非联邦、古巴、尼加拉瓜、巴拿马、萨尔瓦多、自由法国和波兰等 20 多个国家，相继对日宣战，第二次世界大战名副其实地发展

成为"全球战争"了。

日本偷袭珍珠港,是帝国主义利用外交谈判掩护军事上突然袭击的一个典型战例。半个世纪过去了,它一直发人深省,给人以深刻的启迪。令人不可思议的是:自称"世界上最强大的海军强国"的美国,为什么在珍珠港事件中被打得狼狈不堪,一败涂地呢?

其一,长期以来,美国对远东战争策源地的形成采取纵容态度。在战前,美国把大量的最重要的军火、战略物资输往日本,日本发动太平洋战争的目的,是夺取东南亚丰富的资源地区,断绝对中国战场的外部支援,将美、英、荷势力驱出远东,以建立独霸亚洲和西南太平洋的大东亚帝国。而美国并没有意识到这一点,仅在 1931~1939 年的 9 年中,美国运往日本的废钢铁就达 1200 万吨,起到了扶植日本侵略势力、助长日本侵略气焰的作用。《纽约时报》1939 年 6 月 5 日载文说:"谁看了这个清单能不得出结论:美国是日本侵略战争的真正的兵工厂呢?"

美国史学家米勒写道:"多年来日本一直利用从美国得到的物资建立海军和陆军以打击美国。"

在珍珠港事件爆发前,美国政府为尽可能稳住日本,维持太平洋现状不受完全破坏,使美国赢得时间,不惜对日本采取绥靖政策;而美国军方一些高级人物,甚至把避免日本南进的希望寄托在日本攻打苏联上。加之美国国内的孤立主义者,对罗斯福采取的任何遏制日本的措施都强烈反对、中伤和阻挠,使总统通过国会企图做好战争准备的努力,往往被窒息了。

日军偷袭珍珠港,以微小的代价,炸沉炸伤美军各种舰船 40 艘,其中战列舰 4 艘、巡洋舰 3 艘、驱逐舰 3 艘,约占在港大型舰艇总数的 50%,击毁美军飞机 260 架,约占飞机总数的 70%,毙伤美军 4575 人,美军的损失是惨重的。

日本海军偷袭珍珠港的成功,使美国海军太平洋舰队遭受严重损失,丧失了战斗力,瘫痪达半年之久。从此,日本海军可以在太平洋西部和西南部顺利地实施进攻战役,而袭击珍珠港的编队则可用来支援作战。日本海军终于赢得了太平洋战争初期的战略主动权。

在珍珠港事件前,美国以两大洋作为天然屏障,企图隔岸观火,坐收

渔利。在第一次世界大战的初期和中期，美国采取了"坐山观虎斗"的策略，大发战争财，战后成为头号资本主义强国。因此，美国在欧战初期和太平洋战云密布的时刻，仍照搬过去的经验，想再发一次战争财，为此甚至可以不惜牺牲小国、弱国的利益以谋求妥协。另外，美国国内那些所谓"孤立主义者"经常在国会里吵吵嚷嚷，强烈反对军事拨款，反对为对付咄咄逼人的法西斯霸权主义和侵略政策而加强军备。美国总统罗斯福虽然越来越清楚地认识到，日本日益扩大侵略的危险性，但他在采取任何较强硬的政策时，都不得不瞻前顾后，以致出现迟疑不决和迂回曲折的情况。

加之美国的全球战略，欧洲一向是美国的战略重点，一切战备都是按"先欧后亚"的原则行事。美国集中精力应付德国的威胁，在对亚洲和太平洋地区则采取防御战略，以稳住太平洋局势，推迟和避免与日本的直接冲突。因此，美国缺乏进行战争的精神准备和物质准备。

著名评论家李普曼写道："直到欧战爆发时美国都没有提出一个认真的军备计划。"到战争爆发时，太平洋上的日本海军力量与美对比处于明显优势。日本拥有航空母舰10艘，战列舰10艘，巡洋舰38艘，驱逐舰113艘；而美国拥有相应的舰只却是3艘、9艘、22艘、54艘。

美陆军在战争爆发时虽已增至150万人，可其中100万人正在训练。美军在菲律宾以及所属的太平洋诸岛上的军事设施也较简陋，兵力极为单薄，离实战需要相差很远。

1941年11、12月，美国并没有随着太平洋形势的急剧变化而迅速加强珍珠港的戒备，军方的一些首脑也对临战前的各种准备掉以轻心，对许多异常现象麻木不仁。

战前，日军为了确切掌握情况，对珍珠港进行了不间断的侦察。日军利用各种手段，广泛搜集珍珠港美军的防御部署、兵力分布、活动规律、泊港军舰位置等情况。

日军还派出大批间谍，并以潜艇进行侦察和监视，使突击部队能及时掌握美军动向。美国曾截获大量日本情报，又发现日本派到瓦胡岛上的间谍，但都未引起重视。由于美国麻痹轻敌致使珍珠港驻军丧失警惕，毫无戒备，在日、美谈判破裂，战争威胁已迫在眉睫之时，夏威夷地区仍处于

防御薄弱、戒备松懈的状态。太平洋所属舰只仍于周末密集地停泊在港内，没有防潜和防空袭的准备。星期日，官兵照例上岸度假，情报中心停止工作，因而在遭到日本人突然袭击时，飞机无法马上起飞，舰船难以即刻起锚，高炮不能迅速射击，通讯联络完全失灵，指挥混乱不堪，处于束手待毙的境况，致使日本偷袭得逞。

美军统帅部军事思想落后，墨守马汉的军事理论。他们认为在夺取制海权的斗争中决定性的力量是战列舰，战胜敌人的主要方法是海上决战，因而对当时正处在以战列舰为中心的海上作战方式，向以航空母舰为中心的海空作战方式转化的趋势估计不足。

美国报纸一再宣称，太平洋海区辽阔，珍珠港距离日本约 3500 海里，在日本舰队有效射程之外。这只看到战列舰而没有看到航空母舰的活动半径。

1940 年 8 月，日本近卫内阁正式抛出"大东亚共荣圈"的思想，妄图建立一个包括亚洲、太平洋和太平洋广大区域的殖民大帝国。日本海军跃跃欲试，盘马弯弓直指太平洋。而美国新闻界在 1941 年 9 月 6 日出版的报纸上曾向读者保证："日军进攻夏威夷，可以看做是世界上最不可能发生的事情，可以说连一百万分之一的成功机会都没有，不仅可以相信珍珠港比美国旗帜下的其他任何地点都更难攻克，而最重要的是距离在保卫着它。"

另外，一旦日美战争爆发，美国主导思想是消极等待，并寄希望于在一次海上决战中打败日本海军。

在这种落后的军事思想影响下，美方对日本发动战争的时间和地点都作了错误的判断。

在时间判断上，美国没有立足早打，而是寄希望于"和谈"，立足于战争可能推迟这一厢情愿上面。而日本在 11 月 5 日御前会议上通过了对美、英、荷开战的决定，发动进攻日期为 12 月初，与此同时，东条内阁大放和平烟幕，声言要继续进行日、美谈判，借以掩护其突然袭击。

在地点判断上，美国军方以为日本有可能北上进攻苏联，即使南进，也将是首先向东南亚地区开刀。其实美国对日本远程奔袭珍珠港这一可能性已有所估计，早在 1941 年 1 月，美驻日大使格鲁就向本国报告，一旦美

日关系处于困难状态，日本将突袭珍珠港。但美国人始终不相信这会成为事实。

1941年7月初，日本召开天皇"御前会议"，通过了"适应形势沿变帝国国家纲要"，决定为"大东亚共荣圈"不惜对美、英一战。10月，东条英机上台，加紧了发动太平洋战争的准备，定出对美作战时间。

为了掩盖战争企图，日本又挥舞起"橄榄枝"，增派特使赴美，"协助"驻美大使野村同美国会谈。

可以说在临战前一两个月的关键时刻，美国政府当局和罗斯福本人对日本的侵略实力和战争野心都作了错误的估计。日本法西斯虽然偷袭成功，但这无疑是使自身又跳进了另一个大火坑。珍珠港事件唤起了美国人民及世界人民反法西斯的斗志，他们同仇敌忾地拿起武器，投入了战斗，因而日本海军战术上的暂时胜利却埋下了战略失败的种子。

珍珠港事件拉开了历时3年9个月在太平洋上进行反法西斯战争的序幕。从此以后，在浩瀚无际的洋面上，恶浪滚滚，战火熊熊，日、美钢铁巨舰血腥厮杀，绘出了惊心动魄的太平洋海空战的长幅画卷。

 航空母舰展雄风

珊瑚海海战

1942年5月7日10时，珊瑚海浓云低垂，恶浪翻滚。美国海军的24架鱼雷机，36架轰炸机从"列克星敦"号和"约克城"号航空母舰上腾空而起，在16架战斗机掩护下，向日本舰队扑去。

此时，日舰队由轻型航空母舰"祥凤"号和4艘重巡洋舰、1艘驱逐舰组成。正排成环形队形，驶向珊瑚海，"祥凤"号位于编队中央。

11时整，美机群兵临城下，冒着日舰队猛烈的高射炮火，集中向"祥凤"号展开进攻。

至此，世界海战史上第一次航空母舰之间的大战终于拉开了战幕。

数分钟后，日轻型航空母舰"祥凤"号被命中 13 颗炸弹和 7 枚鱼雷，从舰首到舰尾都燃起了熊熊大火。

11 时 35 分，"祥凤"号像一块石头似地沉入海底。这是整个大战期间击沉战舰的最快纪录。

5 月 8 日黎明，历经曲折的日、美两支敌对的航空母舰编队又交锋了。

这是一场势均力敌的海战：双方各有 2 艘大型快速航空母舰；美方有 122 架飞机，日方有 154 架飞机；护航舰只也不相上下，日方有 4 艘重型巡洋舰和 6 艘驱逐舰，美方有 5 艘重型巡洋舰和 7 艘驱逐舰。

10 时 32 分，从"约克城"号航母上起飞的美机群首先发现了日本航空母舰编队。日本的"翔鹤"号和"瑞鹤"号航母相距 8～10 海里，只有重巡洋舰 2 艘和驱逐舰 3 艘护卫。

10 时 57 分，美鱼雷机和轰炸机，在"野猫"式战斗机掩护下猛扑"翔鹤"号航母。美俯冲轰炸机配合鱼雷机，首先进行俯冲轰炸，一弹正中该航母首部右方，引起汽油燃烧，大火立即蔓延至飞行甲板。另一弹则击中航母的尾部。

"翔鹤"号航空母舰前后遭 2 次攻击，共中弹 3 枚，伤势甚重，舰上 108 人死亡，40 人受伤。虽然火势已被压制，但飞行甲板已无法使用。下午 1 时，该舰带伤返航，在归途中险些沉没。就在美机对日舰攻击完毕数分钟后，从"瑞鹤"号、"翔鹤"号航母上起飞的 70 架轰炸机和鱼雷机，也气势汹汹地抵达美特混编队上空。

由于在航空母舰上空担任警戒的美战斗机只有 8 架，且油量不足，无法远飞前去截击日机。美航母"约克城"号与"列克星敦"号只得立即转向，迎风放出舰上剩余的 17 架战斗机和 16 架侦察轰炸机，为航空母舰保驾。

11 时 20 分，一枚鱼雷命中"列克星敦"号左舷前部，剧烈的爆炸使该舰喷出了一股夹带着海水的巨大火舌，舰身抖动。少顷，左舷水线下又中了一枚鱼雷。

接着，日轰炸机又从"列克星敦"号前方实施俯冲轰炸，一枚重磅炸弹在左舷前炮位 3 门 127 毫米高炮中间炸响，炮手顿时毙命，火炮被炸哑，

另一枚炸弹将航空母舰的烟囱炸毁，舰面碎片横飞，血流满地，其状惨烈。

在这场海空大拼杀中，航母"约克城"号自然也不能幸免。一个重磅炸弹，穿透飞行甲板，在下面的储藏室里爆炸了，舰内起火，破坏相当严重，另有几颗近弹把舰体水线附近打了许多洞。经过抢救，该舰仍具有航行能力和航空作战能力。

此时，航母"列克星敦"号已有6处起火，隔舱进口并造成7度左右横倾。经奋力抢救，该舰的火势基本得到控制。航空母舰以20海里/时的速度行进。

12时47分，"列克星敦"号损管中央部位附近发生一次猛烈爆炸，20分钟后，又爆炸了一连串震撼舰体的巨响，威力巨大的气浪竟把坚固的钢制水密门和舱口盖冲毁，水线以下几层甲板被打通，火焰通过破口外窜，整个巨舰恰似一座火山，烈火越烧越旺。

14时30分，"列克星敦"号锅炉舱和通风系统被毁，气温逐渐上升，最高达摄氏70度。

16时，"列克星敦"号舰发出了撕裂似的长啸声，势如翻江倒海，状如火山喷发，更增添了无穷的恐怖气氛。不久，螺旋桨停止转动，巨大的舰体如同死鱼似地浮在水面，随波逐流。17时，下达了弃舰令。

18时30分，"列克星敦"号又发生了一次大爆炸，显然是引爆了重磅炸弹和鱼雷。甲板上整架飞机和大块钢铁结构飞上了几十米的高空，巨大的火柱夹着黑色浓烟和白色蒸气直冲云霄。遵照命令，驱逐舰"菲尔普斯"号担任了送葬的角色，向熊熊燃烧的"列克星敦"号发射了4枚鱼雷，以加速其沉没。最后，该舰于8日24时沉入大海之中。

这就是1942年5月7、8日，在珊瑚海面上爆发的自太平洋战争开战以来，日、美双方第一次航空母舰之间的大拼杀，称为史无前例的大海战——珊瑚海海战。

在这次海战中，日方的"祥凤"号轻型航空母舰沉没，"翔鹤"号航空母舰遭重创，"菊月"号驱逐舰和3艘登陆驳船被击沉，约有77架飞机被击毁；而美方的"列克星敦"号航空母舰沉没，"约克城"号航空母舰受伤，1艘油船、1艘驱逐舰被击沉，60架飞机被击毁。

　　珊瑚海大海战是日本自发动战争以来，侵略锋芒第一次受挫，太平洋战争由此进入了战略相持的阶段。

　　英国首相丘吉尔高度评价了这次海战："这次遭遇战所产生的影响与其战术上的重要性不成比例，就战略上而言，这是美国与日本交战以来第一次可喜的胜利。像这样的海战，从前是没有见过的，这是水面舰只在没有互相开炮的情形下的第一次海战。"就是这么一次水面舰只互不照面，而且互不开炮的海战，使航空母舰作为海军舰队的支柱取代了传统的巨炮大舰。

　　用美海战史专家莫里森教授的话讲："珊瑚海海战在太平洋作战史上谱写了新的更加光辉的篇章。"

　　在二战中，航空母舰可谓是出尽了风头。

　　战后据人们观察：航空母舰在第一次世界大战中，开始登上历史舞台，但没有被击沉的记录。两次大战后，美国的航空母舰虽然多次参加局部战争，但未遇强大的对手，从未构成对美国航空母舰的严重威胁。英国在马岛海战中，也使用了航空母舰，但未遭阿根廷的攻击。因此，历史上航空母舰被击沉全都发生在第二次世界大战当中。据统计，英国、美国和日本海军在第二次大战中，先后有 25 艘航空母舰被击沉（不含护航航空母舰）。1939 年 9 月 17 日，第二次世界大战爆发不久，德国海军"U—29"号潜艇发现了在爱尔兰以西海域航行的英国航空母舰"勇敢"号，当时"勇敢"号和 4 艘驱逐舰执行猎潜任务，本来德国潜艇所处阵位难以对其实施鱼雷攻击，但此时"勇敢"号航空母舰意外地开始转向，以便舰载机逆风在飞行甲板上降落，这样一来，"勇敢"号的航线正好穿越"U—29"号潜艇的艇首，同时担任替戒的驱逐舰有 2 艘去支援 1 艘受到攻击的商船，因而，德国潜艇乘虚而入，在接近到离"勇敢"号 2500 米处发射了 3 枚鱼雷，其中 2 枚鱼雷命中目标，仅 15 分钟，"勇敢"号航空母舰就沉没了，这是世界上第一艘被击沉的航空母舰。

　　1940 年 6 月 8 日，挪威战役即将结束时，从挪威撤退的英国空军的飞机降落在航空母舰"光荣"号上，由"光荣"号运往斯卡帕湾的海军基地。在航渡中，由 2 艘英国驱逐舰护航。由于"光荣"号舰长的疏忽，航空母舰上的舰载机未起飞进行巡逻和搜索，在途中与德国战列巡洋舰"格奈森

诺"号和"沙恩霍斯特"号突然遭遇,舰载机未来得及起飞还击,就遭到德国军舰大炮的攻击,航空母舰"光荣"号和护航的 2 艘驱逐舰均被击沉,这是海战史上唯一被水面舰艇火炮击沉的航空母舰。

1941 年 11 月 13 日,英国航空母舰"皇家方舟"号在直布罗陀以东、阿尔及尔以北海域遭到德国"U—81"号潜艇的鱼雷攻击,并于第二天沉没。

1942 年 4 月 5 日,日本海军 180 架舰载机空袭科伦坡,英国远东舰队的航空母舰"竞技神"号迅速从阿杜环礁起航,企图当晚在印度洋对日本舰队实施鱼雷攻击,但未能找到日本的航空母舰。在返航途中,英国的"竞技神"号航空母舰被日本飞机发现,"竞技神"号和为它护航的一艘驱逐舰均被日本飞机炸沉。1942 年 5 月,美、日两国海军在珊瑚岛海域进行海战。日本轻型航空母舰"祥风"号被命中 13 枚炸弹和 7 枚鱼雷后迅速沉没,美国的航空母舰"列克星敦"号也被日军击沉。

1942 年 6 月,美、日海军进行中途岛海战。日本损失了"加贺"号、"赤诚"号、"苍龙"号和"飞龙"号 4 艘航母,而美国只损失了"约克城"号 1 艘航母。

1942 年 8 月 10 日,英国海军派遣一支由"无敌"号、"鹰"号、"胜利"号、"暴怒"号 4 艘航空母舰和其他战舰组成的强大护舰队,护送 1 艘运箱船,由直布罗陀海峡驶出,驶向马耳他岛,以支援马耳他岛的守岛部队。在航行途中,于 8 月 11 日黄昏,"鹰"号航空母舰突然遭德国"U—73"号潜艇的鱼雷攻击,有 4 枚鱼雷命中该舰,仅 8 分钟,"鹰"号航空母舰便沉没了。

1942 年 8 月,美、日海军在所罗门群岛进行海战。8 月 24 日,由美国"萨拉托加"号航空母舰起飞的 30 架俯冲轰炸机和 6 架鱼雷轰炸机攻击日本的轻型航空母舰"龙骧"号,命中了至少 10 枚炸弹和 1 枚鱼雷后起火沉没。

1942 年 9 月 15 日,美国航空母舰"黄蜂"号为运输舰护航,增援瓜达卡纳尔。当天夜里 2 时半左右,当"黄蜂"号迎风行驶以便让巡逻战斗机返回甲板加油的时候,进入阵地的日本"U—15"号潜艇发射两枚鱼雷,命

飞舞的飘带:海军的历史

中该舰的右舷，甲板底下燃起大火，24 架舰载机在大火烧到飞行甲板之前就升空了，大火引起弹药库爆炸，摧毁了舰桥；3 小时之后，被迫弃舰；晚上 9 时，护航的驱逐舰用鱼雷把它击沉。

1942 年 10 月，美、日海军在圣克鲁斯岛进行海战，10 月 26 日，日本航空母舰派出的 219 架舰载机出击，1 架中弹起火的日本飞机向美国航空母舰"大黄蜂"号直冲下来，撞穿了该舰的飞行甲板，2 枚炸弹接连爆炸，舰内机库立即起火，接着日本的鱼雷轰炸机进行超低空鱼雷攻击，2 枚鱼雷命中该舰，机舱受损，另有 3 枚炸弹穿透前甲板，将升降机卡住并在舰体内部爆炸。"大黄蜂"号燃起大火，浮在水面失去航行能力，美舰队设法将"大黄蜂"号拖走。当天下午，从日本"瑞鹤"号起飞的舰载机发现了正被拖着行驶的"大黄蜂"号，这艘已受伤的军舰又命中 1 枚鱼雷，海水迅速涌进机舱，倾斜更为严重。此时，从日本航空母舰"华鹰"号起飞，准备攻击"企业"号的舰载机又错把炸弹投在不能行驶的"大黄蜂"号上，再次引起大火，无奈正在撤离的美国驱逐舰只好忍痛向它发射了鱼雷，最后，"大黄蜂"号沉没了。1944 年 6 月，美、日海军进行菲律宾海战。6 月 19 日上午，美国"大青花鱼"号潜艇发现了日本的航空母舰"大凤"号，就在"大凤"号最后一架舰载机冲出飞行甲板起飞时，"大青花鱼"号向其发射了 2 枚鱼雷，1 枚鱼雷命中了目标，海水从右艘涌进舱室，另 1 枚鱼雷在冲向目标时，1 架日本战斗机投下鱼雷而没有命中，由于水密舱里的油气越来越浓，下午 3 时多，突然发生爆炸，火焰冲天，接着发生第二次爆炸后沉没的惨景。

当天，美国"棘鳍"号潜艇钻进了日本舰队，于中午 11 时多，向日本航空母舰"翔鹤"号发起攻击。3 枚鱼雷命中该舰，熊熊烈火吞投了"翔鹤"号，下午 3 时左右，火势蔓延到弹药舱，这艘参加过偷袭珍珠港的航空母舰被炸得粉碎。

6 月 20 日，美国舰队追击日本舰队，当天傍晚，美国舰队派出 216 架舰载机突施攻击，2 枚鱼雷命中日本航空母舰"飞鹰"号，"飞鹰"号起火沉没。

1944 年 10 月，美、日海军进行莱特湾海战。10 月 24 日，在菲律宾集

结的日本岸基航空兵攻击美国轻型航空母舰"普林斯顿"号，日本神风突击队的1架轰炸机突破高射炮火，一头栽在"普林斯顿"号的飞行甲板上，引起冲天大火，并引爆了机库甲板上的飞机，1小时后舰尾弹药舱发生爆炸，当天晚上，美国海军自己用鱼雷把它击沉了。

10月25日，美国航空母舰上的527架舰载机轮番攻击日本的"瑞鹤"号、"千岁"号、"千代田"号和"瑞凤"号，日本的这4艘航空母舰只剩下10多架舰载机，对空防御完全依靠高射炮火。上午8时，130架美国飞机发起攻击，"瑞鹤"号被1枚鱼雷和多枚炸弹命中，四处起火，严重倾斜。接着，170架美国飞机对另外3艘轻型航空母舰发起攻击，"千岁"号很快被炸沉，"千代田"号和"瑞凤"号受创，第3次攻击"瑞鹤"号又被3枚鱼雷命中，于下午2时沉没。1小时后美机又集中攻击已经受创的"瑞凤"号，将其炸沉，下午5时，"千代田"号也遭同样命运。这样，日本在1天时间里损失了4艘航空母舰。

1944年11月下旬，美国对日本东京实施大规模轰炸，在日本沿海部署了一些潜艇，以便救助落在海上的飞机驾驶员。11月29日，美国"射手鱼"号潜艇在日本的东南海域发现了由超级战列舰改装的6万吨级新航空母舰"信浓"号，该舰尚未完工，是从东京船厂拖到海港继续改建工程，"射手鱼"号用鱼雷将其击沉。1944年12月19日，美国潜艇"红鱼"号在上海西南海域击沉日本新航空母舰"云龙"号。

从二次大战中被击沉的25艘航母中可以看出，被潜艇击沉的有9艘，占总数的36%，可见当时潜艇对航空母舰有很大的威胁；被飞机的炸弹和鱼雷炸沉的航空母舰有15艘，占总数的60%；而水面舰艇击沉航空母舰只有1艘，占总数的4%。

航空母舰交战，这是一种全新的海上战法。以舰载机为主要武器，使用舰载机攻击对方舰船、岸上目标，或者进行空战，以夺取制空、制海权。利用航空母舰作战，使作战距离大大增加，战争向立体化的方向发展，它一身二任，既可以夺取制空权，也可以夺取制海权。

航空母舰由于具有巨大优势，在战争中，特别是在太平洋战场上纵横驰骋，成了战争舞台上的主角。

飞舞的飘带：海军的历史

美、日海军双方多次在规模的交战中使用航空母舰，航空母舰的成败得失，成为决定战役胜负的关键。除了上面提到的珊瑚海海战、莱特湾海战，还有中途岛海战、菲律宾海战中，美、日双方都以航空母舰为主要兵力，进行海上与空中的决斗。

第二次世界大战海战的实践表明，航空母舰由舰队辅助兵力发展为主要突击兵力，已取代战列舰的地位，成为海战中的骨干力量，成为海军强国进行远洋作战和对陆攻击的主要军事力量。那种"战列舰至上"、"大舰巨炮主义"理论宣告过时，以攻防兼备、海空一体的，以航空母舰为舰队核心的作战原则开始形成。二战后，由于核潜艇的出现和反舰导弹的使用，人们曾一度对现代战争条件下航空母舰的生存能力和实战价值产生了重重疑虑。当时，美国就有人说，用一个"大篮子"装那么多"鸡蛋"太容易破碎，不如用若干"小篮子"少装些"鸡蛋"，于是出现了"大小航母之争"。

前苏联领导人赫鲁晓夫则断言，航空母舰纯粹是一堆废铜烂铁，打起仗来就会成为一口海上"浮动棺材"。

事实果真如此吗？

高技术，尤其是电子技术、制导技术等新型技术在现代航母中的应用，又使航母重振雄风。在迅速提高其生存能力的同时，也使其攻击力和威摄力显著增强，使其成为一把备受世界各国海军青睐，既有实战能力又有威慑力的"双刃剑"。

然而，航母真正显示出海战核心和国家实力象征作用是在80年代以后的一系列局部战争中。

 ## 中途岛海战论沉浮

中途岛海战是一场举世闻名的大海战。

珊瑚海海战之后，日本海军虽然遭到暂时挫折，但仍然没有放弃向中太平洋和西南太平洋扩张。1942年6月底，日本海军向中途岛发动了策划已久的大规模进攻。

中途岛海战

中途岛，是夏威夷群岛的西北门户和屏障，地处太平洋航路之中途，太平洋战争爆发时，它是美国的海军航空站。这次作战是日本扩大"外防御圈"的重点作战，其主要企图是占领中途岛，切断美军海上补给线以迫使美军退守夏威夷及本土西海岸，以便作为日本海军航空兵前进基地，同时诱出美国太平洋舰队进行决战并加以歼灭。

此次日本海军调集了舰艇 200 余艘，其中航母 8 艘、战列舰 11 艘、巡洋舰 23 艘、驱逐舰 65 艘、潜艇 21 艘，舰载机约 700 架。并分编为主力编队、第 1 机动编队、中途岛进攻编队、北方编队先遣部队和岸基航空部队。

6 月 4 日清晨，日本航空母舰上的 72 架轰炸机和 36 架战斗机去袭击中途岛，在飞行甲板上待命的 93 架轰炸机已装好了鱼雷。7 时 15 分，舰队司令官下令卸下飞行甲板上轰炸机的鱼雷，改装炸弹。8 时 20 分，当得知相距约 300 海里的美国舰队中有航空母舰时，又下令轰炸机改装鱼雷，同时还需收回攻击中途岛返航归来的飞机，在这忙乱之际，美国从"企业"号和"约克城"号起飞的 54 架轰炸机攻击了日本的航空母舰"加贺"号、"赤诚"号和"苍龙"号。"加贺"号被 4 枚炸弹命中，加油管被炸毁，引起大火，导致停在飞行甲板上的飞机连续爆炸，该舰于当晚沉没。"苍龙"号被 3 枚 453.6 千克的炸弹命中，被烈火烧得失去控制，也于当天傍晚沉没。"赤诚"号被 2 枚炸弹命中，一枚炸弹把飞行甲板炸开一个大洞，另一枚炸弹在停放的飞机中间爆炸，形成一片火海，被迫由护航的驱逐舰于次日清晨自行击沉。

当天上午，由日本航空母舰"飞龙"号起飞的 18 架轰炸机和 6 架战斗机攻击美国的航空母舰"约克城"号，命中了 3 枚炸弹，几处起火，但被扑灭。当天下午，日本航空母舰的 10 架鱼雷轰炸机和 6 架战斗机再次攻击

"约克城"号，命中2枚鱼雷，"约克城"号丧失动力，严重倾斜。6月6日，"约克城"号又遭日本潜艇的攻击而沉没。

6月4日下午，从美国"企业"号航空母舰起飞的13架轰炸机攻击日本航空母舰"飞龙"号。此时，"飞龙"号上的战斗机已在战斗中损失殆尽，已无防卫能力，结果有4枚炸弹命中该舰，受到重创，于第2天清晨由日本的2艘驱逐舰用鱼雷自行击沉。

海战结果，美海军以少胜多，取得了决定性胜利，日本海军大败而归，遭到了空前的惨败。在这场海战中，美军损失1艘航空母舰、1艘驱逐舰和147架飞机，损失307人，日军损失4艘航空母舰和1艘重巡洋舰，伤6艘，52架飞机被击落，另有280余架日机随舰沉入大海，损失3507人，其中包括几百名训练有素的海军飞行员。

这对日本海军来说，是"难以置信的败北"，对美国海军则是"难以置信的胜利"。究其原因，主要有以下四点：

原因之一：中途岛海战，对美军来说，首先是情报的胜利。正是由于美军侦察、警戒周密，准确、及时、全面地掌握了日军的作战企图，因而才能运筹帷幄，巧设陷阱，严阵以待，夺取主动，出奇制胜。

正如美海战史专家莫里森所说："中途岛海战的胜利，是英明地利用情报的胜利。"

太平洋舰队司令尼米兹说："美国破译了日本的密码电报，所以我们完全掌握了关于日军计划的情报。我们搞到的情报是日军的作战目的、日本舰队的编制概况、接近方向及实施攻击的大概日期。正因为如此清楚地掌握了敌情，美国的胜利才成为可能。对付日本的威胁，美国海军兵力实在相差太远了，所以，这个情报使美军指挥官事先知道了一场难以避免的灾难。"

此次海战的英雄斯普普恩斯海军少将回忆说："中途岛海战的胜利，其主要原因首先在于得到了第一流的情报。其次应归功于尼米兹司令的判断和处置。他根据情报充分发挥了他的大胆、果敢、聪明和天才。"

相反，日海军在战前不重视情报，侦察不力，情报片面，耳目不灵，作战部署建立在主观的"一厢情愿"的基础上，难免偌大舰队浩浩荡荡地

向中太平洋开进，在各种征候表明美军已有察觉并加强活动时，仍偏信没有被美国编队发现。

在兵力判断上，日本海军一直认为，美国海军的2艘航母仍在珊瑚海海区，因而轻率地决定对中途岛实施第二次袭击，然后再对美舰作战，以致当美舰突然出现时，日方指挥员南云导演了一出鱼雷换炸弹，炸弹换鱼雷的闹剧，甲板上堆满了从飞机上卸下来的炸弹，为美国飞机提供了最佳轰炸条件和目标。

原因之二：美国海军集中使用兵力。美太平洋舰队将2支特混编队的3艘航母集中使用，加上中途岛的岸上航空兵，形成了集中突击力量的局部优势。并且，美太平洋舰队以逸待劳，埋伏突袭，结果一举成功。

相反，日海军战线拉长，兵力分散，使得本来力量很强的日本联合舰队却没有发挥自已的优势。舰队的200余艘舰只被分成几支相距很远的、易被各个击破的战术编队，违背了军事上的集中优势兵力作战这一基本原则，使日海军在总体上的优势变为局部的劣势。

在航母的使用上，当时日本海军拥有舰母8艘，但它没有抓紧抢修在珊瑚海战中受伤的"翔鹤"号，也未等待需要补充飞行员的"瑞鹤"号，使这2艘航母未及时参战，从某种程度上讲，削弱了日联合舰队的力量。

在兵力部署上，日本海军又犯了大忌，把2艘航母分成相距6000余海里的第2机动编队，使第1机动编队仅有航母4艘，舰载机297架，而美海军在中途岛海战的飞机为354架。很显然，日军在攻击力和防卫力方面均处于劣势。当日军第1机动编队遭到攻击需要迅速支援时，远在北方的日军第2机动编队要4天多时间才能到达，山本的主力舰编队相距也在300海里以上。庞大的日军舰队各路相距甚远，不能直接配合作战。

在交战前沿，只有日军第1机动编队与美军交手，且在交战中，日本海军的4艘航空母舰要拿出一半兵力对付中途岛，一半兵力对付可能出现的美舰队，这就形成战役局部上的美舰队优势对付日舰队。

原因之三：日本海军傲慢轻敌，狂妄自大。海战之前，狂妄的日军司令部发言人说："在这次作战中，我们最担心的是敌人不愿和我们的舰队交锋，不肯从基地里出来作战。"又说："总说什么保守机密，其实泄露一点

也没啥。若是美国人出来的话，那正好。那样就可以像老鹰抓小鸡一样，轻而易举地干掉它……"由于太平洋战争爆发以后日军连续得手，到中途岛海战前夕，这种过分自负、狂妄轻敌的心理，已达到登峰造极的程度，并已浸透到官兵的思想和行动中，因而不重视侦察，未能谨慎地对作战的各个环节都进行科学和周密的思考，而是盲目地憧憬着辉煌的胜利，傲慢自大，成了一种"胜利狂"的病态。这正是：骄兵必败。相反，美海军运筹帷握，慎重用兵。

原因之四：日本海军指挥员指挥不当是这次海战失败的一个直接原因。首先，日指挥员南云在战前对敌情判断错误。其次，他在实战中犯了不少错误，诸如没有进行充分的战前搜索侦察。在使用航空兵时采用了4艘航空母舰上的飞机同时出动、同时回收的方法，这势必造成航空母舰的脆弱性，以致在紧急关头手脚被束缚住，不能立刻有效地出击。最主要的是当南云发现美舰队时，他没有抓住战机，立即派出已准备就绪的36架俯冲轰炸机和鱼雷机进行先发制人的攻击，而是一心想各支机队搭配齐全，采用那种正统的、四平八稳的方式行事，从而贻误战机，招致惨败。相反，在海战中，美海军将领指挥得当，能抓住战机，果断出击，大获全胜。

中途岛海战是日本自1592年被朝鲜李舜臣的军队击败以来的首次惨败。经此一战，日本损失惨重，虽然就当时太平洋上日、美双方水面舰只多寡而论，日本海军仍占优势，但训练有素的日本航空兵精华自珊瑚海之后又遭此沉重打击，从而使日本开始失去太平洋上的制空权，并为今后制海权的彻底丧失埋下了隐患。同时，这一战给自称无往而不胜的日本海军官兵的心理以沉重的打击，失败使日本侵略者不敢在辽阔的太平洋战场上随心所欲地发动进攻了，太平洋上的主动权开始逐步转入美国海军手中。英国首相丘吉尔说："美国这一值得纪念的胜利，不仅对美国，而且对整个同盟国的事业都具有重大的意义。对士气的影响是广泛而及时的。这一战削弱了日本在太平洋的优势。曾经使我们整个在远东的努力遭到挫败达六个月之久的敌人所炫耀的优势，现在已经一去不复返了。"

的确，这次海战是美军在太平洋战争中第一次取得的决定性胜利。它不仅沉重地打击了日本海军舰队，而且扭转了太平洋盟军的不利态势。当

然，海战还给了美海军一个非常宝贵的喘息时间。直到1942年年底新的"爱塞克斯"级大型航空母舰服役之前，日海军显然已无力发动大规模的战役，从而为美太平洋舰队的反攻准备争取了时间。

中途岛海战是日美战略相持阶段爆发的第二场意义深远的海战，它与一个月以前的珊瑚海大海战一起构成太平洋战争中战略阶段的一个转折点，对整个太平洋战争发生了深远的影响。太平洋战争的进程已证明，海军航空兵已经取代了战列舰的地位，成为决定性的海上打击力量。"没有制空权就没有制海权"已成为战争的一般规律。在中途岛海战中，日本海军的战略思想仍旧是大舰巨炮主义占主导地位。海战中，海军不吸取其教训，还是把战列舰当主牌打，这一陈旧的海战指导思想不可避免地给作战带来了恶果，导败惨败。

 ## 日本海军辉煌史的终结

莱特湾大海战是太平洋战争中最后一次大海战，经此一战，菲律宾战区的制空权和制海权完全掌握到美军手中，从而为占领战略要地菲律宾奠定了基础。显赫一时的日本帝国主义海军从此迅速走向崩溃，濒临覆灭。

日海军大臣米内光政在评价莱特湾海战失败对日本海军和帝国的影响时，只有一句话："我觉得这就是终结。"

然而，莱特湾大海战是海战史上规模最大的一次海战，它创造了几项世界纪录：

海域广——东西600海里，南北2000海里。

时间长——从1944年10月23日至26日，实战时间为3天半。

规模大——双方总计参加作战的舰艇达293艘，飞机1996架。

战场多——全战役由婆罗洲北部海域潜艇偷姿战、锡布延海海战、吕宋岛以东海面海战、苏里高海峡夜战、萨马岛海战以及恩加诺角海战组成。

每场海战既是独立的，互相之间又有必然的联系，所有这一切，都是以往历次海战所不能比拟的。

海战结果，日军被击沉轻、重型航空母舰4艘，战列舰3艘，重巡洋舰

6 艘、轻巡洋舰 4 艘、驱逐舰 11 艘和潜艇 6 艘，损失飞机约 400 架，伤亡人员 7400 余人；美军被击沉轻型航空母舰 1 艘、护航舰空母舰 2 艘，巡洋舰 2 艘和驱逐舰 3 艘，损失飞机 100 余架，伤亡 2800 人。

给世人印象最深的是，此战首开大规模"神风特攻"自杀作战残酷的恶端。

1944 年 10 月 25 日 7 时 45 分，萨马岛南部海面上。美护航航空母舰"桑加门"号发现南部 3000 米上空有 4 架行踪可疑的日机在云层里隐蔽地穿行，当飞至美航空母舰上空时，其中 3 架突然垂直俯冲下来。第 1 架如同自天而降的一块陨石似地落在"圣梯"号护航航空母舰舰尾，该舰猝不及防，"轰"的一声巨响，日机撞中飞行甲板，引起了大爆炸，甲板上被炸开了一道 8 米长的裂口。

其余 2 架在俯冲坠落时被舰面炮火击毁。那架一直在空中盘旋的日机，亦被防空炮火击中，但它却奇迹般地拖着一条长长的黑色烟带，箭一般地向"苏万尼"号护航航空母舰撞去。日军这种自杀攻击非常成功，"苏万尼"号舰体被撞中，受伤极重。

接着，美国的另外 4 艘护航航空母舰也遭到 6 架自杀飞机的攻击。日军飞机冒着凶猛的舰面炮火，流星一般地直坠而下，有 2 架在空中被击毁，1 架在航空母舰飞行甲板上空剧烈爆炸，其余 3 架中有 2 架撞中"卡里宁湾"号，使之严重破损，1 架击中"圣洛"号飞行甲板，引起连续的大爆炸，甲板被炸开，燃油四溅，大火冲天。

这就是在莱特湾海战中，日本海军的"神风特攻"队最初对美舰进行自杀性攻击的情况。

"神风"的典故源于公元 10 世纪末，元世祖忽必烈两次率舰攻打日本九州，皆遭遇强台风，船毁人亡，大败而归的故事。历来崇尚神灵的日本国民开始把这两次葬元军人于鱼腹、救日本于转瞬的暴风称之为"神风"。

1944 年 10 月 17 日，日本第一航空舰队司令大西海军中将，这个曾参与策划偷袭珍珠港的阴谋的将军，被称为日本海军航空界的"瑰宝"，后被称为"神风特攻主人"。面对帝国节节败遇、全线崩溃的危局，大西认为只有孤注一掷，拼死一搏。

11月19日深夜，大西在菲律宾马尼拉近郊的克拉克机场召集第一航空舰队的精华——第201航空队开会，组织了"驾机搜舰"的特别攻击队，取名为"神风特攻队"。这伙法西斯分子歇斯底里地叫嚣："在这非凡的时代，不能不掀起一阵神风。"

可见，"神风特攻"是日本法西斯濒临孤灭时的一种产物，是进行垂死挣扎的一种形式，是一种绝望的工具，是他们即将走向毁灭的一个预兆。

这种自杀飞机，实际上是由人驾驶的可以追踪目标进行攻击的"炸弹"。机上装载烈性炸药，置飞行员座舱之前，一旦发现美舰，就连人带机撞下去，其机头触及坚硬之物立即发生剧烈爆炸，

在自杀机队起飞前，其情景十分凄怆。

一位飞行大尉曾这样写道："吃的都是竹及所包之饭团，添以战时所食之粗菜，食后又将自己的姓名、遗物写于身旁所带的包袱上……在指挥所前集合完毕后，又在指挥官面前写了绝命书，在额上系紧帕子，因无钱的关系，只得用向医务室讨来的绷带以充帕子。"

"飞行员多为18岁至25岁的日本青年……据闻在出发作一去不复返之飞行前，可与女子相处3个月。此种肉飞弹队的飞行员，在出发前，被闭于机内，出发时亦不携带降落伞，飞机起飞后，降落轮即行脱落，飞行员只可俯冲目标身死，不能再行着陆，否则机身爆炸，飞行员也不能从机身跃出。飞行员驾机飞离地面后，将环绕机场三周，该基地的全体军事人员均须对之立正行礼。"日机在攻击中与目标同归于尽，在太平洋战争中屡见不鲜。在战争的第一天——偷袭珍珠港的战斗中，饭田房太郎中尉就驾机撞击美军机场机库。以后效仿者层出不穷。但是，大规模、有组织的出现，则始于莱特湾大海战。

"神风特攻"队升空对美舰进行攻击时，一般分为战术小队，一个小队通常有特攻机3架，支援机2架，支援机从事领航、掩护与拦截美机作战、观察战果等任务，由老练的飞行员担任，特攻机专事"玉碎"。

在莱特湾激战中，日军自杀飞机于25、26两日取得的战果是：击沉1艘、重创4艘、轻伤1艘护航航空母舰。

莱特湾之战虽然首开有组织的自杀飞机的恶端，但其势尚且不猛，规

模亦不大，在以后的仁牙因湾之战、冲绳海空战中，自杀飞机作战才达到了登峰造极的程度。

1945 年 4 月 6 日，冲绳海空战。

日本联合舰队司令丰田大将命令"大和"号战列舰和其他 10 余艘舰船向冲绳岛进发。

人们首先看到的不是陆地上的殊死苦战，而是冲绳海面上血肉拼杀。冲绳海域始终贯穿着一场航空兵与水面舰艇间的浴血搏斗，这就是日本海军蓄谋已久的残酷恐怖的"菊水特攻"。"水上菊花"是日本 14 世纪著名武士楠木正成的纹身，楠木在众寡悬殊的战斗中有"七生报国"之语，意即与敌人同归于尽。日军借用其意，将冲绳之战航空兵的敢死队定名为"菊水特攻"，他们要以大批自杀机去"一机换一舰，名传千秋"。

在 4 月 6 日至 7 日的"菊水一号特攻"作战中，冲绳岛海空残骸纷扬，血肉横飞。

据日方统计，这一规模最大的"特攻行动"，共出动 355 架自杀机（全部损失）和 344 架轰炸机。

美方宣称自己损失 3 艘驱逐舰、1 艘坦克登陆舰、2 艘军火船。此外，尚有 10 余艘舰船遭重创。而日方则宣称击沉美舰船 64 艘，重创 61 艘，又一次麻醉在自己制造的"胜利"之中。

日本自杀机规模之宏大，来势之凶猛，攻击之疯狂，破坏之惨烈，深令美军惊恐。就在日军自杀飞机疯狂肆虐的同时，另一场引人注目的"自杀舰队"消灭的悲剧上演了。

4 月 6 日，坐镇九州鹿屋基地的丰田大将向联合舰队下达了作战命令：全舰队拼死猛进，以"大和"号战舰、"矢洲"号巡洋舰和 8 艘驱逐舰组成海上特攻队，协助日本空军和陆军，歼灭冲绳岛附近的美国护航运输队和特混编队。倘有余力，即一跃登陆，以陆军形式出现，与美军展开短兵相接的决战。

这一世界海战史上空前绝后的特攻战，是"菊水一号特攻"作战计划的重要一环。这是一次有去无回的自杀性攻击。"大和"号巨舰上的油料只能保证航行到冲绳，舰队没有空中掩护。这简直是一场鸡蛋碰石头的游戏。

经过美舰空兵轮番空袭，"矢洲"号在被击中12枚炸弹和7枚鱼雷后，凄惨地眠目海底了。"矶风"号喷吐着长长的黑烟不动了。落伍的"霞"号命运难卜，发出"我舰出现故障"的信号。日本最大的战舰"大和"号舰面一派凄惨，甲板龟裂，炮塔全毁，尸体相枕，血流满舰。

1941年12月16日下水的"大和"号，是当时世界上最大的战列舰。它长263米，宽38.9米，满载排水量可达72800吨，最大航速27节，装460毫米主炮3座，155毫米、127毫米等火炮和高射机枪共200余门（挺），它的防护力也是首屈一指的，它共有1100多个水密隔舱，船装甲厚达200毫米至410毫米。它比名噪一时的德国巨型战舰"傅斯麦"号还重1万余吨，可称得上是"舰中之王"了。

美军潜舰发现了日舰。美舰队司令米切尔立即发出攻击令。于是，10艘航母上的386架飞机随即向日舰扑去。12时39分，美机到达日舰上空，开始轰炸。"大和"号的左右舷共中3弹。13时37分，美机又开始第2波轰击，百余架飞机向"大和"号投下雨点般的炸弹，由于它目标太大，而防空能力又差，很快又被3枚鱼雷击中左舷，汹涌的海水灌入舰内。美军先后进行了8次攻击。"大和"号总共中了10枚鱼雷、5颗重磅炸弹和无数中小炸弹。看到世上最大最重的战舰即将下沉，舰上浓浓烈火同上千名水兵纷纷落海，日舰队可令长官伊藤正一中将脸色苍白，凄然无语，他反锁上指挥室的门，扣动扳机，与"大和"号同归于尽。不久，"大和"号甲板快要成垂直状态，战旗几乎触到汹涌的波涛。舰上的巨型炮弹纷纷滑出，碰撞着炸弹舱的甲板，又引起了一连串爆炸。渐渐地，波涛淹没了舰桥，海面顿时形成一个深达50米的大漩涡。下沉20秒后，主炮弹药库爆炸，发出翻江倒海似的巨响，烟柱高达1000米，恐怕在鹿儿岛都能看到闪光。大约又过了20秒，"大和"号上又发生第2次大爆炸，伴看一声巨响，海上掀起100多米高的巨浪，历史上最大的战列舰慢慢沉入海底。炽热的铁块冲天而起，气浪使海上逃难的日军感到一阵阵窒息。

美机发出"大和"号沉没的电讯："时间：1945年4月7日14时23分。地点：九州西南50海里海域。"

"大和"号的沉没，宣布了"船坚炮利"时代的结束。从此，世界海战

告别了大炮巨舰，进入了以航空母舰为主力舰，以争夺海上制空权为核心的主体海战的时代。

冲绳一战，出击的 10 艘日舰，6 艘沉没，4 艘逃回了佐世堡。"大和"号上的 2767 名舰员中，仅有 269 名免入鱼腹。另外，"矢娜"号损失 446 人，"朝籍"号损失 330 人，其他 7 艘驱逐舰损失 391 人。美军先后参战的舰载机共 386 架，损失 10 架飞机和 12 人。

在美军强大的海空攻势面前，没有空中掩护的"大和"号等舰只的覆没，是毋庸置疑的。"大和"号的消灭宣告了日本帝国海军奉行的"大舰巨炮主义"彻底破产，标志着联合舰队的最后崩溃和毁灭。

1983 年，从日本传来最新消息：潜水员在日本长崎以南 160 千米、鹿儿岛以西 160 千米海域的水下 355 米深处发现了"大和"号巨舰的残骸。

这是历史的见证！"大舰巨炮主义"的象征！

据战后统计，日本海军航空兵发动的 10 次"菊水特攻"，共出动飞机 3742 架次，其中特攻机 1506 架。击伤美军舰船约 400 艘。

日本的这种自杀飞机，到 1945 年投降前，拥有数千架。各式各样的飞机，甚至连木质双层飞机都找出来装上炸药参加自杀攻击。直到日本宣布无条件投降，"神风特攻"才随之寿终正寝。然而，"神风攻击"的 3500 名年轻飞行员，却成为法西斯可悲的殉葬品。

海军开创两栖作战的新纪元

 从海洋到陆地

在飞机出现以前，战争的舞台只有两种，一是陆地，二是海洋。陆地和海洋一直是战争的两个最基本的战场，二者是相互独立的。

然而，在人类战争史上的漫长岁月里，一些海上力量强大的国家总希望把海上力量的优势，延伸到陆地上，陆上力量强大的国家也希望把自己的力量发展到海上。在这种海上力量向陆上力量转化的过程中，就出现了一种过渡性的作战类型——两栖作战。两栖作战也称登陆战，是一种介乎于海战与陆战之间的作战类型，有着自己独特的作战特点。两栖作战是由海军和陆军（飞机出现以后，还有空军）协同进行的作战，它的任务是上陆并发展进攻，直至占领预定区域。

海军在作战过程中的任务是夺取制海权，与敌舰队作战，将陆军送上海岸并提供火力掩护和保障后勤补给支援。陆军的任务是抢滩登陆，从滩头向纵深实施攻击，突破敌人的陆上防线。两栖作战的历史很古老，有记载的最早的两栖作战是公元前1470年古埃及对叙利亚的登陆战役。但其理论的发展则一直停滞不前，它在战争中的地位和作用一直被人们忽视。

19世纪，英国的两栖作战胜败参半。

美国从1776年的巴哈巴岛登陆作战到第二次世界大战爆发前，进行过160多次登陆作战，但对两栖作战未给予充分的研究。第一次世界大战各参战国共进行了5次较大的登陆战，其规模和实施组织方面都较以前有所发

展。但是许多军事家认为，白昼在有防御地带进行两栖作战无疑是自杀。

美国海军理论家派伊在 1925 年发表文章说："由于现代武器、现代舰艇、空中侦察及无线电通讯效率的提高，由于军队规模的扩大及其装备的复杂性和数量的增加，大规模两栖登陆正变得越来越困难，成功的机会越来越少。岸上军队依靠铁路和机动车辆，机动性大大提高。快捷的通信、火炮吨力的增加，已使两栖登陆在长时期获得制海权之前，几乎成为不可能的事情。"

两栖作战似乎将要在这一片悲观的哀叹中声被扼杀。最终，两栖作战理论的发展主要是由美国人完成的。

1921 年，美国海军陆战队少校艾利斯提交了一份研究报告——"712D 作战计划"。报告中谈到，为了取得对日战争的胜利，美国须将舰队和地面部队投送至太平洋，在日本的海域与之交战。要达到这一点，美军在投送过程中和投送以后，必须有足够的基地以支援舰队。但从当时的情况看，美国在太平洋上没有一个能进行防御的基地，美军只能从敌人手中以武力夺取基地。摧毁并占领日本控制的岛屿是美军对日战争不可避免的第一阶段。艾利斯在研究的过程中发现，那种认为对设防阵地进行两栖攻击不可能取胜的认识已经过时了。因为新式武器的出现和军队的进步，改变了某种作战方式。当登陆艇满载着步兵、机枪、轻型火炮和坦克冲向滩头时，海军的炮火和空中攻击将可提供常规炮兵所无法给予的火力优势。只要海军在舰对岸的作战中能保证增援部队和后勤的供应源源不断，那么，陆战队就可通过滩头的密集进攻粉碎敌人的滩头抵抗。

美国海军陆战队司令勒琼在读完艾利斯的报告后非常重视，很快就批准了这份报告。

他说："夺取并占领敌人的基地，是海军陆战队远征部队的另一个重要任务。我们的舰队在横渡太平洋时，两翼都有许多敌占岛屿，敌人可以利用这些岛屿，将它们变成电台通讯站、空军基地、潜艇基地和驱逐舰基地。美国舰队推进时，必须统统占领这些岛屿。我认为海军陆战队在和平时期最重要的任务是建立一支装备精良、训练有素的远征部队。一旦战争爆发，远征部队即可随舰队出发，支援舰队。"

艾利斯的报告成为美国海军陆战队的官方政策性文件，它促成了海军陆战队的革命，从此两栖作战成为海军陆战队的主要任务。美国海军陆战队随着任务性质的变化，开始了对两栖作战的一段漫长的艰苦试验，推动了两栖作战理论的发展。美国陆军海军联席局在1927年颁布了名为《陆军海军联合行动》的指令，指出"海军陆战队由于同海军不间断的联系，在登陆战的实施过程中，将发挥特殊的作用"。陆军和海军的大多数高级将领们都一致认为，海军陆战队的基本职责是发展两栖作战，并在海军作战中为夺取前进基地提供部队。美陆军海军联席局的这一决定，为海军陆战队理论的形成铺平了道路。

1933年12月8日，"海军陆战队舰队部队"正式成立。舰队部队的成立，明确规定了登陆部队与舰队的关系，从根本上消除了陆军、海军在登陆时出现磨擦的问题。

1934年，美军完成了《登陆作战试行手册》，提出了两栖作战的六大问题：强调要有统一指挥的海陆空协同，强大的舰炮和空中火力支援，首次进攻必须占领足够大的滩头，后勤供应要实行战斗装载的原则等。

《登陆作战试行手册》是美军第一个两栖作战条令手册，它准确细微地勾画出实施两栖登陆战时所涉及的各个方面和各个细节，不仅对美国海军陆战队的发展产生了重大影响，也是两栖登陆作战发展史上的重要里程碑，可以说是对传统的两栖作战理论的一次革命。1938年，美国海军将该手册完整地列入《美海军登陆作战条令》中。1941年，该条令被美陆军原文采用，以《野战条令31—5》的标题发表。至此，美军已经在理论上解决了两栖作战的主要问题。被视为两栖作战的"圣经"。

美国海军陆战队制定完《登陆作战试行手册》后，从1935年起每年都要举行一次舰队登陆演习，同时投入大量军用物资进行试验。在演习过程中，美国海军陆战队不断壮大，先后成立了2个陆战师。美国陆军也派了4个师参加海军陆战队的两栖登陆战训练，为在第二次世界大战中实施两栖作战打下了坚实的基础。另外，美军还制定出了具体的两栖作战计划。

美国海军和海军陆战队在40年代初已基本完成了对两栖作战理论的革命，彻底推翻了两栖作战不可能成功的观点，在理论上解决了诸多两栖作

战的难题，使两栖登陆战理论不断充实和完善，为太平洋战争的胜利奠定了理论基础。

当盟军把两栖作战理论用于欧洲战场上的时候，在太平洋战场上，美国的海军陆战队也不甘寂寞，他们和日军展开了一场你死我活的大搏斗。

美军在第二次世界大战中实施的第一次两栖作战是 1942 年 8 月的太平洋上的瓜达尔卡纳尔和图拉吉岛登陆战。这是对两栖作战理论的检验。

1942 年 8 月 6 日晚，美陆战师约 2 万人分乘 23 艘运输船，在"大黄蜂"号、"企业"号、"萨拉托加"号等 3 艘航空母舰在内的特混队的掩护下，开始了在瓜岛和图拉吉岛的登陆行动。瓜岛上的日军共有 2000 人，由于对美军登陆瓜岛估计不足，所以美军未受阻拦就轻易上岸。登陆的第一天，美军陆战队就有 1 万多人登了瓜岛。从此日军失去了西南太平洋的制海权。

日军从瓜岛撤退后就在瓜岛西北的新乔治亚群岛加紧修筑机场，增援部队，以巩固日本在南太平洋的防御圈。

美军计划于 1943 年 6 月 30 日开始，兵分三路同时进攻特罗布里恩德群岛、新几内亚群岛和新乔治亚群岛。由于得到日军正往新乔治亚群岛南部移动的消息，于是对新乔治亚的登陆提前在 21 日开始。登陆地点选在日军兵力薄弱的新乔治亚岛、伦多瓜岛和厄古努岛。

美军南太平洋司令哈尔西率领 7 个师、1800 架飞机和 6 艘战舰、2 艘航空母舰以及许多小型舰艇，未受大的抵抗就夺取了登陆场。日本海军组织力量反击，使美国巡洋舰受重创，但未能动摇美国强大的空军和占优势的海军。

7 月初，美军又在乔治亚岛和西北侧的莱特湾登陆，形成对防守

哈尔西

· 129 ·

孟达机场的日军两面夹击的态势。8 月 5 日，美军攻占孟达机场，然后扫荡主岛，迅速向邻近小岛扩大战果。8 月中旬，美军在韦拉—拉韦拉岛登陆。10 月 9 日，全部占领新乔治亚群岛。日军的登陆作战由初期的成功逐步转向失利，其主要原因是日本丧失了海空控制权。

1943 年 11 月，美军在中部太平洋对日军发动进攻，其登陆战的第一个目标就是吉尔伯特群岛。

吉尔伯特群岛由马金、塔拉瓦岛等 16 个珊瑚岛组成。其中日军在塔拉瓦岛修筑了坚固的防御阵地，并有 4600 人驻守，他们是日本海军陆战的精兵。日本驻守该岛的司令官声称：在 100 年之内，即使用 100 万人的兵力也无法攻下塔拉瓦岛。1943 年 11 月 20 日，美军组成了有 6 艘航空母舰的庞大舰队，载着 1000 架飞机和 2.5 万海军陆战队向吉尔伯特群岛的马金岛和塔拉瓦岛发动了进攻。美军在马金岛方向没有遇到日军的顽强抵抗，顺利地占领了该岛。但在塔瓦拉岛方向美登陆部队遇到了麻烦，虽然美国的海

军舰炮和舰载机对塔瓦拉岛进行了狂轰滥炸，但是只摧毁了日军的表层工事，而战壕工事和土木强固支撑点未被触动。

日军依仗着这些战壕工事，对美军的登陆部队进行了猛烈的轰击，再加上正好遇上不规则的潮汐，美军的许多登陆艇被阻于滩头，美军经过浴血奋战终于在 29 日占领了全岛。在这次战役中，日军除被俘 250 人外，其余 4000 多人全部被击毙，而美军的伤亡也达 3200 余人。

塔拉瓦之战是美国海军陆战队对战前两栖作战理论的实践。塔拉瓦之战结束后，尼米兹海军上将立

尼米兹

即下令美国太平洋舰队的有关人员来塔拉瓦研究、总结经验，从而把两栖登陆战推向了一个新的高度，为以后指导美军成功地遂行马绍尔群岛、马里亚纳群岛、吕宋岛和硫磺岛两栖作战奠定了基础。塔拉瓦之战因此被美国史学家称为"1945年胜利的播种床"。

太平洋战场，由于登陆作战次数多，登陆作战的经验日益丰富，使得两栖作战理论不断得到充实和完善。

这一理论的基本点是：以力取胜，即以强大的兵力和火力，压制对方，使对方无力还击，从而保证兵力顺利地从海上投向陆地。在兵力对比上，要构成绝对优势；在作战保障上，要集中海空军兵力，夺取制海、制空权；在登陆编队上，要严密警戒和掩护；登陆后，要进行强大的火力支援，夺取整个战役地幅内的优势。这样，登陆的胜利才有保证。

 ## 两栖作战的辉煌

第二次世界大战开创了两栖作战的新纪元。这场大战波及三大洲四大洋，不仅战场十分广阔，而且战争前期德、意法西斯夺占了欧洲大陆，日本则控制了东亚大陆和西南太平洋众多岛屿。在这种严峻的情况下，除了苏联以外，美、英要取得战争胜利，只有渡海登陆，攻入欧洲大陆和太平洋上日本控制的岛屿，才能直接进攻德意日法西斯。因此，二战中，登陆战就成为仅次于陆上作战的重要战争样式，其实施次数之多、规模之大、成功率之高，都是过去的战争所无法比拟的。

两栖作战在第二次世界大战中可谓是出尽了风头。在太平洋战场和地中海战场，两栖作战走过了一段漫长而又艰难的道路。

1939年9月，德国挑起了第二次世界大战，顿时，德国军队席卷欧洲，英国军队狼狈地从法国逃回了大不列颠岛。为了向全世界证明英国是不可被征服的，英国首相丘吉尔迫切要求英军给德军一次教训。于是，英国人想起了两栖作战。丘吉尔提出建造坦克登陆艇的想法，以便"带着坦克和装甲车辆，乘坐平底船开上岸去，出其不意，突入德军内地袭击，切断重要的交通线，杀得德军尸横遍野，然后归来"。丘吉尔的想法得到了一些人

的认同。1940 年 6 月，英军 120 人横渡英吉利海峡，向法国的布洛涅发动袭击，遭到德军的痛打。7 月，英军又组织了一次登陆，还是一无所获。自二战以来的几次两栖作战的失败使英军认识到盲目的冲动和一厢情愿换不来战斗的胜利，必须对两栖作战进行认真的研究总结。

丘吉尔于 1940 年下令成立了"联合作战司令部"，由凯斯海军元帅任司令，直属于英帝国参谋长委员会，专门负责实施两栖作战。联合作战司令部的成立，推动了英国对两栖作战理论的研究和实施。1941 年 3 月，英国联合作战司令部发动了第一次大规模两栖作战，袭击了位于挪威北部韦斯特峡湾的罗弗敦角，获得了成功。这次胜利是英军一战以来首次取得的两栖登陆战的胜利，使英国人摆脱了历次登陆作战失败的阴影。

为了进一步检验自己进行大规模两栖作战的能力，英国联合作战司令部又进行了三次两栖登陆战。第一次是 1941 年 12 月对挪威瓦日素港的袭击，大获全胜。第二次是在 1942 年 2 月，英军动用了第 1 空降师的伞兵，成功夺取了德军设在法国勒阿弗尔的一处雷达站。然而，第三次的两栖登陆战英军在迪厄普登陆作战时受到挫折。

1942 年，英国受到来自美国、苏联以及全世界人民要求在欧洲开辟第二战场的强大压力，不得不制订了代号为"吕特"的两栖作战计划。

计划的构想是以大部队袭击法国的港口迪厄普，借浓雾和施放的烟雾突然上岸，从侧后攻占德国的海岸炮连，突破海堤，占领迪厄普港口。这次战役成败的关键取决于突然性。

虽然，英国人做了大量的保密工作，但是德国人还是发现了英国的动向。令人费解的是，英国在知道登陆行动已经暴露的情况下，仍然实施"吕特"计划。而此时的德军对英军进行了反欺骗，让法国特工人员向英国报告说，驻守在迪厄普的德军只有 1400 人，正在休整，作战能力很差。其实德军加强了迪厄普的防御力量，在海滩和开阔地埋了大量的地雷，炸掉了许多建筑以便于大炮的射击，并且在许多建筑物里装了炸药。德军处于高度戒备状态，静等英国军队自投罗网。

1942 年 8 月 18 日晚，200 多艘军舰载着 6000 多英国登陆部队向迪厄普驶去，海面上风平浪静，一切似乎都在按计划顺利进行。当英国军队快接

近海岸的时候，哪知一场悲剧马上就要发生。德国猎潜艇发现了英国舰队，并对它进行了攻击。等到英国军队登上海岸时，严阵以待的德军开始对英登陆部队进行大屠杀。第二天凌晨，英军指挥官看着海滩上英军血流成河，不得不下令撤退，这次两栖登陆战就以英军的惨败而告终。在这次战斗中，英军共伤亡5810人，占登陆部队的96%，登陆部队的装备全部损失。而德军仅伤亡591人。

迪厄普登陆战是英军的悲剧，虽然英军在迪厄普登陆战没有取得成功，但是他们认真总结了这次登陆战的得失，获得了宝贵的经验和教训。

丘吉尔对这次战斗评论道："这次行动所遭受的伤亡似乎同结果不相称。只用这个标准来判定这次事件是错误的。迪厄普在这次战争中有其历史地位。它不应因可怕的伤亡数字而被视为失败。它是代价高昂，但不是没有收获的武装侦察，它是经验的宝库。我们再一次认识到，在预有防御地区的强行登陆中，猛烈的海军炮火和空军火力支援具有无价的作用，我们的海军对岸炮击和空军轰炸技术从此得到改进。最重要的是，只凭个人技术和勇敢，而无严密的组织和协同训练是不可能取胜的。诸军兵种的联合作战是胜利的秘诀，要做到这一点，必须有一支训练有素、组织完善、规模庞大的两栖部队。"不久盟军就又组织了一次代号为"火炬"的大规模两栖登陆战。

1942年11月8日凌晨，英、美盟军组成了庞大的舰队，向北非沿岸的法属摩洛哥和阿尔及利亚全速开进，打响了"火炬"战役。盟军分三路进军北非，第一路是从美国基地开往卡萨布兰卡的西部集群，共3.5万名美国官兵，由巴顿中将指挥；第二路是从英国本土开往奥兰地区的中部集群，共3.9万名英国官兵；第三路是从英伦三岛开往阿尔及尔港的东部集群，共3.3万名英美官兵。此外，英国舰队布置在地中海，掩护盟军的整个作战行动。轴心国万万没有预料到美、英盟军会出现在北非，当盟军登陆部队通过大西洋驶向地中海时他们已来不及调兵遣将。而且盟国经过外交上的努力，终于说服法国武装力量总司令达尔朗海军上将，让他命令法国驻非洲的陆海空三军完全停止对西方盟军的抵抗，并且严守中立。这样就使盟军在北非的登陆十分顺利。可见，这次大规模的两栖登陆战的成功是在敌方

防御十分薄弱的情况下取得的，很大程度上应归功于外交上的成功。

在这次作战中，盟军也暴露出了许多问题。一位历史学家曾指出："部队为在法属北非登陆所进行的战前训练……没有达到预期要求，甚至还达不到为战胜装备精良、作战顽强的敌人所需要的训练水平。"尽管如此，这次作战还是证明了英国海军陆战队在战前确立的两栖登陆战基本原则的正确性，为更大规模的两栖登陆战提供了经验和教训，使盟军从一个胜利走向另一个胜利。盟军在北非取得胜利之后，罗斯福和丘吉尔在卡萨布兰卡进行了会晤，最后决定在西西里岛实施两栖登陆战，以加快意大利投降的步伐。

为了隐蔽战略意图，盟军对轴心国进行了代号为"肉馅行动"的欺骗。1943 年 4 月 30 日，德国的情报人员在西班牙南部海滩上发现了一具英军尸体，身上带有两封信，一封是巴顿写给艾森豪威尔的，信中谈到英、美两国联合作战的问题；另一封是英国陆军副参谋长赖依写给亚历山大的，信中透露盟军将进攻撒丁岛和希腊。希特勒对这些深信不疑，认为盟军将在撒丁岛实施登陆，而对西西里岛的进攻只不过是佯攻，于是下令将西西里岛上的兵力调往撒丁和希腊，在岛上仅留下了 2 个德国师。

西西里岛和突尼斯之间有个岛屿叫班泰雷利亚岛，是意军的飞机和鱼雷艇基地，盟军为了取得进攻西西里岛的前进基地，于 6 月登陆攻占了该岛，扫清了轴心国在西西里岛南面的前哨阵地。获得制空权和制海权对登陆来说至关重要。从 7 月 3 日起，盟国的空军开始对西西里岛、撒丁岛和亚平宁岛南部的机场、港口、潜水艇基地以及工业中心展开了猛烈的空袭，迫使德、意军的远程航空兵将其基地撤至意大利北部。同时，盟军击沉了轴心国横渡墨西哥海峡的 5 艘火车渡轮中的 4 艘，使西西里岛与意大利本土的联系更加困难。盟军获得了制空权和制海权，使轴心国的空海军不能进行有效的抵抗。

1943 年 7 月 9 日深夜，盟军的登陆兵和空降兵在西西里岛南部的锡拉库札至杰拉 180 千米的地段上实施登陆和空降。而此时的意大利军见天气恶劣，认为盟军不可能在这种天气登陆。当意大利海岸的雷达兵看见雷达屏幕上白茫茫一大片时，却不相信那是军舰，以为是雷达出了故障。

这时，整个登陆海滩上空无一人。

一切太顺利了，盟军在第一天登陆中就占领了纵深为 5 ~ 15 千米的登陆场。在西西里岛西南沿岸登陆的美军第 7 集团军，只遇到意军的微弱抵抗，接着盟军登陆部队又进占了杰拉和利卡塔，夺取了 3 个登陆场。

14 日，盟军建立了宽 140 千米、纵深 20 ~ 25 千米的广阔登陆场。美军在北部顺利向前推进，于 7 月 22 日抵达西西里岛北岸，进占巴勒莫。

7 月 25 日，墨索里尼的下台使意军更无斗志，意军成批投降，德军只得依靠 3 个德国师扼守西西里岛东北部。

8 月 1 日，盟军决定发动新的攻势，并从北非调来了 2 个师。与此同时，德军也获得了 1 个坦克师的增援。

经过 2 天的战斗，英军占领了卡塔尼亚，美军也于 8 月 16 日进入了墨西哥。此时，盟军在岛上的兵力已达到 33 万多人。德军自知大势已去，便采取紧急措施撤走自己的军队。8 月 17 日，盟军占领了整个西西里岛。在这次战役中，轴心国军队共损失 16.7 万人。

在西西里岛登陆的战役中，盟军隐蔽地从各地调集了大量的陆海空军，在兵力上造成绝对的优势，始终处于"以强击弱"的有利地位。伪装和欺骗活动也很成功，保障了战役的突然性。西西里岛之战是盟军在欧洲发动的第一次战略性两栖登陆战，也是第一次在敌方有防御地带强行登陆。同前几次的登陆战相比，盟军的两栖登陆战的水平已有大幅度提高，特别是其舰炮支援水平已有了质的飞跃。但是，这次作战也显示出盟军在两栖作战方面还有许多有待改进的地方，特别是空军与地面、舰队的协同和兵员的素质需要进一步提高。

1944 年，随着欧洲战局朝着有利于盟军方向发展，在欧洲战场开辟第二战场一事便被确定下来。盟军开辟第二战场总的企图是，在德国西北部登陆，夺占登陆场和港口，保障主力上陆和后勤供应，然后发动攻势占领整个德国西北部地区，并与在法国南部登陆的部队配合，向德国内地进攻，协同苏军最后战胜法西斯德国。但是登陆地点选在哪里比较合适呢？

盟军在权衡利弊后选在了诺曼底，登陆作战的代号为"霸王"。

为了确保登陆作战的成功，盟国动员和调集了强大的军事力量，总兵

力达到287万余人，飞机1.37万架，海军各种舰艇9000余艘。

战前，盟军对诺曼底地区进行了长期的空中侦察，查明了德军海岸防御体系。盟军在登陆前几天就开始猛烈轰炸诺曼底地区的重要目标，给开战前后德军的兵员调动和后勤供应造成了极大的困难。同时，为了隐蔽自己的战略企图，盟军采取了一系列的欺骗措施，使德军对盟军的主攻方向判断错误，认为盟军将在加莱地区登陆，而不是诺曼底，从而忽视了对诺曼底的防御。1944年6月6日1时30分，第二次世界大战中规模最大的一次登陆战开始了。

盟军利用涨潮时机和刚刚出现的暂短的好天气，开始在诺曼底地区登陆。英、美2000多架运输机和800多架滑翔机满载着3个空降师分别从英国20个机场起飞，在诺曼底的重要纵深地带实施空降。黎明时分，2000多架飞机又对德军沿岸阵地进行了猛烈的轰炸。

由于盟军掌握着制空权，德军抗登陆的准备又不足，所以登陆部队未遇德军强大的反击，第一天就夺占了数个纵深8～10千米的登陆场。

6月7日到12日，盟军一面加紧巩固登陆阵地，一面努力向纵深发展。经过激烈的战斗，盟军于12日将奥马哈、犹他、金滩、朱诺和剑滩5个登陆点连成一片，形成了一个正面宽约80千米、纵深为12～18千米的登陆场。

这时，盟军登陆的部队已达32万人。从6月13日起，盟军开始集中力量拓展诺曼底登陆场。到6月底，盟军就占领了正面宽100千米、纵深50千米的登陆场。诺曼底登陆战胜利完成。在40多天的战斗中，德军共伤亡11万余人，盟军也付出了极大的代价，共伤亡12万余人。

诺曼底登陆战

诺曼底登陆战是世界军事史上规模最大的一次两栖

登陆作战，它的胜利源于英、美等国在战前长期进行理论研究和战争期间血的教训。

斯大林在给罗斯福和丘吉尔的贺电中说道："盟国登陆兵大规模地强渡拉芒什海峡和在法国北部大举进攻是完全成功的。这无疑是我们盟国的光辉胜利……不能不承认，这次行动按其计划的周密、规模的宏大和行动的巧妙来说，在战史上还从未有过类似的先例。这件事将作为头等业绩载入史册。"

战后，一些军事专家认真地研究了历次成功的两栖作战的战例，得出结论：要想使登陆作战获得成功，首先战前要进行长期周密的准备；其次，登陆一定要在绝对的制空制海权的条件下实施；第三，必须有大规模的空降配合；第四，要出敌不意地选定登陆地区，隐蔽地进行战役准备。

以上的两栖作战经验，对于现代战争和未来战争还适用吗？随着武器装备的迅速发展，两栖作战在战后局部战争中得到广泛应用，尤其是气垫船、直升机等新型登陆、着陆工具的出现及使用，使得两栖作战理论和方法出现了许多新情况和变化，其地位日益提高，已成为现代战争中一种最复杂、最冒险，也是最有影响力的进攻形式。

 ### 两栖作战人物志

在两栖作战的舞台上，涌现出一大批叱咤风云的战场骁将，他们运筹帷幄，审时度势，指挥千军万马，驰骋海陆战场，以卓越的军事才能和丰富的战争实践"导演"了一幕幕两栖作战的"话剧"，充分展示了他们的指挥艺术和治军方略。

在美国战争史上，曾有一位将军，在第二次世界大战和朝鲜战争中因擅长三军联合作战，而成为二栖作战大师，他就是美国五星上将——麦克阿瑟。

麦克阿瑟于1880年1月26日出生在美国阿肯色州小岩城的军人世家。父亲是南北战争时期的著名将军，后任菲律宾军事总督。麦克阿瑟从小在陆军中长大，受到父母的严格管教和多方面影响，1899年入西点军校学习4

年。第一次世界大战中，任美国第42师，即彩虹师的参谋长，1917年赴欧洲参战，不久升任该师师长。1919年出任西点军校校长，在职4年采取了一系列改革措施整顿和改造学校。

1922年至1930年间，他先后任美国驻菲律宾马尼拉军区司令、美军第3军军长、美国驻菲律宾总司令等职，1930年至1935年任美国陆军参谋长。1935年任菲律宾政府的军事顾问。1936年被授予菲律宾元帅衔，1937年底辞职退休仍留在菲律宾。1941年7月，由于太平洋形势日益紧张，麦克阿瑟再度应召服役，恢复中将军衔，任美、菲远东军司令，开始了其在太平洋战区的指挥使命。

在太平洋战争中，麦克阿瑟充分展示了他的军事才华。为了避免与日军正面作战，在攻占日军的岛屿时，麦克阿瑟使用了辗转前进的战略，他称为这是"蛙跳跃进"。这一战术是美军在太平洋战场上的一个创造，发展成为美国在整个太平洋战争中最有效的战术。其主要思想是：在攻占了敌人的重要岛屿后，使用这些岛屿从空中、海上封锁其他岛屿上的敌人。即使敌人遭到分割被动，也不使自己兵力分散，这样既可以减少伤亡，又可加速战役进程，它是集中兵力、各个歼敌、攻敌要害、溃其全局战术的具体体现。1943年5月，盟军决定沿中太平洋和西南太平洋两条路线向日军进攻，这两条攻击路线均广泛、灵活地运用了"跃岛攻击"战术，其结果是加速了日军"内外防御圈"被突破的进程。西南太平洋由麦克阿瑟指挥。他在新几内亚内陆的帕普战役结束后为了获取费太兹、丹皮尔两个海峡的控制权，利用米尔尼湾和布拉为基地的两栖兵力，在新几内亚的胡昂半岛登陆，占领了芬夏芬，建立了巨大的补给基地。利用这个地区为起点，麦克阿瑟由此进一步向新不列颠和新几内亚北岸发动两栖作战。1943年12月15日，盟军首先在新不列颠的阿拉维登陆。此时，在所罗门群岛方面，美国的海军陆战队也于11月1日在包根维里岛登陆。并在那里建立了机场，使日军在西南太平洋上重要海空基地拉布尔在美军战斗机航线之内。不久，麦克阿瑟命令，盟军应以新不列颠和包根维里北面的绿岛为基地，对日军占领的拉布尔进行24小时的空中攻击，但一直未实施占领。

在麦克阿瑟看来，日本人在海上的损失惨重，对分布在新几内亚北岸

飞舞的飘带：海军的历史

的部队无法作有效的补给，所以，他决定不采取寸土必争的前进方式，而完全依赖航母舰载机的支援，以此作一连串的两栖跃进。

第一个跃进是占领海军列岛，这对拉布尔构成严重的威胁。这时日军决定把他们的主要基地移到荷兰地区。麦克阿瑟看穿了日军的意图，果断地将第二步跃到荷兰迪亚，这是一个远达 600 里的跃进，完全出乎日军预料之外，其东、西被盟军切断的日军人数达 5 万以上。盟军继续向西跃进，占领了弗吉尔柯普半岛上的桑沙普。在继新乔治亚岛登陆作战后的一年多的时间里，麦克阿瑟的部队已前进了大约 1300 米的距离，切断日军兵力135000 人，使他们完全失去了得救的希望。

桑沙普、新几内亚战役一结束，接下来的一跃就是菲律宾战役的开始。1940 年 10 月，美军决定反攻菲律宾，麦克阿瑟担任最高统帅，他选择的首要登陆目标为雷伊泰岛，其战役目的是在雷伊泰岛建立后勤和航空兵基地，以便支援，尔后向吕宋、台湾进攻；分割日军在菲律宾群岛的守军，以便各个击破，并对菲律宾群岛进行大规模的进攻制造有利条件；切断日本本土与印度及西亚群岛的联系，阻止日军将战备物质运往日本。

麦克阿瑟决定将战役分三个阶段进行。10 月 20 日拂晓开始，第 78 与79 突击舰队输送的北部突击兵团与南部突击兵团分别在三个地域突击上陆，麦克阿瑟站在"纳希维尔号"巡洋舰的舰桥上，清晰地看到这片碧绿的海面上，一波又一波的登陆舰向海滩冲去。不久，最高的椰子树上升起了美国国旗和菲律宾国旗。麦克阿瑟在太平洋战争的两栖作战中，可谓是名声大噪。1950 年 6 月 25 日，朝鲜战争爆发了。战争又给了麦克阿瑟一次创造两栖作战史上奇迹的机会。年已 70 岁的麦克阿瑟此时还在日本，他奉命从日本飞到南朝鲜后被指定为联合国军总司令。这时美军与朝鲜人民军交火屡遭失败，朝鲜人民军开始猛攻美军的釜山防线，形势十分紧迫。为了扭转战局，麦克阿瑟决定在对方战线后方实行大胆的两栖登陆，以便切断北朝鲜的供给线，然后拦腰包围朝鲜人民军。

麦克阿瑟把登陆地点选在仁川，引起美军内部意见纷纭。许多人反对麦克阿瑟在仁川登陆的主张，认为这是极不明智的选择。因为该地水文、地形十分复杂，潮差大，最高时达 10 米，低潮时从海岸到水际形成 5.4 千

米宽的淤泥滩，登陆兵难以上陆。此外，仅有一条狭窄的飞鱼峡水道进入仁川港，假如一艘船只沉没就会堵塞整个航道。尤其是仁川没有可代登陆舰艇直接上陆的滩头，且沿岸筑有高4.5米的石质防波堤，是登陆兵和两栖车辆的天然障碍。

而麦克阿瑟则认为，就在这样一个大家认为不能登陆的地区上陆才容易达成突然性。他的理由是：第一，朝鲜人民军主力90%集中在洛东江一线，仁川至汉城地区防御薄弱，估计守军约6500人，其中仁川地区仅2000人左右，可以攻其不备。第二，仁川地处朝鲜海岸中部，以突击行动在此登陆，可拦腰切断朝鲜人民军的后方主要补给线及其退路，策应第8集团军夹击朝鲜人民军。第三，仁川是汉城的门户，相距不过29千米，登陆后直捣汉城，政治上影响甚大，利于挽回美、伪军的颓势。

麦克阿瑟竭力陈述自己的观点，终于说服了他人，获得了华盛顿的批准。

登陆前，美军进行了一系列侦察、佯动与预先火力准备，其中掌握了仁川地区的水文和天然障碍情况，以及朝鲜人民军兵力部署，海防阵地编成与火器配备等情况，隐蔽了美军的真正意图与登陆地点。

登陆作战自9月15日开始，在攻占月尾岛、突击仁川港、占领金浦机场后，至9月28日美军攻占汉城结束，历时14天，基本达到战役目的。仁川登陆一举成功，成为麦克阿瑟55年戎马生涯的顶峰。麦克阿瑟后来回到美国，在纽约的一家饭店里，开始写他的回忆录。1960年4月，陆军五星上将道格拉斯·麦克阿瑟因病逝世，终年84岁。陆军五星上将艾森豪威尔说："美国上下将为美国历史上一位杰出的军事领导人肃立志哀。作为有幸在他的直接领导下工作数年的人，我和他所有的朋友一样，感到巨大的损失和悲哀。"

海洋深处的较量

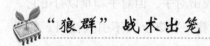
"狼群" 战术出笼

深夜,大洋深处有一群"野狼"眼睛泛着阴森森的绿光,疯狂地追逐着猎物。"狼群",它并不是什么海中怪物,而是一支令希特勒感到自豪的德国海军潜艇部队。在第二次世界大战中,作为德国海军的主要作战力量,这支潜艇部队利用其独特的水下机动能力,神出鬼没,在海上大打出手,给盟军以沉重的打击。尤其是大战初期,它曾经肆虐于大西洋和地中海,几乎断送了大英帝国的命运。英国首相丘吉尔在战后的回忆录中写道:"战争中,唯独使我真正害怕的是德国潜艇的威胁。"

在一战前,德国人对潜艇似乎不大感兴趣,他们把潜艇看做是一种近岸航行的船只,也就是说潜艇只能是一种防御性的武器。然而,在第一次世界大战初期,德国潜艇却取得了意想不到的巨大战绩。

一战结束后,德国作为战败国,受到其他国家的制约,《凡尔赛和约》禁止德国拥有潜艇。

然而,德国海军自1932年起就着手准备恢复潜艇的建造。1935年,希特勒上台后,开始忙于准备战争,德国潜艇部队准备重新组建。1935年9月28日,第一支潜艇作战支队正式成立,并被命名为"威丁根"支队。邓尼茨担任了这支以一战时著名的潜艇英雄威丁根命名的潜艇支队的支队长。当时,这是一支拥有9艘250吨级的潜艇的小型部队,几个月后,潜艇增加到18艘,当时各艇艇长以及支队的其他军官都经过严格的挑选,集中了许

多一流的人才，这就是德国潜艇部队的前身。

从那时起，邓尼茨就苦思冥想着一个问题："有什么办法能够从海上打败英国？"因为，他隐隐约约地感到，战争已迫在眉睫，英国仍将成为德国的对手。

英国是一个岛国，安危系于海洋。海上运输对其国民经济的发展，起着举足轻重的作用。为了确保海运安全，英国建立了世界上最强大的海军。"日不落帝国"的神话，就是仰仗着大舰巨炮，一直流传了数百年。

英、德两国海上力量对比，德国水面舰队根本不是英国的对手，而潜艇隐蔽性强、续航力大，可以轻而易举地攻击对手，但对手却难以打击它。

潜艇建造周期短、费用少、经济上划算，军事上又不引人注目。如果避开皇家海军，把潜艇派到大西洋，截杀盟国的护航运输队，便可以切断英国的海上生命线，达到使其弹尽粮绝、不战自降的目的。但是德国出海口不畅，大型水面舰只都被堵在自家门前，行动受阻，只能利用潜艇偷渡到大西洋。

邓尼茨认为，潜艇在攻击敌舰队时，投入规模越大，成功概率就越高。多艇攻击，可使对方防不胜防，顾此失彼。尤其在恶劣的气候条件下，多点攻击，四处开花，必将使对方船队陷于极度混乱的状态。无论在进攻上还是在防御上，都极为有利，就像狼群出动，令敌人无从招架。

为了使自己的理论付诸实践，邓尼茨一直呼吁发展潜艇，力争将其作为未来海战的主战力量。

然而，潜艇自从问世后，就一直采取单艇作战方式，各自为战。因为通信技术水平的限制，在水下活动的潜艇难以解决通信联络问题，这种方法在对手防御力量不强时效果尚可，但遇上强敌就难以奏效。

从1935年10月起，邓尼茨致力于"威丁根"潜艇支队的训练。邓尼茨要求在一切气候条件下，潜艇都能在水面和水下操纵自如。训练计划的每一部分都很周密。例如，在敌方水区应如何操纵，在看见一架飞机或一艘军舰的条件下，什么时候应该下潜，什么时候不下潜等。

在训练中，邓尼茨还推翻了那种在高度发展的反潜装备面前潜艇无能为力的看法，从而消除了存在于官兵心理的自卑感。他向希特勒要求配备

300 艘潜艇兵力，这是他预测中的最低数量，因为要使潜艇更有效地攻击敌船队，非有这样的配备不可。他计划把其中的 100 艘潜艇使用到攻击盟军船队方面，另外的 100 艘来往于战场与基地之间，剩下的 100 艘则留在基地待命。如果按照邓尼茨的作战计划，在前线战区始终保持 100 艘潜艇的话，德国就不难切断英国的贸易航线。

为充分发挥这支潜艇部队的作用，邓尼茨对手下的每一个成员反复强调："我们的潜艇必须结成群，以群对群，才能打破英国人的护航体制。"这时，他筹划多年的潜艇"狼群战术"已日臻成熟，将付诸战争实践。

所谓潜艇"狼群战术"就是事先将若干艘潜艇组成"狼群"，在敌船队的航道上垂直展开。"狼群"平等地搜索船队，艇与艇间隔 15～20 海里。"狼群"正面搜索宽度可达 300～400 海里。由一名有经验的潜艇艇长担任群长，负责具体指挥"狼群"的协同作战。任何一艘潜艇发现敌船队后立即发报，报告岸上指挥所，并接近船队和紧紧地跟踪船队。指挥所再命令潜艇群迅速航行至船队前方，白天在视距外跟踪，夜间以水上状态逐次实施鱼雷攻击，对掉队的单艘舰船也可进行炮击。一般来说，潜艇群天亮前停止攻击，脱离船队至视距以外，日落后再次接近对方进行攻击。战争爆发后，潜艇的"狼群战术"发挥了巨大的威力，给盟军的海上运输以沉重的打击。

战前，邓尼茨曾试图装备 300 艘潜艇。然而，当战争拉开序幕时，德国潜艇部队仅拥有 57 艘潜艇，而且只有 39 艘潜艇能够参加海上作战。由于德国的潜艇不多，因此，战争初期，德国潜艇部队只能单独作战，没想到这种战术也取得了巨大战果。潜艇"U—4"号偷袭斯卡帕湾，潜艇"U—2"号击沉"勇敢"号航空母舰，都曾震动一时。德潜艇部队以娴熟、灵活的战略战术，把潜艇战推向了高潮，在海上大打出手，给盟军造成了巨大的损失。

1940 年 6 月，法国败降，进入大西洋的大门豁然败开，从比斯开湾到挪威沿海的许多港口都成了德国潜艇基地，同时，德国的潜艇也一艘艘地下水，潜艇队伍日益壮大，于是邓尼茨不失时机地放出了他的"狼群"，几乎完全切断了联结美洲与英伦三岛的盟军海上运输线，无论在心理上，还

邓尼茨

是在其他方面，都给盟军一种震撼的力量。

在德国潜艇部队发起"狼群"作战的高潮时，几百只"狼"在海上觅食，这样的海上大屠杀几乎每日每时都在发生。正如丘吉尔所说："对我们来说，潜艇的攻击是最具毁灭性的灾难。德国人真聪明，竟然以潜艇下最大的赌注。"

从 1941 年起，德潜艇部队作战区域又开始伸向北大西洋，这支"狼群"给盟国的运输船队造成了严重的损失。

1941 年 12 月太平洋战争爆发后，德国向美国宣战，美洲的一些国家也相继参战，战火烧到整个西半球。在新的形势下，德国潜艇部队准备开辟新战场——地中海。这时德国制造了可以进行远洋活动的大型潜艇，其排水 2000 吨，可装载 700 吨燃料，其中 600 吨将给其他潜艇。这回潜艇部队可到远洋施展威风了。12 月 9 日，德国潜艇部队发起了一场针对美国的"击鼓战役"。12 月 16 日，德国第一批 5 艘潜艇悄悄驶离了比斯开湾基地。

为达到这次偷袭的突击性，德潜艇部队在驶往美国东海岸的途中，对任何目标不进行攻击。

对于美国人来说，虽然报纸上天天画有邓尼茨和德国潜艇部队的狰狞漫画，还刊有英国船队遭受袭击的悲惨消息，但那是在欧洲水域，毕竟与美国大陆隔着一个大西洋。美国人太麻痹大意了。他们根本想不到，就在纽约港口外不远的水下，自己正被 5 只"野狼"贪婪地盯着。

在纽约港口，德国潜艇慢慢上浮。港口的情景令德军大吃一惊：摩天大楼上的霓虹灯喷红吐绿，自由女神铜像也被灯火映照得大放异彩，一艘艘商船前呼后拥，进进出出，所有的航行灯都亮着。德"U—123"号艇长哈尔德根少校后来写道："这里既没有巡逻警戒，更谈不上护航编队。潜艇

在这里作战,很本不需要什么战术,只要你会按那个鱼雷发射按钮!"

几分钟后,德国5艘潜艇各自占领了最佳发射位置,对准纽约港口大约有20艘商船和一些驳船,毫不犹豫地按下了发射按钮。

顿时,港口阵阵爆炸声响成一片……

这个海军潜艇作战史上最负盛名的"狼群"战术,在大西洋上大出风头,德海军潜艇的大批"狼群"神出鬼没于大西洋和美国海岸,像幽灵一样在同盟国的一支支护航船队头上笼罩了一层层厚重的死亡阴影。

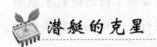 潜艇的克星

为了打击德海军潜艇部队,从1942年起,美国就一直在研制一种对付潜艇的武器——航空自导鱼雷。人们亲切地称呼它为"闲逛的安妮"。鱼雷的声波自导头是根据潜艇螺旋桨的空化噪音而跟踪潜艇,鱼雷本身的螺旋桨噪音不能大于目标噪音,因此它只能是一种慢速武器。一般情况下,德国潜艇下潜后总是以尽可能快的速度逃离下潜漩涡,以避免深水炸弹的攻击,这样它就会产生空化噪音。鱼雷上的声波自导头可以有效地在五六米内跟踪这种空化噪音。如果德国潜艇长时间下潜后有意降低航速,就会安全地逃离这种鱼雷的攻击。这种鱼雷首先装备了英国空军的2个飞行中队,这两个中队的作战半径均能达到中大西洋。另外,护航航空母舰也开始在大洋中游弋。德国海军潜艇部队面临新的灾难。

1943年5月,大西洋争夺战决定性的作战行动开始了。德国情报部门掌握了盟军2支护航运输队的航线,德36艘潜艇奉命出动,发誓要给盟军护航运输队以猛烈打击。

一场恶战开始了。

5月10日,德艇长克劳森海军上尉发现了护航运输队,他指挥"U—403"号潜艇紧紧跟随着护航运输队,边发报边伺机攻击。下午,盟军护航航空母舰"比特"号上的1架"剑鱼"式飞机发现了"U—403"号艇,对它进行了攻击,但遇到潜艇上猛烈的对空火力射击,飞机被击伤。

12日,英国空军飞机飞临"U—456"号艇时,潜艇被迫下潜,飞行员

赖特中尉便对准正在下潜的潜艇，投下1枚自导鱼雷。2分钟后，看到鱼雷入水点约823米处鼓起一个小水柱。不一会儿，"U—456"号艇长泰赫尔特海军上校便操纵受伤的潜艇浮出了水面，并对飞机进行了猛烈的射击，这是盟军首次用自导鱼雷击伤德潜艇，飞机由于燃料不够便绕过了这条"腐狼"。但逃过初一逃不过十五，次日晨，加拿大第423飞行中队的1架"桑德兰"式飞机和2艘护航军舰配合，将这艘潜艇送入了海底。盟军护航运输队安全渡过了中大西洋。

盟军把自导鱼雷又装到了舰载机的挂架上。在亚速尔群岛附近水域护航的美国航空母舰"桑蒂"号派出双机进行巡逻飞行，飞机均挂载了自导鱼雷。

美机采用了一种新的战术：用一架飞机迫使潜艇下潜，另一架飞机在其下潜漩涡的正前方投放自导鱼雷。美机用这种战术成功地击沉德"U—160"号潜艇、"U—509"号和"U—43"号潜艇，"闲逛的安妮"一次次地对德国潜艇部队进行着海上大屠杀。然而，德潜艇并没有善罢甘休，"狼牙"仍旧锋利，它们还在拼死顽抗……

盟军用自导鱼雷把德国潜艇送上西天，这种可怕的武器并未给德国潜艇部队的士兵们造成心理恐慌，因为他们压根儿不知道这种武器的存在。然而，另一种更直接的反潜武器却令德国海军谈虎色变、闻风丧胆，给他们造成了沉重的心理负担。这就是新出现的海上武器——反潜火箭弹。正如有的德国海军将领所言，反潜火箭齐射对于年轻的和没有经验的人来说，精神上造成很大的威胁。

从1942年起，英国就一直在研制这种反潜火箭弹。这种反潜火箭弹重30千克，其中11.3千克为纯钢半穿甲弹头。火箭射出后迅速加速，燃料烧尽时接近声速。弹头顶部外形经过精心设计，能控制火箭弹入水后的水下弹道，其入水角度为13度，弹道向上弯曲，不会进入大于2.5米的水下深度。火箭弹靠穿甲能力杀伤目标，它能在潜艇的水线以下炸一个洞。它的最理想的瞄准位置是距目标约18米的水面上的一点。

1943年春，反潜火箭弹武装了盟军部队，开始了它的海上战斗历程。

1943年5月23日，英国护航航空母舰"射手"号参加了战斗，舰上搭

载的"剑鱼"式飞机均挂载了反潜火箭弹，每架飞机悬挂 8 枚。高频无线电测位装置测定了一艘跟随在护航运输队后面不断发报的潜艇的位置，用派出的飞机在海面上空搜寻着……突然，正在执行任务的英国飞行员霍罗克斯海军中尉在前方约 16 千米处发现了目标，便驾机钻进云层以免被发现。当他快赶上潜艇时，便向左转弯，飞出云层。此时潜艇就在左舷 1.6 千米处。霍罗克斯压低机头，把炮口对准了企图下潜逃窜的潜艇。在 720 米距离上，他发射了两枚火箭弹，偏了 135 米，没有命中。

360 米距离上，他进行了第 2 次齐射，又差了 27 米。在 270 米距离上第 3 次齐射，仅仅差了 9 米。

这时飞机已冲至距潜艇 180 米，中尉屏住呼吸进行了第 4 次齐射，击中了"U—752"号潜艇的水柜，然后穿透耐压艇体，海水灌进了军官会议室。艇长施勒特尔海军上尉立即取消了下潜的命令。潜艇倾斜着浮上水面，漏出大量燃油。水兵们一窝蜂似地跑出指挥室奔向高射炮，以猛烈的炮火向飞机射击。

这时，霍罗克斯的火箭弹已发射完，他撤到了敌人有效射程外，另 1 架英军"野猫"式飞机开始攻击，飞行员用机关炮对准潜艇进行了射击，打死了艇长施勒特尔和一些士兵。

德军群龙无首，乱成一片，最后沉掉了被炸伤的潜艇，不少幸存者被俘虏。

这就是"老鹰"捉"小鸡"的一幕。

到 1943 年，飞机已成为德国潜艇部队的"克星"。1944 年 6 月 6 日，盟军登陆诺曼底时，德潜艇发出了最后的一点"余辉"。邓尼茨对潜艇部队下达了训示："去接近敌人的船队吧！为此，不要惧怕通过浅滩、危险的海面，为了减少敌人最后的成功机会，在登陆之前就要给他们以猛烈的打击。……打击登陆中的敌军即使损失潜艇，也在所不惜。"为了德国的存亡，潜艇部队要在这场登陆战中孤注一掷。

6 月 6 日午夜 1 时，德国潜艇部队受命前往预定位置，以阻止盟军的舰船登陆。这时，21 艘潜艇从挪威的卑尔根港整装待发。9 艘潜艇，已经从布列塔尼半岛的布勒斯开湾的拉巴利斯驶出，它们准备在英吉利海峡的威地

岛与诺曼底岛的瑟堡之间，等待时机，等待盟军船队"入瓮"。另外19艘潜艇从法国各港口出发，在比斯开湾的外海准备袭击在此地登陆的盟军。

这天夜里，激烈的战斗打响了。在比斯开湾，潜艇不得不返回基地。因为在诺曼底开战的头2天里，潜艇部队在盟军的打击下，连续损失了5艘潜艇，使潜艇部队一时陷入被动的境地。然而，这支与第三帝国共存亡的潜艇部队仍不甘心失败，7月份他们继续前往海峡与盟军进行作战，遗憾的是，潜艇部队根本无法阻止盟军的登陆。他们为此付出了巨大的代价，仅7、8月间，就有8艘潜艇被击沉，占所出动潜艇总数的2/3，同时约有750名乘员先后与潜艇一起沉入大海。

诺曼底战役后，德军丧失了在法国大西洋沿岸的潜艇基地，德国潜艇部队辉煌的日子一去不复返了，真可谓是"无可奈何花落去"。

在这场战争中，德国潜艇部队在海上与盟军较量的结果，使得失败者只能痛饮一杯失败的苦酒，发出一片流水落花的哀叹声。第二次世界大战中，德国共有1900艘潜艇下水，其中1150艘服役，有807艘被消灭，在3.9万名潜艇员中，2.8万名死亡，5000名被俘，其伤亡率十分惊人，高达85%。而这支潜艇部队给盟国也造成了巨大的损失，据战后统计，共击沉同盟国航空母舰、战列舰以下舰只148艘，击伤45艘，击沉商船2759艘。欧战结束前夕，邓尼茨被任命为希特勒的接班人、德国元首。根据他的指示，德国陆海空三军放下了武器。但是，残剩的215艘潜艇却被德军自行凿沉了，这支曾在大洋中疯狂一时的"狼群"——德国潜艇部队随之灰飞烟灭了。

可见，德国海军过分地依赖潜艇作战。在邓尼茨看来，"乌鸦抓不住老鼠，飞机也消灭不了潜艇"。但是事与愿违，德国潜艇部队"狼群战术"遭到了沉重的打击。这种过分突出潜艇，而没有航空母舰等海上兵力的海军，虽能逞威于一时，但终归难以支持长期的、全面的海上战争，无法逃脱覆灭的命运。

战后，科学技术的发展给潜艇注入了强大的生命力，使得潜艇插上了"翅膀"。1954年1月21日，美国海军建成了世界上第一艘核动力潜艇"鹦鹉螺"号。1959年，苏联海军也建成了自己的首艘核动力潜艇。1965年美

飞舞的飘带：海军的历史

·148·

国海军的"乔治·华盛顿"号战略导弹核潜艇又诞生了，从而使海军潜艇成为一支巨大的战略威慑力量。接着苏联海军又推出了"台风"级战略弹道核潜艇……今天，凡拥有核武器的国家，无一不建有战略导弹核潜艇，它成为国家战略威慑的主要"王牌"之一。

 ## 控制海上交通线

第二次世界大战中，旨在破坏对方军事经济潜力和保卫自己海上运输的斗争，是海军军事行动的基本形式之一。只有保持畅通的交通线，才能为海空基地提供有利的保障与支援；只有破坏敌方的交通线，才能削弱敌方的整个战争经济和战略，战役运输能力。

战争伊始，几乎所有国家的海军都对海上交通线的斗争认识不足。其实，早在第一次世界大战中德军就广泛使用潜艇破坏对方海上交通运输线，对战争的进程产生了深刻的影响。从1917到1918年，德国海军实施了1700多次无限制的潜艇作战，曾一度使依赖海上运输生存的英国处于危急境地。

二战爆发后，在大西洋战场上，德国海军在海上战场的行动是以破坏盟国交通线开始的。战争初期，被德国潜艇击沉的英国商船就占英国战争拥有庞大商船队的65%，使自恃海军强大的英国吃尽了苦头。

英国是个岛国，原料、食品靠海外输入，但它没有接受一战中德军无限制潜艇的教训，相反，将决战制海的思想捧为"圣经"，陶醉于造大舰、装巨炮，发展规模庞大的水面舰队。英国错误地认为，使用规模庞大的水面舰队与对手进行决战，取得制海权，就可以解决一切问题，保护自己的海上交通线。

由于战略指导思想存在偏差，英国对护航保交的准备不足，没有足够的护航舰艇，没有建立有效的护舰体制。

大西洋当时集中了世界航运量的3/4，对英国尤其具有生死攸关的意义。横越大西洋的主要航线为：北大西洋航线——从西欧到北美，运输量占66%~70%；南大西洋航线——从英国经直布罗陀和地中海通往中东和远东，或环绕非洲，运输量占20%~21%。

这些航线是英国的生命线。当时，英国拥有一支总计2100万吨的商船队，占世界商船总吨位的31.8%，平均每天有2500艘船只在海上航行，其海上交通线总长度超过8万海里。英国75%的石油、88%的铁矿石、80%~99%的有色金属、91%的橡胶、89%的小麦、84%的肉类、93%的食油都靠海上运输，每年货运量达6800多万吨。

1939年8月19日，德国海军开始向英国西部航道区及东北沿岸海域利用潜艇展开破交战。9月3日，德国"U—30"号潜艇在北大西洋击沉英国邮轮"雅典娜"号，这是二战中被潜艇击沉的第一艘商船。

惨痛的损失给英国人当头一棒。1939年9月5日，英国建立了护航舰制度，由海军部负责，把若干商船编成运输队，派出舰艇护航，船队按一定的航行序列及指定的航线航行。

战争初期，在广阔的大西洋分散进行破交的德国大型水面军舰虽然数量不多，却一度牵制了英国海军的很大一部分力量。英、法不得不动用大批海空力量，包括5艘战列舰、5艘航空母舰、20艘巡洋舰，组成了8个搜索群，对德国的大型水面舰艇进行攻击。不久，英国海军便取得了显著的效果。1939年12月，英国截获了在南大西洋进行破交战的德国"格拉夫·施佩"号袖珍战列舰，迫使其退入中立国港口后自沉。1941年5月，英国又调动了7艘战列舰、2艘航空母舰、12艘巡洋舰，搜寻追截德国新下水的"稗斯麦"号战列舰，并将其击沉。

遭到沉重打击的德国海军，从此便停止了用大型水面军舰在大西洋进行破交战，将重点转移到潜艇上。德国潜艇遂成了英国航运的主要威胁。

德国潜艇给盟国的运输船队造成了严重的损失。据统计，1941年5月至11月，德潜艇在大西洋取得的战果为：5月，击沉盟国船只58艘，合计3.25万吨；6月，61艘，31万吨；7月，22艘，9.4万吨；8月，23艘，8万吨；9月，53艘，2.02万吨；10月，32艘，15.7万吨；11月，12艘，6.2万吨。

12月9日，德潜艇部队发起了一场针对美国的"击鼓战役"。美、英两国的海上损失急剧上升到55万吨。

饱受潜艇之苦的美国人开始加强护航船队。由于德国潜艇部队都是紧

飞舞的飘带：海军的历史

靠着海岸活动，很快就掌握了美国商船夜航的时间表，美国商船为了避免遭到德潜艇部队的攻击，沿着近岸的浅水航行。这些由邓尼茨训练出来的潜艇部队，富有冒险精神，他们不顾浅水区无法下潜这一事实，疯狂地向商船进攻。

在大西洋上的航线被德国潜艇控制了，他们完全掌握了主动权，不断地将目标从一个点转移到另一个点，美、英有限的护航兵疲于奔命，防不胜防。

1942年6个月，德潜艇部队在美国沿岸一共击沉了585艘船只，共达308.1万吨。

整个1942年，德潜艇共击沉盟军1160只运输船，使盟军每月损失都保持在60万吨左右，这巨大的损失数字，好像是打足了气的气球，居高不下。

1942年夏，盟军调整了大西洋护航体系，划分为西区、中区和东区分别由美国、加拿大和英国的海军负责保障航运安全。

大西洋的护航运输队通常由40~60艘商船编成，排成9~12纵队，纵队间隔大约5链（约900米），长1.5~2海里（约2.8~3.7千米）的航行方阵，以每7~10艘商船配1艘警戒舰，在前方组成曲线或马蹄形的防护屏障。主要航线有：英国—北美；英国—直布罗陀、地中海和西非；美国—地中海等。随战争进程的发展，海上交通线的斗争愈演愈烈。德国海军在这方面又有了新的做法。德国海军首先把100多艘潜艇集中在盟国护航兵力薄弱的北大西洋中部，组织多个潜艇群。由岸上潜艇司令部大致确定出盟国护航运输队的航向和位置，用无线电指挥布置在附近的潜艇集结拦截。当其中一艘发现目标后，便引导其他潜艇发起进攻。一般白天下潜规避，夜间在水上发动攻击。这一"狼群"战术在1943年3月间达到高峰。到4月止，盟军共损失约1000万吨舰船，其中80%被潜艇击沉，德海军则损失潜艇155艘。

德国海军利用潜艇破交取得了辉煌的成果，给盟国造成了巨大的损失。1942年英国成立了以丘吉尔为首的反潜艇委员会，调集和投入了3000多艘舰艇和2000多架飞机进行反潜作战。1943年3月，美、英、加举行了大西洋护航会议，调整盟国护航体系，采用新的护舰时间表，组建了6支专门的

反潜艇支援舰队。1943年5月间，当德国潜艇对盟国4支护航运输队进行结群攻击时，盟军利用先进的雷达以及配备航空母舰的支援舰队，不仅成功地击退了德国潜艇的攻击，而且在3个星期内击沉德国31艘潜艇。从此，盟军由消极防御转为积极进攻。

1943年9月至10月，德国潜艇对大西洋盟国护航运输队进行攻击，但再次遭到失败，这时的德军的海上破交战实际上已经失败。

在太平洋上，美、日海军也涉及到保交与破交的问题。就拿日本来说，对海上交通理论缺乏认识，既忽视保交又忽视破交。日本与英国一样，都是资源匮乏的岛国，经济、军事、人民生活都离不开外界物资的输入，理应十分重视赖以生存的生命线，但它坚持决战制海的思想。在这种思想指导下，日本海军根本没有建立起像样的护航兵力和有效的护航体制，它的海上交通线几乎是无防卫的状况，任美国潜艇破坏。

据资料记载，德国海军曾根据一战的经验教训和太平洋的战略形势，向日本建议，应重视潜艇的破交作战，推广它的"狼群战术"。但是日本海军一味地追求集中一切兵力与对方的战斗舰队拼杀，而不肯抽出一定的兵力去破交，可谓是大大失策。日本更无视西方盟友的忠告，在战争中，又未能及时总结经验教训，而是一错再错。

相反，美国海军早已意识到破坏日本海上交通线的重要性，美国远渡重洋前出到数海里之外的岛屿（地区）作战，海洋交通线对它特别重要。从战争一爆发，美国便立即投入破交作战。另外，美国接受了德国的"狼群战术"思想，在太平洋、中国海和日本海上控制交通线上，都取得了重大的成果。

战争实践证明，如何进行交通线作战，直接影响到战争的进程及结局。

飞舞的飘带：海军的历史

二战后的海上军备竞赛

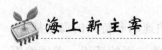

海上新主宰

第二次世界大战，造成人类 2500 万人死亡，而美国却是这场战争中唯一没有遭到破坏的国家，其经济实力和军事实力都得到了加强。

1945 年 6 月太平洋战争以美国海军打败日本海军而告结束，从此美国海军彻底控制了太平洋。

然而在美国的战略计划中，独霸太平洋只是美国海军战略中的一步棋，控制世界经济中心欧洲才是关键。只有占领了欧洲，才能有效地实现罗斯福所说的"美国武装部队将出现在世界所有的海洋上"的蓝图。

其实欧战结束时，美国海军已经控制了北大西洋、地中海，而且海军力量也大大增强，成了战后一个新的海上霸主。1946 年 3 月，丘吉尔在美国发表了攻击苏联的"冷战"演说，从此开始了美、苏间的"冷战"关系。面对苏联和共产主义思想影响的迅速传播，以及欧洲经济利益的诱使，美国为了推行其首先控制欧洲、尔后逐步取代英法地位而称霸世界的战略意图，不断插手欧洲事务而成了"欧洲大国"，并于 1949 年 4 月纠集西方 12 国成立北大西洋公约组织。翌年 5 月 14 日，苏联、东欧 8 国签订《华沙条约》，成立与北约抗衡的军事组织。从而在世界形成了以美国为首的"资本主义阵营"和以苏联为首的"社会主义阵营"。战后，美国经济增长的速度十分惊人：黄金储备量由 1937 年占资本主义国家的 50.2%，猛增到 1947 年的 74.5%；美国垄断资本在 1940 年到 1946 年获得纯利达 470 亿美元；美国

的舰艇总吨位也由100万吨增加到1947年的380万吨，同时美国手中还有"王牌"——原子武器。这一切都为其建设强大的海军提供了有利的条件。

雄厚的经济、军事实力，使美国人发出了21世纪是"美国世纪"的口号。

战后美国的第一任总统杜鲁门就曾说："我们取得的胜利已把永远领导世界的责任加在美国人的身上了。"接着"马歇尔计划"、"杜鲁门主义"、"艾森豪威尔主义"等侵略政策——出笼，这些侵略政策，用美元和核武器当标牌，在海上推行舰炮政策，很自然，美国海军在国家战略中起着无以替代的作用。

有200来年历史的美国海军，随时准备进行快速的和持久的海上战斗，以保卫美国的国防与利益。用美国海军将领尼米兹将军的话说，美国海军"在和平时期是执行国家政策的强有力的工具，在战争时期则是国家的第一道防线"。首先，美国把发展太平洋海域作为重要内容。太平洋作为世界最大的海洋，连接着亚洲、大洋洲、南北美洲和南极洲，有数十条海峡和水道与印度洋、大西洋、北冰洋相通，其中马六甲海峡是太平洋和印度洋之间的海上要冲。重要的战略地位和丰富的物质资源，使太平洋在政治、军事和经济上占有重要的地位。

1946年，美国参谋长联席会议曾制定出一项把美国"边疆"西移的军事计划。根据这项计划，美国首先加紧控制日本，利用战后单独占领日本的地位，把美国海军第7舰队开进了日本，占领了琉球群岛和小笠原群岛，并把冲绳岛建成了它在亚洲最大的军事基地。

1947年，美国海军又占领了马利亚纳群岛、加罗林群岛、马绍尔群岛等岛屿。这些大小2000多个岛屿，分布在太平洋4828千米的海面上，战略地位显要。美国以这些岛屿作依托，把关岛建成了它在太平洋上主要的海空军基地。

为了完成整个太平洋基地体系，美国也没有放过对南太平洋的控制。美国海军在大战期间就占领了澳大利亚和新西兰的一些岛屿。为了便于西太平洋和印度洋的美国核潜艇队的联系，1966年美国又在澳大利亚西北部建立了庞大的"美国海军无线电通信中心"。

战后的太平洋成了美国海军的天下，到处都有美国舰艇留下的航迹。

然而，21世纪50年代，美国有史以来第一次用自己的军队发动的大规模的侵略战争却失败了。朝鲜的战火把美国烧得狼狈不堪，从此美国的实力开始走向低谷。到了20世纪60年代，觉醒的巴拿马人掀起要求归还运河的运动。接着，爆发了日本要求归还冲绳岛的斗争，迫于压力，美国签订了《归还冲绳协定》，撤走了一些军事设施。

60年代，美国又把战争推到越南和整个印度支那。在印度支那人民的抵抗下，美国又一次遭到惨败，并使政治、经济陷入危机。

70年代，美国海军许多舰艇逐渐老化。数以百计的舰船陆续退役，海军现役的军舰已降到了中途岛海战前的最低水平。同时由于大量经费用于越南战争，海军力量难以发展。美国暂时从海洋霸主的顶峰跌落下来。谁料，这一时期苏联海军却由一支沿海防御力量建设成为一支远洋舰队。

苏联海军原司令戈尔什科夫早在1956年就宣称："或迟或早，苏联海军的旗帜将在世界大洋飘扬，那时美国将不得不承认，制海权再也不是它独占的了。"

十几年过去了，苏联海军真的做到了，他要和美国海军在海洋上平起平坐。

二战后，苏联热衷于建立一支庞大的进攻性海军。

50年代中期，赫鲁晓夫就对海军的未来确定了方针，即建立一支能够完成进攻性战略任务的远洋舰队。

赫鲁晓夫是一个"导弹迷"和"潜艇狂"，对建设海上新的武器装备十分重视。1959年赫鲁晓夫访问美国时，他在登上美国"格雷沙姆"号军舰在旧金山湾兜风时，就对该舰舰长夸口说："我告诉你一个秘密，我们本来已着手建造一大批海军舰只，包括许多巡洋舰。可是今天，他们都落后了……从此以后，我们将主要靠潜水艇。"

1964年勃列日涅夫上台后，步赫鲁晓夫的后尘，加速了国家军事化的步伐，1974年苏联的军费开支约占国家全部预算支出的35%，在这数字惊人的军费中，相当大一部分是用于海军的。苏联不断出台的海军现代化计划，把重点放在扩建潜艇和大型舰只上，大大加速发展了苏联远洋海军的装备。

苏联海军司令戈尔什科夫一针见血地指出，"海军是唯一能在国外保卫国家利益的军种"，"没有海军力量的国家不能长期占据强国的地位"。这种当代苏联的海军思维，为苏联海军的发展和苏联继续推行向外扩张的海洋战略提供了理论依据。

惊人的发展速度，使得苏联海军终于从一支"近海防御"的海上力量，转变为一支具有"远洋进攻能力"的庞大舰队，令世人刮目相看。

为了提高苏联海军"远洋进攻能力"，苏联海军装备得到了全速发展和不断革命。60年代，苏联海军核动力潜艇还是寥寥无几，到70年代初，已发展到90多艘。这类潜艇是苏联战略核力量的重要组成部分，被誉为"苏联海军的骄傲"。同时，苏联海军十分重视发展具有远洋作战能力的大型舰艇。为全面超过美国海军的力量，苏联加大军事拨款，加紧建造大型舰艇。1972年到1974年，每年平均建造的大型水面舰艇就达39艘。尤其引人注目的是，在这一阶段，苏联建造了以"莫斯科"号为代表的一大批航空母舰。据西方报刊有关资料估计，1962年到1972年间，苏联以每年90艘的建造速度，10年共建造了910艘舰艇。到1976年，苏联海军的舰艇总数已大大超过了美国。

从此，苏联海军除了拥有黑海舰队、波罗的海舰队、北方舰队、太平洋舰队4支常设舰队外，还在印度洋和地中海分别成立了常设分舰队。在北欧海域也建立了两支常设分舰队。正如勃列日涅夫宣称的："世界海图上难以找到苏联船只航行不到的地方。""最先控制海底的国家将控制全世界"，苏联首先发出了这样的声音，竭力向水下和海底迈进，建造深潜、远潜潜水艇，在海底设置核武器和军事设施，建立水下居住室，编绘了太平洋、印度洋、大西洋的海底沉积物图，为霸占整个海底作准备。与此同时，苏联海军加紧海上军事演习。70年代初期，苏联海军曾连续两次举行了"海上全球性进攻型军事演习"，每次出动舰艇都在200艘以上，还有大量的潜艇参战。演习范围包括挪威海、北海、波罗的海、大西洋、地中海、印度洋和太平洋等海域。这种带有实战背景的进攻性演习，往往是把军舰开到十几个国家的港口宣告结束。

苏联海军远洋进攻舰队的突起，引起了世界上另一个超级大国和一些海军强国的关注。

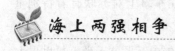

海上两强相争

人们总是认为，武力与结盟是国家安全的保障。"没有武力，信约便只是一纸空文，完全没有力量使人们得到安全保障。"根据这种理论，一个国家的武力愈强大，就愈有安全感。于是，强大的武力反而成了国家追求的目的，结果军备竞赛愈演愈烈。这样一来，在一种虚幻的"安全感"的笼罩下，国家安全相反变得更加脆弱。

苏联海军力量的迅猛增长，使美国这个超级大国十分恐慌。美国要保持自己的既得利益，不至于使自己在世界上的地位低于苏联，就不得不审视自己战略海军的发展计划。

苏联海军自60年代以来，在地中海、印度洋、太平洋、加勒比海和大西洋地区，加紧了同美国海军的争夺。

70年代后期，苏联一直保持着进攻态势：美国到哪里，他就跟到哪里；美国没来得及顾及的地方，他也要设法插足；美国暂时离开的地方，他会马上去填补"空白"；美国竭力确保的海域，更是他进攻的重点。这使得美国人十分气恼。

肯尼迪说过："控制了海洋就意味着和平，控制了海洋就意味着胜利。"美国对这一点深信不疑。

美国地处大西洋和太平洋之间，强大的大西洋舰队和太平洋舰队，一方面把霸占的巴拿马运河连接起来；另一方面，从大西洋向东，太平洋向西，以地中海和印度洋为中间枢纽，使美国海军把各个大洋连在一起。可以说，机动灵活、确保重点，这就是美国在海洋战略中的"两洋战略"。

苏联的海军则从欧洲两翼分进合击，迂回包抄，企图开辟一条从北欧海域经北大西洋、地中海到黑海的欧洲弧形航线。加上苏联在欧洲大陆的重兵，就形成对欧洲的海陆合力，同时，苏联海军还力图打通从黑海到地中海，经红海、印度洋和西太平洋到达日本海的东方弧形航线，对美国的"两洋战略"来个拦腰截断。向西可以钳夹中东，配合争夺欧洲；向东则可以进入太平洋，控制美国和日本，并向南亚和东南亚扩张。

苏联海军司令戈尔什科夫曾说过："地中海在军事上对苏联有着特别重要的意义。"

地中海位于欧、亚、非三大洲之间，面积约250万平方千米，是世界上最大的内海。地中海是沟通大西洋和印度洋之间的要道，它东经苏伊士运河，出红海可达印度洋，西出直布罗陀海峡亦可达大西洋，是西欧各国从中东海湾地区取得石油的最短供应线，被视为"海上生命线"。地中海北岸是欧洲的南翼，从大西洋的伊比利亚半岛直到爱琴海这一弧形地带，在战略上被称为欧洲防务的"柔软的下腹部"。可见，此战略地位至关重要。

对美国来说，控制地中海，就可以把苏联军队堵在黑海，截断它从南面合围欧洲的一只长臂，进而威逼苏联本土。苏联从1964年开始增派军队到地中海，到1967年中东战争爆发，就把黑海舰队的大部分舰艇开进了地中海，成立了地中海分舰队，包括航空母舰、导弹巡洋舰、导弹驱逐舰和潜艇，数量上已超过了美国。

1970年，苏联海军又在埃及建立了地中海特遣舰队基地司令部。

苏联海军的扩张态势，使美国大为震动，美第6舰队司令惊呼："美国舰队在地中海已经失去了自由活动的环境。"为扭转这种局面，尼克松在70年代初期访问了地中海地区国家，并要求美海军第6舰队确保地中海，确保战时优势。美国又为第6舰队增派了航空母舰和反潜舰。

为了加强地中海的力量，美、苏两国为争夺地中海海域明争暗斗，剑拔弩张，双方虽未真枪实弹交锋，但围绕制海权的斗争确已达到了白热化的程度。

印度洋作为世界第三大洋，也是美、苏争夺的重点。首先双方都出于经济利益（主要是石油）考虑。印度洋西临非洲大陆、北连南亚次大陆、东接东南亚各国，具有东出太平洋（经马六甲海峡），西进地中海（经红海与苏伊士运河），南绕好望角进入大西洋，战略地位十分重要，是连接欧、亚、非和大洋洲的航路枢纽。这个地区人口众多，资源丰富，特别是石油和石油制品的25%来自波斯湾。从波斯湾经印度洋运往世界各地的石油占世界石油运输总量的一半。美国和西欧的几十种战略原料也通过这条航线运输。这一海域是美国及其他一些西方国家"生死攸关"所在地。同时，

印度洋又是一个可供发射导弹的潜艇发射场，具有巨大的战略价值。战后美国海军打入了印度洋，但只是在印度洋保留一支规模不大的海军分遣队。

如果苏联海军控制了印度洋，就可以截断美国大西洋舰队和太平洋舰队的联系。卡住西方国家石油和战略原料的运输线，使"石油之路"变成了"通向莫斯科之路"。如果美国控制了这一海域，反过来就切断了苏联从黑海经地中海、红海、印度洋和太平洋直到日本海的弧形航线。

由此可见控制印度洋的重要性。

苏联为了其经济和军事利益，苏印度洋分舰队同美国第7舰队相抗衡。从1971年起，太平洋舰队的巡洋舰编队驶入印度洋进行军事演习开始，苏联舰艇不断到这些地区国家的港口活动，千方百计地攫取港口、基地。5年间，苏联在印度洋地区已经夺取了10多个或供使用的港口，并在某些港口扩建军事设施，作为它的实际军事基地。

苏联陈兵印度洋，威胁西方海上运输线，这使美国十分不安。美国国防部强调："我们已变得越来越依赖沿着印度洋航道行驶的油船不断运送的石油。"并说："大部分工业化世界依靠波斯湾流出的石油，如果波斯湾地区的石油资源被他人控制，这将会使世界政治结构发生急剧变化。"

美国前国防部长施莱辛格提出："美国要在这一海域保持强大的海军部队，以保护美国在这一海域的制海权。"

从1973年起，美国海军8次派遣特混舰队到这一地区活动。美国派出世界上最大的8.5万吨核动力航空母舰"企业"号，率第74特混舰队开到了印度洋，在斯里兰卡、马尔代夫一带游弋。并且不断进行军事演习，对这一地区国家进行政治、军事等方面的渗透，加紧部署建立了美国的海军基地。

苏联不甘示弱，也将30余艘舰只开进了印度洋。两国军舰互相尾随、监视，使印度洋局势恶化。

第二次世界大战后，美国一直是太平洋的霸主。为了同美国争夺太平洋，苏联的太平洋舰队已演变成了有远洋进攻能力的一支海上力量，与美太平洋舰队相较量。以前，这支舰队的活动范围仅是远东地区附近海域，到了70年代，其活动范围逐渐伸向太平洋中部和西部，并向太平洋纵深扩展。其太平洋舰队的总吨位已超过了美国的第7舰队，而且在质量上也有很

feiwu de piaodai:haijun de lishi

大提高。原美国务卿基辛格把这种海洋控制视为美、苏"未来争夺的中心"。可是，令苏联海军苦恼的是，其太平洋舰队主要基地海参崴被 C 型的日本国土紧紧围在日本海里。这样"刀难出鞘"，所以苏联人想要控制日本到太平洋的出海口，把西北太平洋变为自己的前进基地。

这就涉及到宗谷、津轻、对马三个海峡，因为这是日本海的三条通路，为了把三个海峡视为自己的家门，苏联顾不得日本强烈反对，明目张胆地在日本海游弋。据日本报纸有关人士的统计，70 年代后，苏联海军每天将有三四百艘军舰通过上述三个海峡，其运输舰和侦察舰则不计其数。同时，苏联海军控制了日本北方的齿舞群岛、色丹岛、国后岛、择捉岛四个岛屿，在这些岛上修建了大量的工事、机场和车落，它的飞机起飞在几分钟之内就可以达到北海道上空。

苏联把这些岛屿当做通往太平洋海域扩张的碉堡。只要从这里稍稍向前推进一步，就可以在日本北海道登陆。北方四岛成了苏联争夺太平洋的据点和架在日本脖子上的尖刀。

苏联海军舰队长驱直入美国的势力范围，让美国人十分不安。尤其是北太平洋地区，美国的阿拉斯加和阿留申群岛，与苏联领土仅一水之隔。

于是，自 70 年代以来，美国联合日本不断进行海军演习，监视苏联舰只的出没。1973 年 10 月，美国派舰空母舰"中途岛"号常驻日本横须贺港，加强封锁日本海海峡的能力。

1978 年苏、越签订军事协定，取得了在金兰湾、舰港、磅湛等地的海军基地，严重威胁到美国在太平洋地区的利益。

但是，美国要竭力保持自己的优势，力图稳住太平洋的阵脚。他们一边加强美国海军第 7 舰队的实力，在日本海周围加紧部署兵力，一边大搞反潜演习，加强封锁对马、宗谷和津轻海峡，这样一旦战争爆发，就可卡住苏联的喉咙，把苏联海军封闭在日本海。里根上台后，制定了新的海军战略，把两洋海军扩大为三洋海军，来应付印度洋、阿拉伯海、波斯湾地区的形势。

美、苏两国在太平洋上的角逐，激起了沿岸各国人民的强烈反对，但在美、苏强大的武力威胁面前，又显得无能为力。苏联对海洋的控制欲越来越强，甚至想把世界上的任何一片海域都划归为自己的"内湖"。苏联海

军把配备有弹道导弹的核潜艇开到美国的东、西海岸，有时在离美国只有350 海里的地方巡逻，美国《时代》周刊惊呼：苏联海军已经"在美国门户的台阶上进行挑战了"。

海洋是联系世界各大陆的重要通道，海上航线是美苏争夺霸权的重要生命线。80 年代中期美国宣布控制 16 个海上咽喉航道，即 16 个海峡（含天然、人工海峡和海湾）的战略。这 16 个海峡是：马六甲海峡、望加锡海峡、龚他海峡、朝鲜海峡、苏伊士运河、曼德海峡、波斯湾、霍尔木兹海峡、直布罗陀海峡、斯卡格拉克海峡、卡特加特海峡、格陵兰—冰岛—联合王国海峡、巴拿马运河、佛罗里达海峡、阿拉斯加湾、大西洋上非洲以南海域到北美间的航道。

全世界的海峡数以千计，适于航运的只有 130 个，其中主要的海峡仅40 多个，而美海军要控制的 16 个海峡，分别为经济发达区的洲际海峡、沟通大洋的海峡、唯一通道的海峡和主要航线上的海峡，它们均为海上交通的咽喉要道，可扼控舰船航行和缩短海上航程，具有十分重要的政治、经济和军事意义，在美海军的全球战略中占有极为突出的位置。

马克思主义认为，暴力是由经济情况决定的，经济给暴力提供物质基础。战争的根本目的是为了物质利益，自从有了人类，海洋争夺和海上战争，归而言之都集中在直接或间接获取物质利益。20 世纪后期各发达国家都十分重视从海洋获得利益。用苏联前海军司令戈尔什科夫的话讲："充分利用海洋资源，关系到所有国家的经济利益，这个问题是当前世界政治范围内最重要的国际问题和民族问题，当前确定世界范围内的海洋势力范围的尖锐斗争，不亚于 19 世纪瓜分大陆势力范围的斗争。"

人们不难看到，第二次世界大战以来，战争的阴霾一直在四大洋的上空职荡，由于受多种因素的制约，新的世界大战一直没有爆发。然而，战争并没有消除，20 世纪 80 年代以来发生的局部战争，足以向人们证明，海上的争夺将愈演愈烈。

 ## 海上核军备竞赛

人们很清楚地看到：二战结束后，出现了美、苏两个超级大国争夺全

球霸权的世界战略格局，爆发新的世界大战尤其是核大战的危险性不断增大，冷战与对峙成为时代的特征。

科学技术的迅猛发展，以及核能在军事与民用领域的广泛应用，给人类社会的政治、经济、外交、军事、文化、科技等各个领域带来了深刻的变化。美、苏两个超级大国在掌握了原子弹的基础上开展了争夺热核武器及其导弹化方面的领先地位的核军备竞赛。

自从人类发现了铀裂变并掌握分裂原子核的基本方法时，许多国家就意识到原子能的主要作用将是"转动世界的车轮和推进世界的船舶"，于是，将核能应用于海军武器装备成为新的研究课题。

这将预示着一场海军武器装备的革命，一旦成功，将使海上武器装备出现质的飞跃。

1954 年，美国首先将第一艘核动力潜艇"鹦鹉螺"号下水，该艇仅消耗几千克的浓缩铀就以平均水下 20 节的航速航行了 6 万多海里，并穿越冰层抵达人类从未到过的北极点。核动力潜艇以长时间的续航力、持续的水下高航速、优良的隐蔽性和巨大的打击力，震惊了整个世界。

人们认识到：核潜艇必将成为控制海洋和主宰未来海战的主要兵力。

苏联也不甘落后，加紧了核潜艇的研制步伐。经过一轮又一轮的核军备竞赛，美国发展了六代攻击型核潜艇和四代弹道导弹核潜艇，苏联也建造了四代攻击型核潜艇和四代弹道导弹核潜艇。

50 年代中期后，苏联不仅抢先成功研制氢弹、聚变弹，而且解决了核弹与洲际弹道导弹运载工具相结合的问题，还在远距离发射手段上领先于美国，造成所谓的"导弹差距"。

美国为重新夺回失去的战略核优势，采取加速建造"北极星"级弹道导弹潜艇的重大措施。1959 年，世界上第一艘弹道导弹核潜艇

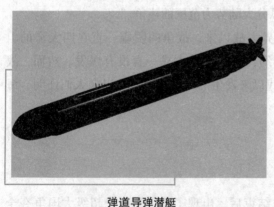

弹道导弹潜艇

"乔治·华盛顿"号下水，该艇携带 16 枚射程达 1200 海里的弹道导弹。其后，美国连续生产了 31 艘"拉斐特"级弹道导弹核潜艇，这种潜艇水下航速 30 节，携带射程达 4600 千米的弹道导弹。70 年代后，美国又开始研制"当代潜艇之王"——"俄亥俄"级弹道导弹核潜艇，该潜艇可携带 24 枚命中精度高、突防能力强、射程在 1 万千米以上的弹道导弹。

美国声称：战争爆发后，即使美国的其他战略兵力被毁，只要幸存 1 艘"俄亥俄"级潜艇，该艇上的 336 个分弹头，仍然可在半个小时内，摧毁敌方 200～300 个大中型城市或重要战略目标。

此外，70 年代后，美国将国家战略进攻核力量的主体转移至世界大洋的深处，配置在核潜艇上的战略导弹核弹头占国家三位一体战略核力量核弹头总数的 72%。这主要是由于潜基战略核武器有优越的生存力、隐蔽性和机动性；部署在全球海域的弹道导弹核潜艇能从不同海域、方向实施核突击，使对方防不胜防；如果把洲际弹道导弹发射场由陆基向海基转移，可大大减小本国遭受核突击；弹道导弹核潜艇几乎能无限期地在海上航行，具有从公海上瞄准敌国全境并发射战略核武器，且不分昼夜地在世界大洋深处机动的能力。

为了在关键性技术领域赶超美国，苏联于 1958 年开始建造 8 艘 H 级核动力弹道导弹潜艇，从 1963 年起，又建造多达 34 艘第二代核动力弹道导弹潜艇。1966 年苏联核潜艇完成了不浮出水面的环球航行，向全世界炫耀了其潜射导弹武器系统的能力。1968 年 Y 级核潜艇问世后，苏联开始以每年建造 8 艘的速度赶超美国。

1973 年，苏联的战略导弹潜艇已达 63 艘，超过美国的 36 艘，从而获得核优势。

70 年代后，苏联决定再生产 30 多艘 D 级核动力弹道导弹潜艇。进入 80 年代，苏联开始建造 7 艘世界上最大的"台风"级核动力弹道导弹潜艇，以便在大洋深处建立优势。该艇水下排水量 2400 吨，最大下潜深度 1000 米，装备有 20 枚射程为在 500 海里的潜对地弹道导弹，每枚导弹装有 7～9 个分导式核弹头，并能从北冰洋深处向美国本土发射弹道导弹。拥有核潜艇迅速地改变了苏联极为不利的地缘战略态势，使苏联海军发展成为一支

远洋进攻型海军，正如戈尔什科夫所说的那样："苏联的核潜艇，是第一流的、现代化的全能战斗舰艇，具有可能在大洋上执行广泛任务的战役战斗性能，它们不仅是战术武器的运载者，而且是我们祖国战备核盾牌不可分割的一个组成部分。"

鉴于核潜艇所显示出的卓越性能，美国决定将核能应用于二战中突击力强大的航母中去，建造核动力舰母。

1961年，世界上第一艘核动力航母"企业"号在美国服役。由于核动力航母一次更换核燃料可连续高速航行50万海里，且13年内无需更换燃料，极大地提高了机动力和续航力。因此，自1964年后，美国决定不再建造常规动力航母，开始实施连续建造10艘"尼米兹"级核动力巨型航母计划。另外，美国还建造了核动力巡洋舰，以便为航母护航和执行其他海上作战任务。1961年，美国第一艘核动力巡洋舰"长滩"号加入现役。该舰配备大盘导弹武器，拥有强大的反舰、防空和反潜作战能力，能以30节的航速连续舰行14万海里。美国连续建造了7艘巨型核动力巡洋舰，苏联海军也不示弱，建造了4艘威力巨大的"基洛夫"级核动力巡洋舰。如此一来，美、苏两国海军的核心作战舰艇基本上实现了核动力化。

今天，苏联远洋导弹核舰队已随着冷战的终结和苏联的崩溃而从世界大洋上消失了。不过，人们仍可以从活动在世界大洋水域的俄罗斯身上看到昔日的辉煌。目前，俄罗斯引以为荣的26艘弹道导弹核潜艇（其中包括6艘当今世界最大的"台风"级弹道导弹核潜艇）及其所携带的700枚弹道导弹，是前苏联海军留下的遗产。虽然冷战结束了，但笼罩着人类的核威胁并没有因此而消除。可以肯定地说，威力巨大的弹道导弹核潜艇不仅是俄罗斯在冷战结束后国家战略核力量的主要支柱，而且21世纪的俄罗斯的国家安全和大国地位在很大程度上仍然取决于其战略弹道导弹核潜艇部队。

可见，在战后美、苏全球争霸的世界战略格局和科学技术飞速发展的大背景下，美、苏两国都紧紧抓住核技术领域革命带来的历史机遇，展开了一轮又一轮的核军备竞赛，从而使现代海军在全球快速机动能力、洲际对陆精确打击能力等方面产生巨大飞跃，极大地提高了海军在超级大国全球战略中的地位和作用。

跨入 21 世纪的世界海军

 ### 海上霸主——美国海军

1989 年 11 月，世界上发生了一件具有历史意义的事件，这就是象征着东、西方隔离的"柏林墙"被推倒了。

就在当年，布什继里根成为战后美国第八任总统。在这期间，世界上发生了两大事件：一件是海湾战争，以美国为首的多国部队取得了胜利，这是二战后一场由多国部队参加的大型现代化战争；另一件事是苏联的解体及东欧剧变，前苏联的解体标志着战后长达 40 年的冷战已经结束，世界进入了多极化发展的时代。冷战的结束使世界大战爆发的可能性大为降低，然而世界上不稳定的因素并未减少，反而有明显增多的趋势。面对新的世界形势，美国开始对其冷战后的战略进行重大调整，把战略重点由"全球性防御"转变为"地区性防御"，并明确指出新战略的核心就是："保证战略威慑力量在主要地区的前沿与存在，并对危机能够作出有效反应以取得国家重组军队（如果需要的话）的能力。"美国海军为了实现国家总战略思想，1992 年 10 月公布了《从海上为美国海军进入 21 世纪作准备》的海军和海军陆战队的共同设想这个新战略。这个战略首次改变美国海军战后远洋战略的一贯思想，把海军力量投向濒海地区。

这个战略的基本内容是：美国海军主要作战对象由过去应付世界战争转变为应付区域性战争；作战区域由远洋转变为近海浅水区和濒海陆岸地区；主要作战目标由夺取大洋控制权转变为由海向岸实施力量投送；海军

作战方式由单独作战转变为联合作战。根据这一战略，美国又开始筹建21世纪美国海军的新框架，使美国海军成为战略威慑与防御、前沿存在、危机反应和部队重组的重要参与者，成为一支"能够从海上向陆地展开联合行动的海上远征部队"。

美国海军"从海上向陆地"战略出台后，又进行过几次调整与完善，1994年提出"从海上向前沿"战略，调整重点在强调"前沿"上。美海军的目标不仅是战地打赢战争，更重要的是在非战争情况下进行前沿参与，把防止地区冲突和控制突发事件放在首位。利用舰队和陆战队进行全球性机动或战役机动，以保障它们在前沿地区的存在；在现有武器射程范围内对海上和陆上之敌进行威慑或强有力的打击。另外，该战略从前沿存在、危机反应、地区冲突、联合作战与联军作战四个方面论述了海军兵力使用的原则。

90年代，美前沿地区的海军兵力就能达到地球上85%的战略目标和城市，并能将75%的陆上战略目标和城市摧毁，在世界大洋80%的海岸进行登陆作战。

美国海军推出的这一新战略体现了美国跨入21世纪海军建设的总体指导思想。

今天，美国能够称霸世界，并非是靠"气儿"吹的。经济实力、军事力量、科技水平是美国"称霸"的三个支柱，而其强大的海上作战力量则是军事力量起着举足轻重的骨干作用。"谁控制了海洋，谁就控制了世界"的马汉理论，对美国产生深刻的影响。

对于美国来说，现行美海军战略继续保留美海军的五大传统任务：力量投送、海上控制和海上优势、战略威慑、战略海运、前沿海军存在。大西洋和太平洋是美国天然的"护城河"，而美国海军正是这两道"护城河"中的巡逻哨！

拥有强大的海军就可以控制海洋，而控制了海洋就拥有了维护本土安全和海外利益的基本条件。美国正是依靠庞大的海上力量，成为名副其实的世界性超级大国。

目前，美国海军兵力数量为35.06万人，占军队总员额的37.91%（含

飞舞的飘带：海军的历史

海军陆战队）。现役部队编有 5 个作战舰队：第 2 舰队（大西洋），第 3 舰队（太平洋），第 5 舰队（印度洋、波斯湾、红海），第 6 舰队（地中海），第 7 舰队（西太平洋）。此外，还有军事海上运输司令部和海军预备役部队。装备有各型舰艇 467 艘（其中航母 12 艘，巡洋舰 29 艘，驱逐舰 57 艘，护卫舰 40 艘，潜艇 84 艘，攻击型核潜艇 34 艘），潜射弹道导弹 640 枚，各型飞机 5000 架。美国海军陆战队按照行政编组编有 3 个陆战师、3 个陆战航空联队和 3 个部队勤务支援大队。主要装备有主战坦克 637 辆，轻型装甲车 667 辆，各型火炮 1020 门，各型飞机 940 架（含直升机）。据统计，到 90 年代初，全世界拥有 60 架以上作战飞机的国家仅有 57 个，而拥有 60 架以上较先进的第三代作战飞机为 50~60 架。以强大的海军力量就可以对世界各地区的敌对一方构成威胁和形成威慑。

这支强大的海军力量，可以在世界各大洋和各海域自由航行。难怪有人讲，美国海军正充当"国际宪兵"的角色！

明天的美国，绝不会满足于 20 世纪已经拥有的成就。历史上的美国主要依靠海上力量拥有了超级大国的地位，未来的美国仍然需要依靠海上力量维持其超级大国的地位。

那么，美国海军在 21 世纪的任务是什么呢？

1997 年 5 月，美国海军作战部长杰伊·L·约翰逊上将在《水面战》杂志上发表文章，阐述了美国海军在新世纪的三大任务：

和平时期参与。即在和平时期，美国海军的任务是把美国的影响和力量投送到国外以支持美国营造安全环境的努力，从而促进地区经济和政治的稳定。其"参与"的方式主要有两种：一种是"持续留驻在海外，作为美国推行外交政策的有形工具"，另一种是"支持美国在和平时期建立联盟的努力"。

威慑和防止冲突。显示军事力量是防止战争和防止冲突的一个重要因素，而前沿部署的海军部队则是美国向其盟友和敌人显示能力和决心的极好手段。

投入作战并赢得胜利。

上述美国海军任务反映了美国国家利益、国家战略对 21 世纪初期美国

海军的要求。

早在 1996 年，美军参联会联合参谋部推出了《21 世纪联合部队构想》。这是美国军队建设的一部发展规划。

而美国海军的三大任务，与《21 世纪联合部队构想》的思想是一致的。

《21 世纪联合部队构想》中拟定的原则，将使美军战斗力倍增，使海军能够将传统的强点、平衡的前沿作战能力和在公海上自由作战的能力、新武器和新能力的使用充分地结合起来。美国海军官兵"将创造机遇使战斗力发生革命性变化"，并"确保美国拥有世界上最优秀的海军，现在如此，2010 年也将如此"。为了适应未来 21 世纪作战的需要，美国一直在大力发展新的海战装备。

1996 年 3 月，美国《武装部队杂志》报道，美国海军将新增添 2 艘"LHD—17"两栖突击登陆舰。2002 年可加入舰队。这种登陆舰，可运载 720 名海军陆战队队员，携带 6 架直升机或者 2 架旋翼机。

1997 年 6 月 23 日，美国《华盛顿邮报》发表一篇文章指出："海军正在研制遥控式舰艇。"有人认为，这种军舰可以"像南北战争时期的铁甲舰、第二次世界大战的航空母舰以及冷战期间的弹道导弹潜艇一样，大大改变海上战争，使之发生一场革命"。这种叫做"武库舰"的新型舰种，实际上是运载、存储、发射武器的漂浮在海上的遥控式舰船。一时间，引起世界各国海军关注，被炒得沸沸扬扬。

1998 年 5 月 25 日，美国《新闻周刊》报道，为了追求舰船的海上航行速度，五角大楼举行了一个有 220 名专家参加的会议来讨论这样一个设想：组建一支由载重量为 2000 ~ 10000 吨、航速可达 100 节的超高速海上运输船组成的舰队。这种船，长 91.4 米，靠水力驱动，可以携带 900 人和 240 辆汽车，以 43 节的速度航行。这项技术可能在 2010 年前研制成功。目前，美国已经在位于弗吉尼亚州詹姆斯河畔的尤斯蒂斯堡对一种造型优美并称为"黑猫"的黑色双体舰进行了检验。

1998 年 7 月 25 日，路透社诺福克电："哈里·杜鲁门"号核动力航空母舰正式服役。这艘耗资 45 亿美元的军舰是"尼米兹"级航空母舰中的第 8 艘，也是海军目前所拥有的第 12 艘。该舰排水量 9.7 万吨，航速在 30 节

以上，航程几乎是无限的，载有 80 架飞机。下一艘"罗纳德·里根"号将于 2003 年编入现役。1998 年 8 月 2 日，英国《星期日泰晤士报》报道：美国军事科学家正在模仿金枪鱼，设计一种用于收集情报的潜艇，这种潜艇的外观和游动与金枪鱼相似，能够潜入敌人防区执行侦察任务。研制小组称，一旦研制成功，可以在 5 年内取代传统的潜艇设计。可以预见，21 世纪初，美海军发展的重点是建立装备有高精武器的快速反应部队；进一步完善指挥、通信系统；将建造一批核动力航空母舰和登陆舰，以在今后 30～50 年内构成远征兵力的骨干；还将建造新的多用途核潜艇及导弹舰；战略核后备力量将由导弹核潜艇组成。凭借这种强大的实力，美海军将不仅能在大洋和漂海地区，而且能在陆战场乃至太空，使用常规武器执行进攻与防御、战略与战术等各种使命。

由此可见，美国海军无论在作战理论方面，还是在武器装备方面都处于世界领先水平，许多发展中国家只能望尘莫及。无可非议，美国是当今世界上的第一海上大国，强大的海上力量支撑着其霸权地位的"一条腿"。对此，世界上其他的国家有何感想呢？感叹、羡慕、忧虑、紧迫……

重振雄风的俄罗斯海军

冷战期间，前苏联面对以美国为首的西方国家为主要威胁，确定了海军奉行全球进攻的远洋战略使用原则。80 年代后期，在戈尔巴乔夫"新思维"的影响下，苏联提出"纯防御"的军事战略理论，海军开始实施战略收缩。苏联解体后，俄罗斯继承了 80% 的原苏联海军力量，在此基础上，于 1992 年组建了俄罗斯海军。海军将大量舰船从海外基地撤回近海，不再进行大规模的远洋军事演习。

1993 年，俄军事战略进行了重大调整，摒弃"纯防御"学说而代之以"积极防御"。据此，俄罗斯海军逐步调整确立了近海防御战略使用原则。

1995 年 9 月，北约正式通过东扩可行性报告。俄罗斯认为，北约东扩的实质是从安全机制上彻底剥夺俄的大国地位，确立以北约为主导的新的欧洲安全格局，同时也扼住了俄民族以欧洲为主要地区复兴发展的咽喉。

为此，在 1996 年正式出台"现实遏制战略"中，俄进一步确立了以美国为首的北约集团是俄罗斯面临的主要外部威胁的判断，欧洲海区将成为海军战略重点方向。另一方面鉴于亚太地区经济政治的崛起，俄罗斯迫切需要提高在这一地区的地位，保护并扩大自身的利益，但在这一地区，日、美军事同盟还在进一步发展，俄、美之间在西北太平洋的军事对峙依然存在，日本加速向政治大国和军事大国发展的企图也日益明显，对俄的威胁并不会因北约东扩而降低。因此，以美国为首的北约和日本海军将是俄海军的主要作战对象。

俄罗斯认为，无论现在还是将来，俄罗斯在世界各个海区及水域都存在自身利益，为此，俄必须拥有一支能够在世界任何海区完成使命的海上力量。

俄罗斯海军拥有辉煌的过去。前苏联海军拥有北方、太平洋、黑海、波罗的海四大舰队和里海舰队，以及地中海、印度洋、南海三支分舰队，触角几乎遍及世界各大洋。其总兵力巅峰高达 44 万多人，辖有各型潜艇 368 艘，大小水面舰艇 1800 多艘，各种飞机近 2000 架（含直升机），曾是世界上唯一能与美国海军相抗衡的海上力量。

目前，俄罗斯海军现役兵力 18 万人，其中包括义务兵 1.7 万人、战略海军部队 1.3 万人、海军航空兵部队 3.5 万人、岸防部队和海军步兵约 1.2 万人。主要作战舰艇 275 艘，其中包括 1 艘以苏联海军上将命名的"库兹涅佐夫"号（6.75 万吨）的航母，核动力导弹巡洋舰 2 艘，导弹巡洋舰 15 艘，驱逐舰 13 余艘，护卫舰 13 艘，两栖舰艇 27 艘，潜艇 98 艘，巡逻与沿岸作战舰艇 124 艘。作战飞机 329 架，武装直升机 387 架。俄罗斯海军仍保持原苏联时期的编制结构，辖有五大舰队，即北方舰队、波罗的海舰队、黑海舰队、里海舰队和太平洋舰队。

北方舰队司令部设在北摩尔斯克，基地位于科拉半岛、莫托夫斯基湾、格列米哈、波利亚尔内、利扎湾、乌拉古巴、北德汉斯克。作战范围北冰洋和大西洋水域，潜艇 57 艘，主要水面舰艇 18 艘，其他水面舰艇包括约 30 艘巡逻和沿岸作战舰艇，25 艘水雷战舰艇，8 艘两栖作战舰艇，约 130 艘支援及其他用途舰艇。作战飞机 108 架，武装直升机 85 架。

　　波罗的海舰队司令部设在加里宁格勒，基地位于喀琅施塔得、巴尔季斯克。潜艇共2艘，主要水面舰艇6艘，其他水面舰艇包括约30艘巡逻与沿岸作战舰艇，19艘扫雷艇，5艘两栖作战舰艇，约130艘支援与其他任务舰只。93架作战飞机，25架武装直升机。黑海舰队司令部设在塞瓦斯托波尔，基地位于塞瓦斯托波尔、捷姆留克、新罗西斯克。俄罗斯舰队将在今后租用塞瓦斯托波尔的海军基地，驻扎于塞瓦斯托波尔和长尔基尼亚湾，并将与在斯特瑞列茨卡亚湾的乌克兰军舰组成联合海上力量，整个舰队的战备状况处于低水平状态。潜艇共10艘，主要水面作战舰艇8艘，巡逻与沿岸作战舰艇19艘，扫雷艇20艘，两栖舰艇5艘，支援和其他船只约90艘，作战飞机17架，武装直升机30架。黑海舰队基地位于阿斯特拉罕。里海舰队已经被阿塞拜疆和俄罗斯瓜分，新的里海舰队由哈萨克斯坦、土库曼斯坦组成并由俄罗斯指挥。主要水面作战舰艇包括15艘巡逻与沿岸作战舰艇，9艘水雷战舰艇，约6艘两栖舰船，约20艘支援舰船。太平洋舰队司令部设在符拉迪沃斯托克，基地位于符拉迪沃斯托克、彼得罗巴甫洛夫斯克、堪察加、马加丹、苏维埃港。潜艇共28艘，主要水面作战舰艇共12艘，其他水面舰艇包括约30艘巡逻与沿岸作战舰艇，33艘水雷战舰艇，4艘两栖舰艇，约110艘支援与其他任务舰船。海军航空兵装备96架作战飞机，80架战斗直升机。

　　在这五大舰队中，北方舰队和太平洋舰队是俄海军的主力。其中，太平洋舰队也是目前西太平洋地区最强大的海上力量。人们常说："瘦死的骆驼比马大"。俄罗斯海军经过数年的大幅度裁减和调整后，虽然实力受到极大削弱，但就其目前整体作战能力而言，在当今世界海军强国中仍占有突出的地位，仍然是世界上最大的海上力量之一。

　　1997年2月4日，俄罗斯《红星报》报道：

　　"俄罗斯确实有点'穷途末路'了，俄罗斯海军的基础是海上战略核力量，它们是遏制侵略和维护世界军事政治稳定的主要手段之一。近几年来，只添置了一艘战略导弹巡洋舰，而在1992年到1995年期间却有23艘同类舰从海军退役，其中有19艘是提前退役的……"

　　"综上所述，可以得出一个结论：俄罗斯的海军正一步步地失去保卫国

家政治利益和国家利益的能力以及从海疆保障国家安全的能力。现在，俄罗斯海军只能在近海某些最重要水域完成范围有限的任务。"

其实不然，就目前情况而言，俄罗斯海军是"死而不僵"，就可能的发展趋势而言，俄罗斯海军还有可能"重振雄风"。首先，拥有一支强大的海上战略核力量。俄罗斯海军战略核力量，是俄"三位一体"战略威慑力量的重要组成部分，现有弹道导弹战略核潜艇比美国海军多一倍。

其次，主要水面作战舰艇现代化程度高。俄罗斯海军现有导弹护卫舰以上主要水面作战舰只130余艘。"库兹涅佐夫"号航空母舰，"光荣"、"基洛夫"级导弹巡洋舰，"现代"、"无畏"级导弹驱逐舰，"克里瓦克"级导弹护卫舰及一批相当数量的近海防御型护卫舰构成的俄罗斯海军海上作战力量的主体，均为原苏联后期建造，服役时间短，舰载武备系统现代化程度高，具有较强的作战能力。

另外，海军陆战队装备精良、战斗力强。俄罗斯海军现有1个海军陆战师、3个海军陆战旅，总兵力1万余人。近年来，在俄海军进行大幅度精简的情况下，海军陆战队不但未受到任何影响，而且在兵员补充、武器装备、训练等方面还得到了全面加强。在车臣战争期间，俄罗斯多次从各舰队抽调陆战队队员赴车臣作战，使这支部队经受了实战考验。目前，俄海军陆战队已成为俄军机动作战力量中的重要组成部分。

今天的俄罗斯海军，在作战方针，兵力运用以及装备发展等方面也都出现了一些新的特征：在对未来威胁的估计上，由对付世界大战威胁转变到对付局部战争和地区性冲突上；在强调近海防御的同时，仍不放弃远洋作战；在战略布局上，仍然保留了五大舰队；在装备建设上，奉行以高科技为主导，少、精、尖的发展方针；在作战兵力的使用上，以战略导弹作为战备威慑力量，以潜艇、海军航空兵以及中型舰艇作为主要突击力量；在作战兵力部署上，确保既能在濒海方向进行全方位机动作战，又能赴远洋作战。

在发展海上武器方面，俄加大了研制新武器装备的力度。1998年4月12日，英国《星期日泰晤士报》报道："俄罗斯用水泥潜艇兴风作浪"，"它像砖一样漂浮，但是却能像蜜蜂一样蜇人"。这是俄罗斯海军正在研制

的一种水泥潜艇，能在海底进行作战。这种重于水的潜艇将能沉到迄今为止还不可能达到的深度，以垂直发射的鱼雷攻击水面舰只。这种潜艇的水泥船体和寂静无声的推进系统将使得声纳难以发现，同时这种潜艇从海底发射鱼雷的角度却能击中水面上范围很广的舰只。防务界人士认为，俄罗斯人正在加快速度研制这种水泥潜艇，而且实验潜艇可能已经下水。这种根据水下飞行器原理设计研制的潜艇可能会使海战发生革命性的变化。

近年来，俄罗斯军特别是太平洋舰队，曾经多次派遣编队出航东中国海、南中国海甚至马六甲海峡，这是俄海军力图从逆境中崛起的先声。

对于俄罗斯来说，濒临 2 个大洋、13 个海，其独特的地理环境客观上需要拥有一支强大的海上武装力量，彼得大帝时代的名言"没有一支强大的海军，就没有强大的俄罗斯"在当今俄罗斯人的思想意识中根深蒂固。可以说，90 年代的俄罗斯，从前苏联和沙皇帝国身上继承了许多大国的特点，俄罗斯的领土仍然比世界上任何别的国家都大得多，并拥有726 颗洲际导弹，95 颗原子弹和40 艘核潜艇。俄罗斯不仅保留了大国的特征，而且保留了大国的野心。因此，维护海军大国地位，建立一支与国家经济实力相适应的规模适度的海军，将成为今后俄罗斯海军发展的主要方向。

对于走向 21 世纪初的俄罗斯海军来说，将执行"濒海纵深防御与远洋进攻相结合"的"全方位机动防御"的战略，俄陆海空"三位一体"的战略核力量将以海上战略核力量为主。"优先发展海军"已经成为俄军方的原则，俄海军已考虑在 21 世纪初期经济条件允许的时候，再建一艘"库兹涅佐夫"级航空母舰，将其配属到太平洋舰队，以完成"濒海防御和远洋进攻"的战略任务。有人预测：今后 15～20 年，俄罗斯海军的战略核力量将上升到世界上战略核力量排行榜的第一位。

🌱 走向 21 世纪的英、法、德海军

英、法、德海军有着辉煌的历史，英国舰队曾独霸世界海洋，法国海军曾一度是世界首屈一指的海上劲旅，德国海军在第二次世界大战中曾令盟国舰队头痛万分……随着时间的推移，这些昔日的海上强国虽然或多或

少有所衰落，但雄风却不减当年。人们看到：21世纪初期，在西欧联盟海军中，英、法、德、意海军将起主导作用。利用军事政治联盟保障集体安全，这是维护联盟战略的基础。如今联盟海军制定的新战略"前沿存在"，随着时间的推移将更加完善，完成海军一体化的条件也趋于成熟。为了保障欧洲集体安全和执行"前沿存在"战略，联盟海军的主要任务有三条：建立联合海军以提高防御能力，保卫欧洲共同利益；加强海军合作以有助于经济一体化的发展；组建联合战役编队以有利于机动作战。

为了减少美国在太平洋和印度洋地区的军事存在及其对欧洲的影响，联盟海军的远期目标是：在大西洋和印度洋建立联合战役编队。然而，作为世界第一海上力量强国的美国，是不会轻易放弃或减少在这一地区的军事存在的。

英国是一个老牌海上大国，曾经在历史上先后战胜欧洲列强，夺得世界海上霸权。英国皇家海军在第二次世界大战前，曾经是世界上最强大的海上作战力量，二战中也曾在大西洋和地中海称雄。

第二次世界大战后，随着英国经济的萧条，皇家海军也像"霜打的茄子——提不起精神"。但英国毕竟是一个海军建设历史悠久、历来重视发展海上力量的国家。

纵观世界海军发展史，不难看出，英国在海上力量建设方面是一个贡献比较大的国家，特别是在航空母舰制造方面：第一艘航空母舰出自英国，第一支航母舰队出自英国，第一艘"纯正血统"的航空母舰还是由英国制造的。这一切给世界海军史上添上了辉煌的一笔。

英国的航空母舰虽然无法与美国的大型航空母舰相比，也没有法国中型航空母舰的风采，但英国以其雄厚的技术发明的斜角飞行甲板和阻降装置，为提高大、中型航空母舰起降现代飞机的安全和效率起到了十分重要的作用。

英海军目前拥有世界数量第二的航母，有两艘"无敌"级航母。这两艘"无敌"级反潜航空母舰，这不仅与英国经济实力相适应，而且解决了皇家海军继续拥有航空母舰的问题，为世界经济实力不够强大的国家开创了发展轻型航母之路。像意大利、西班牙等国家的航空母舰都属这一类型。

80年代英国海军在南大西洋克服远离本土作战的困难打败阿根廷，充分展示了英国海军的实力。目前，英国皇家海军总兵力仍有4.45万人，其中舰队航空兵6790人，皇家海军陆战队6500人，女性3260人。潜艇15艘，主要水面作战舰艇38艘，航空母舰3艘，导弹驱逐舰12艘，巡逻和海岸作战舰艇26艘，水雷战舰艇19艘，两栖战舰艇7艘，支援辅助舰船21艘。作战飞机49架，武装直升机114架。

今日英国海军的实力在世界排名第三位，其战舰的总吨位为50万吨，居美国、俄罗斯之后。英国海军为了加强实力，在武器装备方面采取了一系列的措施。

英国是世界上第三个拥有核动力弹道导弹潜艇的国家。截至1999年，英国已拥有4艘最新型的"前卫"级核动力弹道导弹潜艇。按照英国《先遣部队优先发展计划》，射程更远、精度更高的"三叉戟—2"潜射弹道导弹系统已经开始列装。2艘"前卫"级弹道导弹核潜艇已经列编海军，第3艘和第4艘已经开始服役。7艘"特拉法加"级多用途核潜艇的建造计划已经完成，将取代"快速"级核潜艇。

英国海军水面舰队的突击力量仍由3艘"无敌"级轻型航母构成。为提高其防空兵器的效能和增加舰载机数量，目前，他们正在对其进行改进。改进措施包括改装机库（可搭载EH—IDI"默林"式直升机）、增大滑跳起飞跑道的升角（可增加"海鹞"式飞机的起飞重量）。

目前，英国正在继续建造和改进登陆舰。1998年，"海洋"号新型直升机登陆舰列编海军，它能够搭载1个"海王"直升机中队（12架）。1996年开始建造的2艘新型直升机船坞登陆舰——"海神之子"号和"堡垒"号将用来取代陈旧的"勇猛"号和"无畏"号登陆舰。5艘"兰斯洛特爵士"级和"加拉哈德爵士"级坦克登陆舰正在改进之中。

英国海军订购的13艘"诺福克"级导弹护卫舰已经交付，近期还将再造3艘。根据英、法、意联合研制"地平线"级欧洲护卫舰的计划，英国海军将拥有12艘这样的军舰，首舰将于2002年列装。

英国海军航空兵正在继续装备"海鹞—FA·2"战斗攻击机（携带"阿姆拉姆"新型中距空空导弹），用于取代"海鹞—FRS81"。到2000年

feiwu de piaodai:haijun de lishi

计划完成"海王—AEW·2"远程预警直升机的改进工作，包括安装新型雷达以及完善的通信与战斗指挥系统。

法国是联合国安理会常任理事国，在国际政坛上是一支重要的力量。而法国的军事力量亦和其政治地位相匹配，在全世界处于举足轻重的地位。

在海上力量建设方面，法国也走在了前面。保卫国家、维护主权和领土完整是法国的基本国策，海军在这一政策中扮演着十分重要的角色。目前的法国海军，号称世界五强之一。

法国是世界造船工业大国之一，具有独立研究、设计和建造现代海军各种战斗舰艇和辅助舰船的能力，其产品不仅能够满足本国海军的需要，而且还可以出口。

法国海军共有 6.33 万人，其中海军航空兵 9400 人，海军陆战队 2900人，女性 3800 人，义务兵 17250 人。各种舰艇 221 艘（不含正在建造或者未服役的），其中有 60 艘为主要作战舰艇。战舰的总吨位为 29.1 万吨，居美、俄、英、日之后。海军航空兵有 68 架固定翼飞机和 40 架直升机，总兵力 64411 人。共分为 6 个区域司令部和 6 个作战指挥部。法国已经拥有主战水面舰艇 41 艘，1 艘航空母舰，"福煦"号舰载机可达 40 架。巡洋舰 1 艘，导弹驱逐舰 4 艘，护卫舰 35 艘，巡逻和海岸作战舰艇 40 艘，沿海巡逻艇 16艘，水雷战舰艇 21 艘，两栖作战舰艇 9 艘，支援辅助舰船 36 艘，潜艇14 艘。

法国海军部署的重点主要是地中海，其次是太平洋。最近，西方军事专家对法国在 21 世纪的海军力量作了分析，大家一致认为，法国海军在 21世纪仍将是不可忽视的。专家们认为，法国海军的核心力量之一就是它的核威慑。这种威慑力量将由其 5 艘战略核动力潜艇组成，5 艘潜艇中有 4 艘是先进的"凯旋"级潜艇，另外一艘是"无畏"级潜艇。在下一个世纪初，法国海军将全面提高其 3.8 万吨级核动力航空母舰"戴高乐"号的实战能力。该舰母可装舰 40 架"阵风"式战斗机，是法国有史以来建造的最大的航空母舰。法国海军认为，由于形势的需要，法国有必要再建造一艘航空母舰，以便在"戴高乐"号维修时替代出洋游弋的任务。法国总统希拉克对海军非常重视，也表明将支持这个耗资非常巨大的项目。因为在他看来，

飞舞的飘带：海军的历史

法国需要一个常备航母编队，仅有1艘航母是不够的，必须再拥有1艘，以便于随时执行任务。

虽然法国海军的战略核动力潜艇和航空母舰的战斗力强大，但在水面作战舰船方面则显得有一点儿落后。法国海军的前线水面作战舰只包括4艘导弹驱逐舰、1艘"圣女贞德"号直升机巡洋舰和35艘护卫舰。

这些水面舰只主要是为了在和平时期进行海上巡逻。目前法国海军拥有的6艘"花月"级监视型巡防舰实际上是大型的航海巡逻舰艇，都是按照商业用船的标准建造，其武器及通讯电子设备极为有限，而且比较落后。从理论上讲，这些老舰船已不可能在一场大规模的冲突中充当前线部队，真刀真枪地和敌方舰船去厮杀。

1996年3月3日法国《世界报》报道：法国海军从2001至2002年起，将拥有85架"狂风"M式战斗机。新建造的航空母舰同正在服役的2艘航母一样，先期装备"超级军旗"式战斗机，最终也将装备"狂风"式战斗机。法国海军将在2015年拥有3架装有美国"鹰眼"电子侦察系统的空中预警机，它们将轮流配备在航母上。

在21世纪，法国海军亦将致力于维持一支强大的扫雷舰部队及拥有强而有力的两栖作战能力。届时，法国海军将拥有2艘现代船坞型两栖运输舰、1艘后勤支援舰、13艘坦克装甲车登陆舰，及许多较小型的登陆舰艇。此外，它将还有一支强大的水上支援力量，以确保海军远洋作战的能力。

1945年5月2日，柏林德军投降。7日和9日，德国邓尼茨政府分别与英、美、苏等国政府签署投降书，这宣告了德意志帝国的破灭。《波茨坦协定》规定，苏、美、英、法共同占领德国，解除德国武装。1948年9月20日，德意志联邦共和国宣告成立，10月7日，苏战区也宣告成立德意志民主共和国，从此，德国正式分裂为两个国家。1955年5月9日，联邦德国加入北约组织，并于同年11月组建联邦国防军。联邦德国加入北约组织，这对联邦德国来说意味着它获得了一个与北约组织成员国平起平坐的地位，并获准组建一支虽然归北约指挥但毕竟是属联邦德国的国防军。出于对德国军国主义死灰复燃的担心，西方在允许联邦德国加入北约的同时还规定：联邦德国不得制造原子、生物和化学武器，以及其他如导弹、火箭、战略

轰炸机、潜艇等大型武器装备；2 年内不得生产一般性武器；部队兵力不得超过 12 个师。1956 年在美、英、法的扶植下，联邦德国重建了海军。40 多年来，德海军在"集体安全防务政策"的指导下，一方面依靠北约，通过海上合作和军事交往，不断加强大西洋联盟和大西洋两岸的伙伴关系，另一方面坚持独立自主的建军方针，分阶段扩充实力，自行建造了潜艇、导弹驱逐舰、导弹护卫舰、导弹快艇、猎雷艇和各型输助舰船，逐渐形成了"1 个舰队、5 个分舰队、2 个兵种"的模式。

1990 年 10 月 3 日实现了两个德国的统一。德国的统一不但是欧洲新时期开始的标志，德国也自此翻开主权国家新历史的篇章，作为经济大国的德国正在不断朝着政治大国和军事大国的方向迈进。

统一后的德国首先对欧洲和世界形势重新作了判断，认为"现在大规模的威胁生存的侵略危险已经消除。德国的领土完整及其盟国的领土，不会在近期内受到现实的军事威胁"。但是，"欧洲其他地区的形势却受着战争、野蛮和压迫的影响"。冷战结束后，国际形势尤其是欧洲形势变化很大，这对德国来说既是机遇又是挑战，既有有利的一面，又有不利的一面。有利的一面是：两极体制瓦解，德国从东、西方两大集团长期的紧张对峙和战争恐怖中解脱出来，避免了一场德国人在德国领土上打德国人的战争。统一后的德国由原来的两大集团对抗的前沿变成了欧洲的中心，这意味着德国有潜力充当东、西方之间的桥梁，并成为原欧洲安全体系中的一个主要成员。

与此同时，德国又面临着各种威胁的挑战：原来被两极体制所掩盖的民族矛盾、种族矛盾、宗教矛盾、领土纠纷等各种矛盾突出出来，并引发为各种冲突和战争，从而威胁德国的安全。前苏联的主要继承国俄罗斯仍然是欧洲地区最大的军事强国，这会对欧洲和德国构成潜在威胁。另外，德国处于欧洲的中心地缘战略位置，一旦形势有变，德国也容易成为众矢之的，成为"向心进攻"的目标。

因此，德国要立足欧洲，面向世界。两德统一，使德国海军发展的内部条件和外部环境都发生了新的变化。随着德国经济实力的增长，其在国际事务中发挥的作用日益增加，使海军作战使命发生了变化。首先，联邦

飞舞的飘带：海军的历史

海军将原东德海军 89 艘舰艇及 44 架飞机中的 11 艘舰艇编入了联邦海军现役。为了履行新的海上使命，德国海军不论是舰只的种类、吨位、现代化程度都有新的增长，从一支单纯的海上防御舰队，逐步演变为以防御为主，攻防兼备的现代化海军。

1993 年德国为振兴海军推出了压缩部队规模、以质量建军为重点的 2005 年发展计划。根据该计划，到 1994 年德海军部队从 3.75 万减少到 3.2 万人，原民主德国舰艇全部退役。

到 2005 年人员进一步减至 2.6 万人，仅保留 6 个基地和 6 个分舰队。海上战略重点从波罗的海转向应付全球范围内的地区威胁。海军的任务是建立 2 支作为海军核心的特混舰队，战时协助北约盟国海军护舰、争夺制海权、封锁和进行海上自卫性攻击以及在大西洋、北海和波罗的海保护海上交通线，进行近海防御等。

统一后的德国雄心勃勃，在防务上实行"多方位防御"，并在继续奉行"对敌威慑"的同时增加"危机处理"手段。根据 2005 年发展计划，德海军今后将朝着舰艇大型化、导弹化、多用途化和飞机现代化的方向发展，以便在世界范围内保持一支执行远洋反潜、防空和水面攻击等多种任务的海上特混舰队。

到 1997 年 7 月，德海军编制员额为 23000 人，各型舰艇共 163 艘，其中作战舰艇 133 艘，辅助舰船 127 艘，各型飞机 111 架，其中作战飞机 87 架，勤务救援飞机 24 架。

德海军现役舰艇 163 艘，全部由德国自行设计和建造，装备性能良好，攻击力强。4 艘新研制的 212 型潜艇将于 2003 年取代 205 型和 206 型潜艇。8 艘"不来梅"级导弹护卫舰和 4 艘"私布兰登堡"级导弹护卫舰是自行设计与建设的一批现代化水面舰艇。这些舰艇不但装有先进的"鱼叉"舰舰导弹系统、"飞鱼"舰导弹系统、"标准"舰空导弹系统、"海麻雀"舰空导弹系统以及各类雷达和电子对抗设备，而且可载"海山猫"反潜直升机。26 艘导弹快艇全部装有"飞鱼"舰导弹和先进的雷达警戒系统与火控系统，快艇部队全部实现导弹化。猎雷艇已实现现代化更新换代，有 41 艘海岸猎雷艇、近岸猎雷艇、海岸扫雷艇为 80 年代后期新建造的，载有新型

扫雷具和探测设备，部分猎雷艇甚至装有"毒刺"防空导弹，具有较强的自身防御能力。

如今德国海军最高机构为海军指挥参谋部，下辖舰队司令部、海军局和海军支援司令部。德军认为，新形势下的德国海军建设必须适应变化了的军事战略形势，具备水上、水下和海域、空中作战能力。过去德海军所具有的在波罗的海阻止敌海上力量展开的能力，已不适应当前形势的需要。今天的德国海军不但要编制可实施远洋作战的分队，而且要有一定实力的海军航空兵，以便作为北约海军的一部分。在西欧联盟、欧安会和联合国范围内参加在欧洲海域和其他危机地区执行国际维和任务。为此，德国海军舰队应装备水上作战舰船、潜艇、扫雷舰艇、海上侦察机、猎潜机、轰炸机以及舰载和陆基直升机。

德国海军还要根据新的形势，具备在极短时间内投入作战的快速反应能力。战时，德国海军一方面要保卫本国海域、海岸线和海上通道的安全；另一方面将与盟军海上力量，必要时也可与陆军和空军协同，共同完成防务任务。

走向 21 世纪的德国海军将继续按照"多方位防御"的指导方针，极据未来海战的特点，均衡地发展武器装备，目标是建立一个"完整的舰队"。建造 4 艘 212 型潜艇、3 艘 124 型导弹护卫舰和 1 艘通用两栖运输舰，作为21 世纪初德海军的主力舰艇，同时研制新一代轻型护卫舰，以取代 143A、143B、148 型导弹快艇，从而保持德海军在近海和边缘海上作战指挥的传统能力和经验。海军航空兵将更新"旋风"远程侦察机和"海山猫"直升机，预计将与北约盟国合作，以新一代的高性能侦察机和 11H90 多用途化直升机取而代之。

总之，武器装备大型化、现代化、多用途化将是德国海军建设在 21 世纪初的基本发展趋势。

 ## 日本海军——世界第四大海军

日本国四面环水，陆地总面积 37.7 万平方千米，由 4 个主要岛屿和

3000 多个沿海小岛组成，海岸线总长约 3 万多千米。宗谷海峡、津轻海峡、对马海峡，是日本海进出太平洋的重要通道，战略地位十分重要。

如果日本控制了这些海峡，则可以切断太平洋与日本海、中国东海的连接通道，封闭在日本海和东海上的中国的海上力量，保护自己海上航线的安全；反之，如果丧失这些海峡，就可以使日本的海上交通陷于瘫痪，并给日本海上的活动造成很大困难。从地理位置上看，日本是一个无纵深可守的国家，而从经济上看，日本最大的弱点是资源贫乏，绝大部分原材料依赖进口，所以日本的生命线在海上。

作为战败国的日本和德国一样在二战后被彻底解除了武装。到 50 年代才获准建立一支单纯国土防御的海上警备队。1954 年 6 月，将海上警备队改为海上自卫队。这支海上自卫队不仅舰只数量少，吨位低，而且战斗力差。然而，今日的日本海军却奇迹般地崛起，跻身于世界海军强国的行列。

冷战时期，日本海军的战略使用是"封锁护航"战略。冷战结束后，日本根据形势的发展变化，对其军事战略进行了调整，日本海军战略相应发生了一些变化，但就其实质而言，确保海上交通的安全，仍然是日本海军战略使用的核心，相对而言，海峡封锁作战地位降低，反潜护航作战的地位上升，海上防空作战和水面作战的地位有所提高，注重提高海上综合作战能力。长期以来，重视发展海空力量特别是海上军事力量，一直是日本军备发展的一大特点。其理由一是日本经济对海外依赖程度很大，漫长的海上交通线必须依靠海空力量保护；二是美国远东军事战略，要求日本发展海空力量，以承担封锁海峡和反潜护航的任务；三是日本推行"前方早期处置"、"海空决战"战略的需要。

80 年代，日本进一步调整军事战略，提高自卫队质量，继续强调原苏联的威胁，并提出了"海上击破"的战略方针，其基本点是在海洋（公海）上，而不是在日本本土上阻击、歼灭来犯之敌。海上自卫队也改变了"近岸歼敌"战略，将其调整为"海上歼敌"，强调远海的制海权。

同时强调外部威胁的多元化，把俄、中、朝都作为日本的潜在威胁。在舆论上强调"中国威胁论"，在军事部署上作了相应调整，增加了靠近中、朝的佐世保基地的驻防舰只，同时在海军演习中把中国海军作为假

想敌。

1987年，日本前首相中曾根访问美国时，日美发表了"日美命运共同体"的联合声明，提出日本在军事上要实现三个目标：一是把日本列岛构筑成像一艘不沉的航空母舰那样的巨大壁垒，以抵御外来攻击；二是控制日本列岛周围的三个海峡，不允许敌对国家潜艇通过，同时阻止其他舰船活动；三是确保东京到关岛、大阪至台湾海峡的海上通道安全，把海上航线的保护范围延伸数百海里。

80年代末，日本已经拥有"相当于美国第7舰队2倍的驱逐舰，3倍的反潜飞机，其战斗机与美国用于本土的战斗机数量相同"。军事部署实现了"远洋、近海、本土"的三线配置。到1998年10月底，日本海上自卫队已经编有现役海军4.38万人，满员率94.8%；各型作战舰艇161艘，33.87吨。其中，作战舰艇共73艘，包括驱逐舰9艘、护卫舰48艘、潜艇16艘；拥有各型作战飞机328架，其中作战飞机100架，武装直升机106架。目前，日本海上自卫队已经发展成亚洲最强大的海上力量之一，其扫雷能力居世界第一位，反潜能力仅次于美国。

难怪有人说，日本海上自卫队整体素质已达到了建造之新、科技之精、电战之强、速度之快、火力之猛，堪称举世第一。日本为了实现"世界政治大国"的目标，力图摆脱"经济巨人、政治矮子"的形象，并表示要综合利用经济、军事、外交、科技和文化等力量来实现这一目标。近年来，日本将军事力量的发展视为走向政治大国的最终保证，在和平与发展成为世界主题的情况下，日本一方面保持世界第二的高额军费，发展高精尖武器装备；一方面通过种种手段，使日本海上自卫队走出国门，向世界范围发展。

1995年11月，日本1995～2000年新《防卫计划大纲》出台，宣告了日本冷战时期军事战略方针的结束，标志着日本军事战略和军队建设进入了一个新时期，对海上自卫队的建设和发展将产生重大影响。

新《大纲》强调：要继续坚持"专守防卫"；将日本的作战区域由国土防卫推至"周边地区"；将实施武力的时机由遭敌入侵之后提前到"受威胁时"；将作战目的由最小限度的自卫改为"适当处置"。新《大纲》所说的

日本周边地区已不是指巴士海峡以北的东北亚地区，而是包括东南亚在内的整个西太平洋地区。这表明，日本今后将贯彻积极防御的新战略方针，在日、美安保体制的名义下把军事力量的作用扩大至整个西太平洋地区。海上自卫队的作战指导方针随着日军事战略由积极防御转变为抗击海上大规模、多种条件下的威胁；将防卫任务从抗击入侵本土之敌转变为"远洋防卫"、"远洋歼敌"，积极主动进攻；将作战范围从环日本列岛近岸海域扩大到1000海里以外的整个西太平洋海域甚至更远的"潜在的热点地区"；从作战样式上不仅要执行常规任务，还必须"主动出击，摧毁敌基地和舰队"。新《大纲》强调，要根据科技的进步和本国人口、财力的变化情况，加强军事力量的建设，为此，日决定削减军队定员和少量装备，加快装备现代化步伐，调整部队编成，建成一支"合理、高效、精干"的基础防卫力量，预计2000年，日海上自卫队仍保待在5万人左右，与此同时，陆军员额减少20%。二者形成鲜明的对照，这说明日本将以发展海上武装力量作为国防建设的重点。但是，海上自卫队将裁减1个扫雷队群、3个陆基反潜飞行队、3个近海防御的护卫队（地方队所辖），并相应减少10艘护卫舰；优先重点发展具备远洋作战能力的大型水面作战舰艇和大型运输舰，提高水面打击能力和防空能力。

1997年度，海上自卫队第四艘"金刚"级"宙斯盾"驱逐舰将服役，届时，将实现四个护卫队群各配备一艘"金刚"级"宙斯盾"驱逐舰的目标。

"宙斯盾"驱逐舰是目前世界上最先进的水面舰之一，仅为美国和日本所拥有，日本海军正在继续建造世界同类舰只中的最先进的"宙斯盾"驱逐舰。"金刚"级舰排水量为7250吨，最高时速30节，装备有全方位多功能相控阵雷达，可自动跟踪

"宙斯盾"舰

400 千米范围内的 200 多个目标；舰载武器为"标准"SM—ZMR 舰空导弹和"阿斯洛克"反潜火箭。"宙斯盾"驱逐舰的列装，将使海上自卫队的整体防空能力得到很大提高。

到本世纪末，多用途驱逐舰的主力将达 27 艘，其中"村雨"级 7 艘、"朝雾"级 8 艘、"初雪"级 12 艘。"村雨"级是海上自卫队新一代多用途导弹驱逐舰，第一艘"村雨"号于 1996 年 3 月服役。"村雨"级新型多用途驱逐舰，大量采用隐形技术和对空导弹、反潜火箭垂直发射技术。

3 艘 8900 吨级大型登陆舰将在本世纪末建造完成，最引人注目的是日本已经有 1 艘名为"大隅"的直升机航空母舰开始服役，其排水量为 1.1 万吨。

在反潜作战方面，日海上自卫队现有 16 艘潜艇（全部为攻击型），其中有 10 艘 2200 吨级的"夕潮"型，6 艘 2450 吨级的"春潮"型。到 21 世纪初，将新造 2700 吨级新型潜艇 4 艘，替换 4 艘"夕潮"型，再加上现有的 6 艘"春潮"型，保留 6 艘"夕潮"型，仍保持 16 艘潜艇，但总吨位增大了，而且在隐形、探测距离和攻击精度方面都有较大发展。同时，日本海上自卫队已装备 100 架 P—3c 型反潜巡逻机，105 架反潜直升机，包括 48 架先进的 SH—60J 型反潜直升机，其空中反潜能力也很强。

一个显而易见的事实已摆在世人面前，那就是：日本海上自卫队经过多年的发展壮大，今天已经成为世界上一支屈指可数的强大的海上力量。日本正在加紧向军事大国迈进！

为适应参加联合维和行动和广泛参与国际军事行动的需要，日海上自卫队正在大力加强其远距离投送兵力能力。在现有 3 艘 8000 吨级供应舰的基础上，正在建造 3 艘 8900 吨级的大型坦克登陆舰，1 艘 1200 吨的补给舰，1 艘 5400 吨的救生舰，1 艘 3300 吨的海洋观测船，7 艘 2000 多吨的支援船和 1 艘 5600 吨的扫雷母舰。这些舰船的建造，明显加强了日海上自卫队向海外派兵，即远距投送兵力的能力。据估算，到 21 世纪初，日海上自卫队一次兵力投送能力将从目前的 500 人，增加到 2000 人连同武器装备。其在海外的影响力将大大增强。

1997 年 12 月 27 日，法国《世界报》报道："日本海军已经成为世界第

飞舞的飘带：海军的历史

四大海军"。文章说："美国战舰的总吨位是 320 万吨，俄罗斯战舰的总吨位是 220 万吨，英国战舰的总吨位是 50 万吨，日本战舰的总吨位是 29.3 万吨，法国 29.1 万吨，印度 19.55 万吨，意大利 13.9 万吨，德国 12.6 万吨。"

由此可以看出，日本军事力量的发展，用"一超三突破"概括一点也不过分，即超出了"专守防卫"的需要；军费突破了"防卫费不超过百分之一"的限制；作战力量使用突破了"不向海外派兵"的限制；突破了"无核三原则"的限制。

不少日本政治家认为，21 世纪将是"日本世纪"，日本的经济技术力量能够保证日本去"支配世界"。而日本雄厚的资金和高技术支持下的军事、经济、金融、文化将在 21 世纪的世界上占有很大的优势。的确，到 21 世纪初，日本将以"世界经济大国、地区政治和军事强国"的形象出现在世界舞台上。其海上自卫队的"远洋积极防御"战略将更加完善和巩固，欲在亚洲地区担负更多的"领导责任"，海上自卫队军费将进一步增加。

根据瑞典斯德哥尔摩国际和平研究所 1998 年按日元值计，日本过去 10 年军费增长约 1/4，按 1995 年美元值计，过去 10 年每年军费都超过 450 亿美元，从 1996 年起超过 500 亿美元。这就说明 1996 年的军费，不仅超过英、法，也相当于当年台湾、南韩、澳大利亚、新西兰、泰国、马来西亚、印尼、新加坡、越南、菲律宾军费的总和。另外，舰艇将更加现代化，将在亚洲继续居领先地位，并有可能赶上甚至超过英、法海军，日本可能再次成为世界海军强国。

当前，日本海上自卫队的发展战略是：以日美同盟为基础，主要依靠本国的技术力量和工业基础，将海上自卫队建设成一支"精干、高质和有弹性"的海上武装力量。

日本海军的作战思想是：以严密的监视防止空袭，以多层封堵力争主动，以密切协同求取整体威力的有效发挥；以远海机动作战形成局部优势，以质量优势对抗数量优势。

今日的日本海军，已彻底脱离二战战败之痕迹，成为亚太地区实力最强的一支海军，其反潜和扫雷作战能力位居世界前列，中远海综合作战能

力也是亚洲最强的。目前，日本海军已成为日本三军发展的重点，有充足的经费保障（每年超过 100 亿美元），有先进的科技和发达的工业基础，其现代化的步伐将明显加快，与周边国家在装备上的差距将进一步拉大。

跃跃欲试的东南亚海上军事力量

东南亚扼太平洋和印度洋之间的交通要道，战略地位十分重要，历来是西方列强和霸权主义国家侵略和争夺的对象。东南亚国家除老挝为内陆国外，其余为沿海国和群岛国。菲律宾和越南位于南海东、西两侧，泰国、马来西亚和印度尼西亚既濒临太平洋，又濒临印度洋，缅甸则是印度洋沿岸国。

近年来，这些东南亚国家的海上军事力量也逐渐发展起来。主要有以下 3 点原因：

（1）海洋战略价值的提高呼唤着海上军事力量的保护。

东南亚各国在第二次世界大战以前分别是美、英、法、荷、日等国的殖民地，获得独立后，与前宗主国仍有密切的政治、经济、文化和军事联系，联系的主要渠道是海洋。殖民地经济的单一性迫使这些国家在发展经济时必须采取对外开放政策，即采用出口主导型的经济模式，而外贸运输主要依靠海运加上西方列强在历史上又是从海上入侵东南亚国家的，因而这些国家从独立之初就将海洋看做是与其生存和发展息息相关的门户、屏障和资源宝库。自《联合国海洋法公约》提交联合国讨论开始，东南亚国家便争先恐后地以单方或双方声明、公告等方式，宣布其领海、毗连区、大陆架和专属经济区，竞相扩张其海洋国土。据有关方面公布的数字，印尼将"海洋国土"由原来的 190 万平方千米扩展至 800 万平方千米，为其陆地国土的 4 倍多；越南非法宣布的所谓大陆架和海上专属经济区为 100 万平方千米，为其陆地国土的 3 倍多；菲律宾单方面向海上扩张专属经济区，仅向中国南海传统海疆线内扩张的区域就达 41 万平方千米，为其陆地国土的 1.4 倍；马来西亚、文莱亦分别向中国南海传统海疆线内扩张 27 万平方千米和 44 万平方千米。

越南认为，"无论过去、现在、将来，海洋对我们民族的生存与发展都居于至关重要的地位"，因为"维护海域和海岛主权是全党、全民、全军的任务"，"必须将海军建设成为一支革命化、正规化，逐步现代化，且具有合理编制的军种"。

东盟各国一致认为，如此靠海上扩张得来不易、捍卫更难的海洋国土，急需建设一支精干、机动性强和装备现代化的海上军事力量。

但是，东南亚国家陆地国土均由群岛或半岛构成，地幅狭小、分散，没有或缺乏防御作战应具备的战略纵深，极不利于抵御外来势力的入侵。为了改变这种战略防御的不利态势，东南亚国家海军一方面变"区域防御"为"前进防御"，逐步"走向远洋"，控制对管理、开发和保卫海洋至关重要的"蓝水海域"，最大限度地将来犯之敌阻止在远海；另一方面加强并利用东盟各国防务合作体系，扩大地区的海上控制范围。

越南、菲律宾等国海军的重点是加强争夺和控制南沙海区，同时，加紧调整本土中、北部沿海区的侦察和探测力量，努力将有效监控范围扩大到南海中、北部海区，而印尼、泰国、马来西亚等国海军则加紧扩张和控制安达曼海域，以地区的力量共同保护扩大了的海上战略纵深，及早发现并联合对付来自海上的威胁。可见，东南亚国家的海洋战略呼唤着海上军事力量的发展。

（2）超级大国减少了在这一地区的军事存在，促使其海上军事力量进一步发展。

冷战结束后，美国和俄罗斯从东南亚撤出了大部分军事力量，使这一地区出现了"实力真空"，加上国际格局的新变化也促使东南亚国家重新制定国防政策。

就拿越南来说，冷战时期，越南主要依靠前苏联的军事援助推行地区扩张政策，而东盟国家则主要是在美国保护下发展经济。苏联解体后，越南失去了靠山，不得不改变国防政策，采取"陆守海攻"的战略方针，重点加强对其侵占的南沙岛礁的设防，以保障其海上油田的安全，缩减了陆军规模，重点加强海上军事力量的建设。

由于美国的力量和信誉在这一地区的下降，使东南亚国家清醒地认识

到，他们不能再依靠一个大国的安全保护伞，而必须采取一种称为"全面安全"的办法来保障本地区的稳定，即"安全需从包括政治、经济、社会、文化、军事以及其他对东南亚的稳定产生影响的有关领域全面来看"。

另外，东南亚国家实行了"三管齐下"的安全战略：一是通过使美军和俄军继续留在东南亚的方式，不使该地区出现大的"军事真空"；二是扩大东盟实体，采取"集体安全"的办法，保证本地区的稳定；三是加强自主防卫意识，通过发展海上军事力量，确保本国安全，以此填补美军撤出留下的真空。

这一招可谓是妙！

（3）国内经济实力的增强提供了发展海上军事力量的条件。

70 年代中期以来，东南亚国家利用美国调整经济政策和日元升值的机会，加速发展经济。经过近 20 年的努力，东南亚已发展成为世界瞩目的重要地区力量，在经济上保持着旺盛的活力，成为世界上发展最快的地区之一。

为了对付外来威胁和保卫本国的海洋权益，海军已逐渐成为军队建设的重点。

因为，要实现新形势下的海上战略目标，必须拥有比潜在的敌对国技高一筹、能够长期连续在远海作战的海上力量。为此，东盟国家海军在加强官兵院校培训，进行联合演练，提高其官兵军事素质的同时，加速海军部队装备的更新。

海湾战争使东南亚一些国家深刻地意识到，伊拉克海军的主要教训之一是没有大型战舰构成的远海作战力量，由于小型舰艇受多种条件限制，伊海军只能受创挨打。这种血的教训太值得借鉴了。

为了吸取伊拉克等国海军发展和实战的经验教训，东南亚国家海军几乎同时制订了为期 15 年的长期发展规划，以引进与联合制造等方式，重点发展大型水面作战舰艇。

据有关资料统计，东南亚国家海军引进或计划引进、联合制造或计划联合制造的直升机航母、导弹驱逐舰、导弹护卫舰以及大型巡逻艇等中、大型水面舰艇近 300 艘，为原在役同类舰艇总数的 2 倍多；引进或计划引进

飞舞的飘带：海军的历史

较先进的常规动力潜艇 20 余艘。这将使东南亚迎来潜水艇时代。

90 年代以来，东南亚各国经济持续增长，实力不断壮大，逐渐成为亚太地区一支引人瞩目的力量，形成了小规模的军备竞赛。其所设想的包括东南亚 10 个国家在内的"大东盟"即将形成，海上军事的发展程度已经或正在超出自卫的范围。但是，东南亚地区战略上仍然存在着许多不确定的因素，如果有关国家在今后发展海上军事方面不能把握着"度"，就有可能对地区形势产生不利影响。

目前，东南亚各国正在加大对海上军事力量的投资力度，努力实现海军的现代化。西方军事评论员指出：东南亚国家大力发展海上力量，一方面可能用于相互间的对抗，另一方面可能用于联合起来对付更加强大的邻国。而亚洲金融危机，显然对东南亚各国发展海上力量产生巨大的不利影响，但只要其基本认识不变，东南亚各国一旦"缓过气"来，仍然不会放弃发展海上军事力量的决心。

马来西亚拥有 4800 千米长的海岸线以及近 60 万平方千米的领海和非常广阔的海上专属经济区。马来西亚被南海分成西马和东马两部分，中间相距 500 多海里。西马位于马来半岛南部，东马位于加里曼岛北部，包括沙巴和沙捞越两个州。马海军的主要任务就是保卫其位于曾母暗沙盆地上的海上油气田，在马六甲海峡进行巡逻和保证东、西马之间海上联系的畅通等。

冷战结束后，马来西亚国防开支明显增加，由 1988 年的 12.9 亿美元增至 1994 年的 28 亿美元。军费开支已占其国民生产总值的 5.9%，高于印尼、菲律宾、泰国等，并在裁减陆军员额 20% 的同时，重点加强海、空军建设。在其 1991 年至 1995 年第 6 个"五年发展计划"期间，拨专款 32 亿美元采购现代化军事装备和维修海军基地。

近年来，马逐步调整了军事战略，其重点已由"内剿"转向"外防"。马认为，今后的战争威胁将主要来自于外部，特别是海上方向，所以优先发展海军显得尤为重要。为加强海军现代化建设，马采取了一系列积极和稳妥的措施。

措施之一：加紧自制和外购新型舰艇，加速发展潜艇和航空兵，力争实现潜舰协同和海空一体的立体式防御。长期以来，马海军发展速度一直

比较缓慢。迄80年代中期，马海军只装备有各型舰艇100余艘，总兵力约1.1万人，且兵种单一，舰种不全，"严重地影响了国家对海洋权益的维护"。

为加强海军建设，马海军根据"2010年武备发展规划"，将建造27艘千吨级的新型巡逻舰，这些新型舰只将根据需要装备导弹。此外，马海军向英国订购的2艘23型护卫舰已加入舰队现役。据马国防部称，未来马海军的新型舰艇，其巡逻范围将扩大到200海里经济水域，目前装备有导弹护卫舰2艘，小型护卫舰4艘，巡逻与海岸作战舰艇37艘，水雷战舰5艘，两栖舰只3艘，另外还有突击登陆艇165艘。

1988年4月，马政府同意海军组建常规潜艇部队。为培养潜艇指挥员，马海军于1991年起选派军官赴德、意、法、荷等国学习潜艇操纵技术和战斗科目。同年9月，马海军从英国订购了2艘"奥伯隆"级潜艇，第一艘已在1995年编入作战序列。

1989年，马海军开始组建海军航空兵，目前海航已装备"黄蜂"式直升机6架，并计划1995年前再购6架"山猫"式或"海豚"式直升机。这些新型直升机均具有较强的反潜和反舰作战能力，可广泛用于侦察、巡逻、登陆作战、海上救护以及中继通信等。据说，马来西亚已向英国订购了1艘导弹驱逐舰类的作战舰艇，向瑞典购买了4艘潜艇、27艘近海巡逻艇以及反潜直升机，一些排水量小的舰艇则由本国自己制造。这是迄今为止该地区最大的海军舰艇建设计划。

根据马"2010年防务发展规划"，马海军计划到2010年，共采购54艘新舰艇以代替其原有58艘舰艇中的老旧规艇。新订购的舰艇包括2艘护卫舰、1艘5000吨的登陆舰、24艘近海巡逻舰、4艘潜艇和一些快艇，其中在英国亚罗船厂建造的价值5.875亿美元的2艘先进的护卫舰，排水量为2270吨，航速28.5节，配有舰对空和舰对舰2种导弹系统、反潜系统、自动化指挥与武器指挥控制系统，后甲板可容纳2架直升机。到1996年初交货时，该舰将是东南亚地区最先进的护卫舰。还有24艘1200吨级的近海巡逻舰，其武器系统、指挥控制系统也比较先进。未来马海军将拥有常规潜艇6~8艘，马空军已订购18架俄造"米格—29"战机、8架美造"FA—18"和8架英造"鹰"式飞机，还计划购置"C—13"蒸汽弹射器。运输机

改装的预警机，以形成潜艇协同和海空一体的立体防御体系。届时，马海空军控制以曾母暗沙盆地为中心的南海南部海区的能力将大为提高。

措施之二：加紧基地、港口及机场建设，不断完善海防体系。随着装备和实力的增加，马海空军也加紧了基地、港口及机场等军事设施的修建。马海军目前共有 6 个海军基地，计划在 2010 年前增设 15 个小型海军基地，以负责舰船维修、物资补给和人员培训。除正在扩建中的关丹、卢木、亚庇等海军基地外，马还拟在沙巴州的纳闽岛新建一个大型潜艇基地，该基地计划于 2005 年竣工。

1993 年 9 月，马在南沙弹丸礁修建的机场完工并投入使用。该机场跑道长 1100 米，为钢筋混凝土结构。此外，他们正在西马的西堤阿旺和霹沥等地积极修建基地、机场。以上基地设施建成后，将大大提高马海军的战勤保障能力，使其防御体系渐趋完善。

措施之三：不断举行各类军事演练，注重提高实战能力。近年来，马来西亚海军除单独进行各类演练外，每年还举行或参加与泰国、新加坡、印尼的双边或多边海上联合作战演习。仅 1993 年，马海军单独实施的和与东盟国家举行的各类军事演习即达 10 余次。

为突出演练的针对性和实战性，在近年来的演练中，马海军已把舰机协同、对海攻击、海上单舰及编队对空防御、海上联合治安巡逻和保护海上专属经济区油气勘探开发等科目作为实兵演练的主要内容。为加强与盟国的军事合作，履行"区域性联合防御"义务，马海军每年都要派出数十艘舰艇参加"五国联防"演习。1993 年 9 月，马来西亚与英国、新加坡、澳大利亚及新西兰等国军队在马六甲海峡至提欧受岛海区举行了"五国联防"演习。各国参演兵力共有各型舰船 30 余艘，各型飞机 20 余架。其中，马海军共派出 10 余艘舰艇。

总之，到 2000 年马来西亚海军的规模和质量将上一个新的台阶。

印度尼西亚是世界最大的群岛国家，也是东南亚最大的国家，其领土由 13600 多个岛屿组成，世界著名的马六甲、望加锡、翼他、龙目等海峡都在其管辖海域之内，战略地位十分重要。印尼历来注重推行海上防御战略，以维护"千岛之国"的安全。1946 年，印尼海军成立，实行"逐岛防御"

feiwu de piaodaizhaijun de lishi

战略。其主要战略任务有三：一是保卫具有"战略核心地位的爪哇岛；二是保卫具有重要战略价值的大岛，如苏门答腊、加里曼丹、苏拉威西、西伊里安等，这些岛屿不仅是爪哇岛的外围屏障，而且均扼控通向印尼腹地的战略性海峡；三是担负海上战略机动与支援任务。60年代，印尼将其安全调整为"依靠西方大国支援，抑制共产主义渗透"，以"维护印尼的安全与稳定"。与此同时，印尼还以东南亚大国姿态发起和参加东盟，以图保障"成员国的集体安全"。这时印尼海军将"逐岛防御"战略调整为"区域防御"战略。印尼海军进行了历史性的大改组——在海军总部下，建立区域性舰队和10个海军区。东盟成立后，印尼海军密切与盟国的"区域防御"合作，积极开展同马来西亚、泰国、新加坡、文莱、菲律宾等国海军的联合军事行动，例如情报传递、海上搜索、海上对抗等科目的演练以及海上巡逻、搜捕、缉私等治安行动。印尼海军自60年代末起重点发展舰艇和航空兵，到70年代中期印尼海军已拥有各型舰艇200余艘、各型飞机30余架，总兵力约5万人。

80年代中期以后，印尼开始关注和研究地区乃至世界的形势发展变化，并认为"主要威胁来自北方"。于是，印尼海军战略遂调整为"地区防御"，将原海军舰队分为东部与西部两个舰队，配属主要的战略机动兵力，分别部署在爪哇岛测水和苏门答腊岛腊太，以此可扼控腹地"具有战略地位"的海峡。

冷战结束后，印尼则开始视中国为东南亚地区"最大的潜在威胁"。为此，印尼海军从多方面调整和加强同地区盟国海军的合作关系并支持美国海军保持在该地区的"军事存在"。这种"各国海军之间的合作"，包括多边地联合对马六甲海峡和南沙群岛海区的控制、联合举行军事演习、联合研制武器装备等，以共同"保障地区的安全"。另外，印尼主动改善同越南、缅甸等国的关系在内的东盟，与其加强有关海区的联合防御行动：加强与柬埔寨以及缅甸的合作，使印尼在抵御中国"海上南进"的斗争中有一个地带；再就是加强同澳大利亚海军的合作以全力对付"缓冲北方威胁"。自1984年起，印尼海军即相继实行3个"五年发展计划"全面"进入现代化建设时期"，在此其间以多元引进和本国研制相结合的方针发展武

飞舞的飘带：海军的历史

器装备，加速建成一支"具有高度机动能力和威慑能力"的强大海上武装力量。目前，印尼海军约有4.3万人，其中海军航空兵约1000名，海军陆战队1.2万名，是东南亚地区第二大海军，并计划1999年将海军人数增至47000人；现拥有舰艇数量最多，共编有西部舰队和东部舰队两大舰队；拥有4个海军基地；主要装备有潜艇2艘，护卫舰17艘，巡逻与海岸作战舰艇57艘，水雷战舰艇13艘，两栖舰只28艘，海军航空兵作战飞机24架；其海军陆战队装备有100辆坦克和90辆装甲运输车。

水雷战舰艇

印尼要求其海军不仅要有现代化装备，而且要具备一定规模。印尼海军已先后在国内建造千吨以下作战舰艇和千吨以上后勤舰船数十艘，从国外购进和计划购进较先进的潜艇、导弹护卫舰、扫雷舰以及大型两栖、后勤舰船近百艘，其中一次性从德国购进护卫舰、扫雷舰、登陆舰达39艘。

在2000年印尼海军将再购买4艘"209"型潜艇，使其潜艇数量达到8艘；在现有17艘护卫舰的基础上，采购23艘护卫舰，使护卫舰的数量达到40多艘，其中一部分由外国设计，在本国船厂建造，以此提高本国国防工业的技术能力；在现有36艘沿海巡逻艇的基础上再采购16艘大型巡逻艇。

到21世纪初，印尼海军还需增加现代化舰艇400～500艘，以用来捍卫《联合国海洋法公约》生效后成数倍扩大的印尼海洋国土，并显示大国海军的实力。

可以预见，未来的印尼海军的规模和质量将上一个新台阶。

菲律宾海军建于 1950 年，现有总兵力 2.59 万人，其中海军陆战队员 9000 人，编成 6 个海军军区，各型舰船 88 艘。菲主要装备有护卫舰 1 艘，巡逻与海岸作战舰艇 67 艘，两栖舰 9 艘，支援和其他船只 11 艘，作战飞机 8 架，无武装直升机。菲国内动乱不止，经济上是东盟国家中发展最慢的国家，海空军装备也很陈旧。

菲律宾海军

一个时期以来，菲律宾海军一直是东盟各国海军中的"小老弟"。菲海、空军发展缓慢，其原因主要有两点：一是军队主要致力于参加平息暴乱和维护国家政治和社会稳定，因而只重视陆军，忽视了海、空军的发展；二是在 1992 年 11 月美军撤离菲律宾以前，菲国土防御主要依赖于美菲《共同防御条约》，这种依赖心理使菲海、空军力量的发展未能得到足够的重视。根据目前的情况，菲律宾有 160 万平方千米的经济水域需要保护，因此，为捍卫国家的利益，菲必须在经济最大承受能力的限度内发展海、空军力量。

近年来，随着国内政局的稳定及周边形势的发展变化，菲律宾及时调整了国家总体军事战略，同时确立了"未来要把发展海、空军作为军队建设的重点"，以加速实现海、空力量现代化，使落后的状况逐步得到改变。

由于菲律宾把包括南沙大部分岛礁在内的南海 40 多万平方千米的海域划入其版图，所以，菲海军将对这些岛礁的防守、补给以及与此相关的训练、演习和保护海上石油钻井平台作为中心任务。

菲军方强调，要使领海、领空免受侵略，必须拥有至少能覆盖 1609.3 千米直径范围的雷达跟踪侦察系统及先进的武器装备和通信设施。海军要尽快实现主要作战舰艇的导弹化改装或换装，完善岛岸雷达阵地配系和火

力配系；空军要加强新机种部队的建设，加紧进行战备训练，使部队具有空中拦截和地面攻击能力，以有效地配合海军进行海上防御。

1994年7月25日，菲律宾政府通过《菲律宾武装部队现代化法》，它是今后15年菲律宾军队现代化的纲领。海军计划的总费用估计为54亿美元，它将改变装备落后的菲律宾海军。

另外，菲海军还制定了1991～2000年的《十年现代化规划》，计划采购适合支援守岛作战的护卫舰、登陆舰、导弹艇、巡逻艇、扫雷舰等70多艘，每年耗资约2亿美元。到2000年，菲海军将拥有护卫舰、登陆舰各13艘，大型巡逻艇、导弹艇36多艘，加上扫雷舰和后勤支援舰只共计100多艘。菲空军从以色列购买的18架"幼狮"战斗机，从捷克购买的18架"信天翁"飞机，均可支援海上作战。

1997年6月18日，美联社发出一则消息，称"菲律宾海军司令托斯中将说，该国海军计划购买3艘新的近海巡逻舰。这是菲律宾海军现代化计划的部分内容"。菲律宾拟定的新的使其海军现代化的武器装备发展计划是在10年内购买7艘先进的军舰。上述3艘舰只是该计划的第一批，共耗资2690万～2850万美元，预计3年内可以提货。菲律宾海军发言人库巴少校说，这些军舰"将部署在菲律宾200海里的专属经济区，以保护菲律宾不因海盗、走私和非法捕鱼而蒙受经济损失"。然而谁都知道，对付海盗、走私和非法捕鱼者，不需配备85米长、76毫米口径速射炮和20毫米火炮以及防空和电子设备的现代化军舰的。可以推断，在南中国海争得一份利益才是菲律宾不惜巨资发展海上力量的真正目的。总之，为了提高部队的现代化建设，菲海军在2010年，可获得3～5艘导弹护卫舰，8～10艘导弹巡逻艇以及其他舰船装备；空军除购买18架"幼狮"式战斗机外，还欲购买俄"米格—29"型战斗机和美"F—16"型战斗机。

这将使菲海、空军依托岛岸，控制近海，特别是控制被其侵占的南沙岛礁和海域的作战能力得到较大提高。

由此可见，菲律宾海军已经开始一个雄心勃勃的计划，但今后能否实现这一"宏伟"计划呢？人们拭目以待。其中有一点可以肯定：即使不能按时达到预期的目标，菲律宾也要依靠本国防务工业的力量来发展海军。

　　泰国同其他东南亚国家相比，其专属经济区面积较小。它的东南面濒临属于太平洋的泰国湾，西面则濒临印度洋的安达曼海。著名的克拉地峡就在其境内，最窄处仅 56 千米，如在该处开凿运河，可大大缩短从太平洋进入印度洋的航程。泰国认为，"为了保卫海洋资源等国家利益，现在已进入必须强化海军力量的时代"。为此，泰国削减陆军员额的 20%，集中力量发展海、空军。

　　泰国是东南亚经济发展最快的国家之一。从 70 年代以来持续高速增长，即使在柬埔寨战争期间，由于友好国家的援助（如以优惠价格供应石油），其经济年增长率也在 8% 以上。80 年代后期以来达到 10%，所以，泰国有财力支持其海、空军的发展。1994 年，泰军费开支达 35 亿美元，1996 年为 40 亿美元，1997 年为 43 亿美元，是东盟国家中军费开支最多的国家。

　　由于形势的需要，泰国海军要加强两海岸力量，保护国家的经济、政治和资源的利益，特别是沿海经济区、海岸带、大陆架。这对泰国的经济发展至关重要。

　　泰国的海岸线长约 2600 千米。原来，泰国海军把重心放在东面的泰国湾上，采用了稳妥经略的方针。它把 3 支舰队的 2 支置于东翼。第一舰队基地为梭桃邑，在泰国湾北半部活动；第二舰队基地设于狭长的马来半岛上的宋卡（该处地势险要，第二次世界大战时日军曾在此登陆，席卷马来西亚和新加坡），配合乌塔保等海航基地的空中力量，成半环状紧紧包围泰国湾。泰国湾沿海的柬埔寨、越南、马来西亚等国的海军较弱，也尚无足够的经济实力武装一支现代化海军和空军，在泰国湾水域与之争衡。冷战结束后，随着越南从柬埔寨撤军和柬局势的逐步稳定，泰国陆上安全环境不断改善，为适应世界和地区形势的变化及国内经济发展的需要，泰国开始对其军事战略进行重大调整，逐步将防御重点从陆上转向海上，从防范越南入侵转向应付因海洋权益、海上资源争夺引发的地区冲突；从维护边境安全转向保卫沿海工业目标和沿海经济区的安全；从维护边境安全转向保卫沿海工业目标和沿海经济区的安全。

　　目前，泰国海军约有 6.6 万人，包括 20000 多名海军陆战队官兵，各型

舰艇 270 余艘，飞机 100 余架。1997 年夏末，"查克理王朝"号近海巡逻直升机航母已从西班牙驶抵泰国服役，泰国在海军装备上进行惊险的超前跳跃，引起了亚洲乃至世界海军界的注目。

东南亚各国正在推进军备现代化，自认为是地区盟主的海洋国家印度尼西亚，至今还没有航母。另外，东南亚地区存在着南沙群岛主权等问题，保护海洋权益已经成为该地区安全问题的焦点，因此，哪个国家拥有航母一直是人们关注的焦点。泰国认为，"为了保卫海洋资源等国家利益，现在已进入必须强化海军力量的时代"，于是，他们确定了以购买 1 艘航母为核心的"蓝水"计划。虽然其战略目标不仅着眼于保卫近海海洋权益的需要，还有向远海扩展的战略考虑。用泰国自己的话来说，该舰的主要任务是监管专属经济区和实施搜索救援行动，其次是为海上作战提供空中支援。虽然该舰的许多武器尚待安装，但是何时安装只是时间问题。引进装有 9 架"鹞"式飞机和 S—70B"海鹰"直升机准备组建航母舰载机中队，这意味着泰国海军现在能够航渡到世界上任何地方。

另外，泰国皇家海军还采购了 6 艘护卫舰和 2 艘美国海军使用过的"诺克斯"级护卫舰，6 艘 3000 吨级的坦克登陆舰，1 艘 23000 吨级的大型补给舰。泰国航空兵还向意大利和美国分别订购了一批装备现代化航空电子设备的强击机、舰载攻击机、直升机、反潜机、反潜巡逻机等；还订购了一批包括 16 辆 M60A3 型坦克在内的陆战装备，组建海军陆战队，提高两栖作战能力。泰国海军还计划采购 2 艘德国 209 型攻击潜艇，引进侦察预警机。目前，本国造船厂也在建造现代化的导弹快艇，并将建造 4 艘反潜舰。已经在部队服役的舰艇有护卫舰 2 艘，巡逻与海岸作战舰艇 60 艘，海军航空兵作战飞机 61 架。

泰国还注重与美国的军事合作，两国海军每年举行"金色眼镜蛇"等联合军事演习。泰国还向美国提供海、空军基地设施。在东盟内部，泰国也积极发展与其他成员国的军事合作，如与马来西亚、新加坡等国进行联合军事演习，同时还注意发展与澳大利亚的海军合作，并将进一步与印度、韩国等亚太国家以及西欧国家发展军事合作。随着泰国海上力量的发展，其海上防御的范围将会逐步向外扩展，通过与外国海军加强合作交流，进

行联合军事演习，提高作战能力，达到一定威慑目的，也将成为其泰国海军兵力使用的一个方面。今后，泰国海军不仅着眼于保卫其近海权益的需要，而且还着眼于向远海发展。

在 2011 年以前，泰国将建成一支以直升机航母为核心，以驱逐舰、护卫舰、潜艇为骨干的远海作战力量，成为东南亚国家中第一个拥有航空母舰的国家。

根据海上力量对比，在东南亚地区仅泰国有资格称为地区性海军强国。

越南有 3000 多千米长海岸线，是亚洲地区的海上强国。目前，其海军总兵力约 4.2 万人。其中，正规舰艇部队 9000 人，海军陆战队 2.7 万人。共有海军军区 4 个。拥有 8 艘护卫舰和 2 艘潜艇，6 艘两栖舰只，36 艘快速攻击艇和 8 艘大型巡逻艇，还有一艘排水量 2800 吨的美国"巴特加特"级军舰和其他一些舰船。

越南海军创建于 1955 年。60～70 年代，越南海军战略采用破袭游击、防御作战的样式，在抗美战争中发挥了重要作用。1975 年越南统一后，为了适应越南当局扩张主义的国家战略，越南海军战略转向"近海进攻"，主要以夺取和控制北部湾、南沙群岛和泰国湾的重要岛屿为目标。

越南是一个海洋国家，海洋战略在国家战略中占据着十分重要的地位。80 年代后期，越南确定了"全面发展国民经济"的国家战略，实行改革开放，同时确定了"大力发展海上石油产业"的海洋战略。为了适应国家战略的转变，越南海军加大海上扩张力度，至今除侵占了北部湾白龙尾岛、昆仑岛、泰国湾威岛、土珠岛外，已将中国南沙群岛的 29 个岛礁占为己有，并实际控制了南海 100 多平方千米的海域。

为了控制大面积海区，为越南国家海洋战略服务，越南海军制定并实施"以岛制海"的战略，即根据越海军装备的现实情况，千方百计地侵占南海尽可能多的岛屿，以这些岛屿为基地，控制周围大片海域，配合国家有关部门开发该海域的石油和水产资源，然后在国家经济发展的基础上再扩充海军力量。

越南海军的战略目标是以维护国家海洋权益，为国家发展海洋经济提供有效安全保障为战略目标。其主要任务：一是通过控制北部湾、南沙群

飞舞的飘带：海军的历史

岛和泰国湾的重要岛屿，进而又控制北部湾、南海西南部和泰国湾的产油区；二是通过已占岛礁扩大防御纵深，进一步控制南海国际海上通道；三是直接参加海洋经济开发。越南海军的作战使用主要立足于以战役、战术力量完成战略任务，采取将其主要作战舰艇和飞机部署在南沙岛礁，在其侵驻的南沙岛礁上增加部队、加修防御工程等手段，弥补其兵力、战力的不足。

水面舰艇是越海军的主力，其中护卫舰、导弹艇和鱼雷艇战斗力较强，平时用于巡逻警戒，战时则作为主要的近海突击兵力。海军航空兵是越海军海上作战的突击力量和支援力量，平时主要担负海上侦察、巡逻任务。其中贝—12型反潜巡逻机具备战时对南沙海区敌方舰船进行攻击的能力，还可与水面舰艇以及空军战斗机协同作战。

此外，越南海军的陆战部队和守备部队作战使用装备很广泛，目前主要装备两栖坦克、装甲车和各种口径的火炮、加农炮、迫击炮、磁性水雷等，是目前侵入和驻防中国南沙岛礁的主要力量。除了登陆、守岛外，还担负对敌方舰船、码头、桥梁、仓库、营房、指挥机关进行爆破等任务，以及执行侦察、绑架等特殊任务。1981年，越南与前苏联签订联合开发海上石油合同，1986年生产原油8万吨，以后逐年翻番，到1994年，生产石油达700万吨，成为越南经济的支柱产业。越南有能力用较多的外汇从国外购买较先进的舰艇和飞机装备其海、空军。

在武器装备方面，越海军装备落后，作战半径小，他们提出："国内没有能力生产的装备就向国外购买，或者与各兄弟国家合作生产"。

近年来，越优先给海军拨经费发展武器装备。海军则在大力改进和维修现有武器装备的同时，采取外购和自行建造相结合的方式，即作战舰艇以引进为主，辅助船只以自造为主，积极谋求装备的更新换代。

在外购方面，海军根据越军"1996～2000年现代化建设进程规划"制订了装备发展的具体规划，拟至2000年将从外国购买中、小型舰艇45艘，以提高近海作战能力；2000年后，将引进大型水面舰只，加快发展海军航空兵并组建潜艇部队，以拥有一定的远海作战能力。1994、1995年，越海军向俄罗斯购买各类舰船5艘和反潜直升机2架。同时，

越还分别与乌克兰、俄罗斯等国签署了联合建造军舰和其他武器装备的协议或合同。

在自造方面，1994、1995两年，越地方船厂及海军船厂为海军提供了13艘中、小型辅助船。下龙造船厂自90年代初以来为海军设计建造了8艘千吨级"长沙"系列运输船，从而填补了越海军没有中型运输船的空白。该厂还正在为海军建造载运量为3000吨的运输船。

1986年，越在将"保卫海洋领土及海洋资源"作为新时期越国防与经济建设两大战略任务的主要内容后，随即将控制北部湾、暹罗湾和南中国海作为其争夺海洋的重要战略目标。

在北部湾，越顽固坚持以东径108°3′13″线为界，把2/3的海域划入自己版图。在南沙群岛，越军侵占了不少岛屿，实际控制了大片海域。在暹罗湾，泰越海上主权争夺也十分激烈，交界水域海上冲突时有发生。

领海、大陆架和海岛的安全已成为"关系到越南生死存亡的大问题"，"维护海域和海岛主权安全比任何时候都更为重要和迫切"，据此，海军建设成为维护海洋主权的核心力量。越海军强调，"海军是维护海洋主权的骨干力量"，是"其他武装力量代替不了的"，必须建立一支"革命化、正规化、精锐化和逐步现代化，具有现代化装备、合理编制和组织机构的海军"。为了适应新的国际形势发展需要和国家海洋战略的总要求，越海军还提出了要"把海军建设成为能长期地、单独地、连续地在远海作战，具有较高的机动性和协同性，能结合传统与现代战争打法的，有很强战斗力的军队"的长期奋斗目标。

90年代初，根据新形势下国防战略和国家海洋战略，越海军又提出了"逐步将越南海军建设成为兵种齐全，有现代化装备，有足够力量保卫领海、海岛主权的军种"的发展总目标，并加快了建设步伐。

新加坡位于马六甲海峡东口，战略位置十分重要。新加坡是连接印度洋和太平洋的最近通道，它占据了东、西方贸易交汇点的战略位置，海上贸易是新加坡经济保持良好状态的基础，内陆资源的贫乏迫使它依赖于海上交通线的畅通，海上防务和保护海上交通线的安全就显得非常重要。新加坡自从1965年从马来西亚分离出来后，就根据国家小、处于其他国家包

围之中、易受攻击的实际情况，奉行总体安全和总体防御政策。新加坡认为，其海上利益区包括整个马六甲海峡和南中国海的南部。海军建设应该是武装力量建设的重点，主要任务是保护其海上交通线。60 年代末期以来，新加坡经济发展很快，1992 年国民生产总值达 397 亿美元，人口只有 270 万，人均国民生产总值近 1.5 万美元，跨入发达国家行列。为了保卫国家的经济建设成果和人民的安居乐业，新加坡海军奉行新的战略，就是使自己装备精良，让任何侵略者蒙受难以承受的损失。实际上这也是一种"威慑"战略。1994 年新加坡的军费开支为 28 亿美元，占其国民生产总值的 6.3%，在东盟国家中，这个比例是最高的。

新加坡海军在东南亚以训练有素、保障有力而著称，其作战能力已被双向、多向和阶段性演习所证明。

新加坡海军现有总兵力 9000 人，包括 4500 名全日制人员（2700 名正规军和 1800 名国家现役人员），加上 500 名预备役人员。编成舰队司令部（第 1 和第 3 舰队）、海岸警卫队司令部、海军后勤司令部和训练司令部。其任务是保证经过中国南海和马六甲海峡的东西方贸易通道的畅通。这包括制止海盗行为，保障船舶无威胁通行。

新加坡海军装备精良，水面舰艇共 33 艘。起初，其海军发展的重点是装备精良的小型巡逻艇，后来又扩展到小型护卫舰、反水雷舰艇和两栖舰船，例如"贝多克"级反水雷舰、"福克"海上巡逻机、"胜利"级轻型导弹护卫舰和新建造的"无畏"级巡逻艇。该巡逻艇长 55 米，排水量 550 吨，计划建造 12 艘，其中 3 艘已于 1996 年 10 月建成入役。其中，1 艘"坚持"级（英制"兰斯洛特爵士"级）后勤登陆舰，装备 1 部双联装"星巴德"式舰对空导弹架，可载 340 名士兵，16 辆坦克，装备有直升机甲板。2 艘"优秀"级（美 LST—511）坦克登陆舰，可载重 200 名士兵，16 辆坦克，装备直升机甲板，1 部双联装"星巴德"式舰对空导弹发射架。此外，建造 4 艘新一级的坦克登陆舰，替换 5 艘舰龄超过 50 年的"郡"级坦克登陆舰。

潜艇是东南亚地区的热门话题之一，1995 年，新加坡和瑞典海军签署一项协议，新加坡向瑞典购买 1 艘"海蛇"级潜艇，瑞典海军提供潜艇训

练。这标志着新加坡在采购潜艇问题上迈出了第一步。

新加坡海军又向瑞典提出购买 4 艘 "海蛇" 级潜艇的要求，这 4 艘潜艇将在经过改装和升级后于 1999～2001 年抵达新加坡，只要观察一下在修建中的新海军基地就可看出新加坡海军的发展意向。

可以预测，潜艇力量将成为新加坡长期发展的海上主要力量之一。

当前，新加坡海军正在构筑 21 世纪海军建设的蓝图。

文莱是东南亚最小的成员国，但其人均收入在该地区是最高的。文莱也拥有一支小而精的海军，约为 700 人，基地设在麻拉。巡逻舰艇与沿岸战斗舰艇 9 艘。其中导弹艇 "私瓦斯帕达" 级快艇 3 艘，装备 MM—38 "一毯鱼" 舰对舰导弹 2 枚。巡逻艇 "勇士" 级内海快艇（100 吨以下）3 艘，内河快艇 "罗托克" 级 3 艘。最近，文莱又向英国订购了 3 艘近海大型巡逻艇、4 艘两栖战舰艇。文莱还有海军特种陆战中队 1 支。